APROXIMACIÓN A LA SOCIOLOGÍA

Francisco Javier Gea Izquierdo

Edición revisada

CreateSpace
Granada
2016

Copyright © 2016 Francisco Javier Gea Izquierdo
All rights reserved.
ISBN-13: 978-1507843994
ISBN-10: 1507843992

ÍNDICE

INTRODUCCIÓN

Decía el célebre economista escocés del siglo XVIII Adam Smith en *La riqueza de las naciones* que imponer a alguien la obligación de enseñar año tras año una ciencia parecía la manera más efectiva de convertirlo en un maestro de la misma. Pues bien, yo he tenido la obligación, he de señalar que muy grata, de impartir sociología a alumnos de 2º de Bachillerato durante más de una década y, aunque no soy ni pretendo ser un experto en la materia, deseo compartir lo aprendido ahí con los lectores que quieran acercarse a esta disciplina sin particulares conocimientos previos al respecto, máxime cuando la asignatura ha desaparecido de los próximos planes de estudio.

La primera vez que me tocó dar sociología no había libro de texto de la misma y la situación sigue siendo prácticamente la misma. Entonces se me plantearon dos opciones. Una era elegir un libro más o menos idóneo, que algunos hay, como por ejemplo la *Sociología* de Salvador Giner, que cuenta tras de sí con una larga trayectoria de más de cuatro décadas a lo largo de las cuales su autor lo ha ido ampliando y actualizando regularmente. Otra era encargarme de confeccionar unas lecciones. Al final me decanté por esa segunda posibilidad, que era mucho más laboriosa y que de hecho nunca se acaba pues siempre hay aspectos que mejorar y actualizar, pero también más interesante, y el resultado son estas páginas, que luego han adquirido una nueva dimensión al ponerse al alcance de un público más amplio y que ahora presento revisadas y actualizadas respecto a la obra originaria.

Con ellas pretendía que los alumnos adquieran un conocimiento básico de algunos de los conceptos clave de la sociología así como de sus principales autores, desde los clásicos como Marx, Durkheim o Weber hasta los actuales, y sus corrientes más significativas. También pretendía que estudiasen algunos de los grandes temas sociales, como la socialización, la estratificación social, la cultura, la globalización, las ideologías políticas o el feminismo. Sin duda se podrían haber añadido muchos más, pero tampoco conviene abusar y no perder de vista que el libro aspira a ser breve.

Hay que señalar cómo concibo esta ciencia social. Lo hago de una manera interdisciplinar. Como lo cierto es que no soy sociólogo, y lo que hago aquí es salir de mi *zona de confort*, entiendo la sociología en sentido amplio, lo cual me da una libertad de la que a veces tal vez no disponen los especialistas. Quiero decir que, cuando estimo que hace falta, y en la medida de nuestros conocimientos, recurriremos a otras ciencias sociales, como la antropología, la economía o la politología, y a otros saberes afines, como la historia o la filosofía, para abordar los temas que estudiamos. Así es como consideramos que tiene más sentido aproximarse a esta disciplina, entendiéndola como un campo interdisciplinar y abierto en el que confluyen numerosos temas y problemas sociales, que puede ir desde los inicios de la sociedad y los primeros tipos de sociedades hasta los problemas más acuciantes de nuestra sociedad actual, como el desempleo, la crisis económica o el separatismo.

Cuando oigo intervenir a no pocas personas en los medios de comunicación —como algunos periodistas o políticos—, se nota a veces que un conocimiento de las nociones, las corrientes y los hallazgos básicos de la sociología mejoraría mucho sus aportaciones y les daría mayor alcance y profundidad, y precisamente lo que pretendo es acercar al lector a esos temas para contribuir a crear esa base científica sobre un tema tan interesante como es la realidad social.

Por último quiero señalar un par de cosas sobre las imágenes, que creo que tan importantes pueden ser desde el punto de vista didáctico. La mayoría son de dominio público y están tomadas de Internet (en algunos casos de Wikipedia), pero también hay algunas que las he tomado personalmente con una cámara, como las de las páginas 14, 26, 57, 108 y la portada (más que nada para darle un toque personal). Quiero pedir disculpas si en algún momento no fuera así por las posibles molestias e inconvenientes que pueda acarrear.

I.- LA SOCIOLOGÍA COMO CIENCIA SOCIAL

DEFINICIÓN Y PARTES DE LA SOCIOLOGÍA

A lo largo del tiempo se ha formulado en la literatura especializada un gran número de definiciones de la sociología más o menos equivalentes entre sí. Aquí seleccionemos un par de ellas complementarias para comenzar a formarnos una idea de qué es la sociología y para acotar preliminarmente su campo de estudio. La primera se debe al profesor barcelonés Salvador Giner en su obra *Sociología: "La sociología es una de las ciencias sociales. Su objeto primordial de estudio es la sociedad humana y, más concretamente, las diversas colectividades, asociaciones, grupos e instituciones sociales que los humanos forman [...] La sociología también estudia al ser humano en la medida en que su condición debe ser explicada socialmente, así como los resultados sociales de sus intenciones y comportamiento"*. La segunda definición, debida al profesor británico Anthony Giddens, establece de modo más conciso que la sociología es *"el estudio de la vida social humana, de los grupos y sociedades"*.

En cualquier caso, como señala Giner, *"la pretensión de la sociología es la de obtener una visión de la sociedad que sea lo más fiel posible al mundo que retrata e interpreta, tal como es objetivamente, con independencia de nuestras fantasías u opiniones"*. Puede añadirse que el postulado esencial de la sociología —que veremos funcionar a lo largo de esta obra una y otra vez— es que la sociedad influye en nuestras acciones y opciones vitales de una manera importante que es susceptible de estudio riguroso.

Para explicar la significación de estas definiciones hay que examinar qué partes posee la sociología y también recordar qué es la ciencia, qué tipos de ciencia hay, en qué consisten las ciencias sociales y qué relaciones guardan entre sí. También hay que definir qué son la sociedad, los grupos, asociaciones y otros conceptos clave, así como presentar cuales son las principales corrientes teóricas que dan cuerpo a esta disciplina.

La sociología, sobre todo tal y como se plantea en los planes de estudios de la especialidad, se divide en una serie de ramas generales y en otra serie de ramas específicas. Entre las principales ramas generales de la misma están las siguientes:

1º) La **sociología general**, que como indica su nombre es una especie de introducción o compendio de la misma. Buena parte de lo que haremos aquí, aunque no todo, puede decirse que cae bajo este apartado.

2ª) Las **técnicas de investigación social**, que estudian los distintos métodos utilizados para realizar investigaciones en sociología y en otras ciencias afines. Hacen uso de la estadística y de otros campos similares como el análisis de datos. Una parte importante de la sociología llega al público a través de las encuestas sociológicas (que tan de moda están en la actualidad) y estas se confeccionan a su vez mediante estas técnicas.

3ª) La **historia de la sociología**, y en general del propio pensamiento social, que muestra una panorámica de lo que ha acaecido en la sociología al menos desde que se creó como ciencia en el siglo XIX hasta nuestros días. Esta parte siempre es muy útil en toda disciplina, máxime en esta, ya que la propia sociología es un producto social.

4ª) La **teoría sociológica**, que recoge las distintas teorías y modelos que se han dado en esta disciplina. Son los grandes paradigmas que han contribuido a que avance esta ciencia y que en algunos casos puede decirse que todavía operan en la actualidad, como ocurre con muchas de las contribuciones de los forjadores de esta ciencia.

5ª) La **estructura social**, que estudia cuáles son las partes que posee la sociedad. Entre los grandes temas de los que se ocupa esta rama de la disciplina se hallan la familia, los grupos, las asociaciones o la propia sociedad civil.

6ª) El **cambio o dinámica social**, que se dedica a analizar cómo cambia y se transforman las partes de la sociedad y esta misma. Se trata del complemento natural de la rama anterior de esta ciencia e investiga temas tan importantes y apasionantes como el proceso de socialización, la acción y las funciones sociales, o el control social.

Como ramas específicas de la sociología hay un gran número de áreas de estudio que se dedican a fenómenos más localizados. Entre las más destacadas que hay, se pueden mencionar la sociología política, la sociología del conocimiento, de la familia, de la religión o del trabajo.

En temas sucesivos estudiaremos brevemente las ramas generales de la sociología y algunas de las ramas específicas, que abordaremos en forma de cuestiones o problemas sociales, como es por ejemplo el caso de la crisis económica o el nacionalismo, que tanta importancia poseen en el momento actual.

EL CARÁCTER CIENTÍFICO DE LA SOCIOLOGÍA

Puede definirse la **ciencia** como un tipo de conocimiento caracterizado por el uso sistemático de métodos de investigación empírica, el análisis de datos, el pensamiento teórico y la comprobación lógica de los argumentos, que se aplica a distintas parcelas de la realidad. En mayor o menor grado, la sociología cumple con estos requisitos y por ello es una ciencia. Ahora bien, ni todas las ciencias son iguales ni todas poseen el mismo grado de desarrollo empírico y teórico.

Una clasificación sencilla de las ciencias, que puede resultar útil para encuadrar la sociología, es la siguiente:

I.- *Ciencias formales*: Es el caso de ciencias como las matemáticas o la lógica formal. Se caracterizan porque la corrección de sus enunciados se comprueba mediante criterios puramente formales, como su demostración a partir de ciertos axiomas o postulados dados, y ciertas reglas para realizar operaciones, etc. Por lo tanto, no recurren a la experiencia empírica. Ejemplos de enunciados formales son "En todo triángulo rectángulo el cuadrado de la hipotenusa es igual a la suma de los cuadrados de los catetos" o "Todos los ángulos rectos son iguales".

Por consiguiente, si queremos comprobar que los ángulos de un triángulo miden 180º en geometría euclídea no nos dedicamos a medir todos los triángulos posibles, que son infinitos, sino a entender el concepto matemático de triángulo de la geometría euclídea y a partir de ahí establecer su demostración.

II.- *Ciencias empíricas*: Se caracterizan porque la corrección de sus enunciados se comprueba fundamentalmente comparándolos con los hechos (con la experiencia) y viendo si se ajustan o no a ellos. Si afirmamos que el agua hierve en condiciones normales a 100º C, la manera que tenemos de comprobarlo es calentar agua en condiciones normales y verificar a qué temperatura hierve.

Las ciencias empíricas se dividen a su vez en dos grandes apartados:

1.- *Ciencias naturales*: física, química, geología, biología y demás.

2.- *Ciencias sociales o humanas*: economía, psicología, antropología, sociología, ciencia política, pedagogía, etc.

Por otro lado, en el estudio de la ciencia se puede distinguir entre las **ciencias puras** y las **ciencias aplicadas**, o entre las partes puras de una ciencia y sus partes aplicadas. Así, las matemáticas son una ciencia pura pero muchos de sus resultados tienen mucha utilidad en muy diversas áreas del saber y de la técnica, como las ciencias empíricas, la ingeniería, la economía o la informática; y también todas las ciencias empíricas poseen una parte pura o teórica y otra parte aplicada.

Dicho esto, a continuación vamos a hablar de las ciencias sociales o humanas y a compararlas con la sociología para explicar sus principales relaciones.

LA SOCIOLOGÍA Y LAS DEMÁS CIENCIAS HUMANAS

Las ciencias sociales o humanas estudian la realidad social o humana. Se trata de una única realidad aunque se pueda llamar de varias maneras. Esto quiere decir que, aunque las ciencias sociales puedan distinguirse entre sí, no se pueden separar, por más que a veces esto ocurra por cuestiones prácticas o por gremialismo de los especialistas. Por lo tanto,

11

no es recomendable estudiar una ciencia social o humana prescindiendo de las principales aportaciones de las otras al estudio de la realidad social o humana.

En razón de esa unidad de las ciencias humanas vamos a indicar con brevedad qué relaciones principales hay entre la sociología y las otras ciencias sociales más importantes, que antes hemos mencionado.

La sociología está relacionada con la **economía** sobre todo por dos razones. La primera es que la economía está mucho más desarrollada que la sociología (mayor capacidad explicativa y predictiva, mayor formalización de sus teorías, etc.), por lo cual se la ha llamado a veces la «reina de las ciencias sociales». Por lo tanto, la economía puede aportar descubrimientos y datos importantes a la sociología.

Un ejemplo es la llamada *teoría de la elección racional*, que parte del principio de que la gente maximiza su satisfacción mediante actos basados en cálculos racionales. Para sus creadores, los teóricos de la Escuela de Chicago y sobre todo Gary S. Becker (premio Nobel de Economía en 1992), los instrumentos del análisis económico no solo son útiles para tomar decisiones sobre la producción o los salarios, sino también para una clase más amplia de decisiones que van más allá del terreno económico y afectan a otros comportamientos sociales como el matrimonio (un intercambio de bienes materiales y psicológicos) o el suicidio (una decisión que se toma cuando la utilidad marginal de la vida es igual a cero). De todas formas hay que decir que algunos autores han señalado algunos defectos de la teoría de la elección racional. Así, el sociobiólogo Edward O. Wilson considera que se basa en una visión demasiado simplista de la naturaleza humana y Amayrta Sen, premio Nobel de Economía en 1998, entiende que el supuesto de la racionalidad como maximización del propio interés es insuficiente y, como tal, falso.

En cualquier caso, ese gran desarrollo de la economía a veces es bastante discutible. En 1998 recibieron el premio Nobel de Economía dos autores —Robert Merton hijo y Myron Scholes— por crear un nuevo método de evaluación de los instrumentos financieros derivados (como las *stock options*). Pues bien, cuando llevaron este método, que era matemáticamente muy complejo, a la práctica condujeron a la firma en cuestión a la quiebra y produjeron una gran crisis en la Bolsa de Nueva York.

La segunda razón por la que la economía se relaciona con la sociología es que una gran parte de la actividad social, aunque no toda, es económica, como trabajar, producir, vender o comprar. Sociólogos tan importantes como Marx o Weber, por ejemplo, eran grandes economistas. Y un filósofo y sociólogo actual tan importante como Jürgen Habermas ha afirmado que echa de menos no haber tenido una mayor formación en economía para así entender mejor los fenómenos sociales.

Por otra parte, la sociología está relacionada con la **psicología** en la medida en que a veces hay que recurrir a las características mentales o psíquicas humanas para entender el origen de algunos comportamientos sociales. De hecho, la misma sociabilidad humana es una característica biológica y psicológica de nuestra especie sin la cual no existiría la sociedad. Sin embargo, es un error pensar que los fenómenos sociales se reducen a fenómenos psicológicos (*psicologismo social*), como ya estableció Durkheim, aunque tampoco debe pensarse que son independientes. De hecho, hay una parte de la psicología, la denominada *psicología social*, que estudia el influjo que tienen en el comportamiento humano los factores de grupo, como la presión social, los prejuicios, el liderazgo, la dinámica de grupos o el comportamiento de masas.

La **antropología social** y la sociología se relacionan de manera muy peculiar. La antropología puede definirse, de acuerdo con Marvin Harris en su *Introducción a la antropología general*, como "*el estudio de la humanidad, de los pueblos antiguos y modernos, y de sus estilos de vida*". Se trata por tanto de lo mismo más o menos que estudia la sociología. Sin embargo, en la práctica, la antropología estudia básicamente sociedades llamadas *primitivas* y la sociología estudia la sociedad *moderna*. Los antropólogos a veces estudian la sociedad moderna, pero los sociólogos raramente estudian las sociedades *primitivas*. En cualquier caso, parece que la comprensión adecuada de nuestra sociedad pasa inevitablemente por estudiar otras sociedades. Por lo tanto, el estudio riguroso de la sociología precisa del estudio de la antropología.

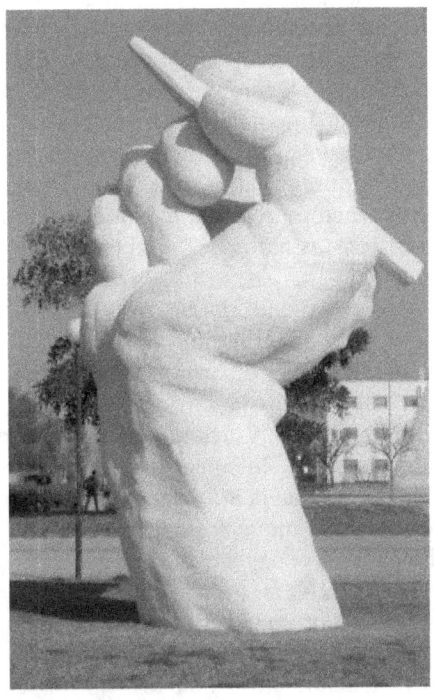

La sociología y la **ciencia política** están tan vinculadas entre sí que de hecho a veces se estudian en las mismas facultades. Digamos que la ciencia política se encarga de analizar ciertos aspectos o ciertos subsistemas de la sociedad en general, muy especializados, que están relacionados con el uso del poder, las formas de gobierno, la representación y participación ciudadana, los distintos sistemas políticos o la organización del Estado.

Por último, para no hacer esta relación demasiado larga, digamos que la sociología y la **pedagogía** están relacionadas principalmente en el sentido de que las investigaciones sociológicas aportan una serie de conocimientos valiosos para las ciencias de la educación que van desde el proceso de socialización hasta por ejemplo las relaciones que hay entre las clases sociales y el rendimiento escolar. Además, recordemos, aunque sea a título de anécdota, que el primer sociólogo profesional que hubo, Durkheim, se ganaba la vida sobre todo enseñando sociología a estudiantes de magisterio.

LA SOCIOLOGÍA Y OTROS SABERES AFINES

Para redondear el panorama, diremos algo sobre la relación de la sociología con otras ciencias que no pertenecen al ámbito de las humanidades y con otros saberes que no son exactamente ciencias.

La sociología está relacionada con las **ciencias formales** como lo están en principio las demás ciencias empíricas, por hacer uso de ellas como herramientas muy importantes en la teoría y en la práctica. Como todo saber racional, la sociología tiene que respetar la estructura y el rigor de la argumentación lógica. Además, la estadística es un instrumento muy útil en sociología para recopilar, organizar, cuantificar y analizar cuantitativamente los datos de la sociología empírica. Otras ramas de la matemática también pueden tener importancia en sociología, como ocurre por ejemplo con teorías como la de juegos, que analiza las estrategias competitivas o cooperativas que pueden adoptar dos o más actores sociales. De todas maneras el nivel de matematización de la sociología es bastante limitado si lo comparamos, no ya con las ciencias naturales, sino con otras ciencias sociales como la economía o la psicología.

Digamos por lo demás que las ciencias humanas no están radicalmente aisladas de las **ciencias naturales**. Con respecto a la sociología (y la psicología), este es el caso de una teoría biológica llamada **sociobiología**, que es una extensión de la teoría sintética de la evolución que básicamente data de los años setenta. La sociobiología, cuyo principal teórico es Edward O. Wilson, estudia las bases biológicas del comportamiento social de las distintas especies animales, incluida la humana, y por ello sus aportaciones son importantes para la sociología, aunque no deja de ser una relación complicada porque resulta problemático poner en el mismo lugar a las sociedades animales y a las sociedades humanas, entre otras razones por la existencia de la cultura. Según este autor, "*las características más distintivas de la especie humana son una inteligencia extremadamente alta, el lenguaje, la cultura y el apoyarse en contratos sociales de largo plazo*" (1998, 249).

Además, señalemos qué relación guarda la sociología con otros dos saberes —la historia y la filosofía— que sin ser ciencias no por ello dejan de ser importantes. La **historia** es muy importante para la sociología porque para comprender los fenómenos sociales en toda su extensión resulta imprescindible conocer sus antecedentes históricos así como los de la sociedad en los que ocurren. Así, por ejemplo, si uno quiere estudiar el fenómeno social de la revolución, tendrá seguramente que recurrir a la historia y estudiar qué sucedió en la Revolución bolchevique de 1917, en la Revolución francesa de 1789, en la Revolución de Independencia americana de 1776, y así sucesivamente. Además, también cabe recordar que el gran sociólogo Max Weber era un teórico que pasó de la historia a la sociología y que acabó por crear la sociología histórica y de paso configurar buena parte de la sociología posterior.

Por su parte, la relación de la sociología con la **filosofía** es también importante, aunque no exenta de complicaciones. Algunos de los creadores de la disciplina, como Comte o Marx eran filósofos, como también lo son algunos de los pensadores más influyentes de la sociología posterior, como Michel Foucault o Jürgen Habermas. En sus inicios, la sociología se formó en cierta medida contra la filosofía, de la cual procedía como tantos otros saberes, pero haría bien en tenerla en cuenta de vez en cuando (y viceversa).

En resumen, la sociedad es compleja pero en última instancia es una, y por ello el estudio de la realidad social es complejo, pero en última instancia es uno. Por cuestiones prácticas se pueden hacer numerosas divisiones en el conjunto del saber, pero no debe perderse de vista la unidad que hay detrás de todas ellas. Cuanto más profundo y ambicioso es un proyecto intelectual, menos se resguarda en compartimientos estancos; e inversamente, cuanto más mediocre es, más se ampara en el pseudoespecialismo (en la pedantería, en el lenguaje vanilocuente o en el corporativismo).

Solo la distinción entre ciencias formales y empíricas es categórica, e incluso algunos filósofos como el empirista norteamericano Willard O. van Quine han puesto esto en duda. Entre las ciencias naturales y humanas hay sin duda muchas diferencias, pero no hay una frontera nítida que las separe radicalmente. Quizás la paleoantropología es el caso más claro de saber fronterizo. Por sus métodos es una ciencia natural y por su objeto de estudio es una ciencia humana. La psicología es otro caso de saber fronterizo. Muchas de sus conclusiones no solo pretenden servir para explicar la conducta humana sino también la de otros organismos superiores. De hecho numerosos experimentos psicológicos, por ejemplo en la teoría del aprendizaje, se hacen con animales.

En concreto, Edward O. Wilson abogaba en una obra llamada *Consilience* (1998) por la unidad del conocimiento, tanto de las ciencias naturales como de las ciencias sociales, unidas por la biología en general y por la sociobiología en particular en cuanto que esta puede aportar una visión científica de cuál es la naturaleza humana. Lo que pasa es que esta propuesta no tiene suficientemente en cuenta la especificidad del ser humano y plantea por ello problemas muy complicados y propuestas reduccionistas muy discutibles.

PROBLEMAS ESPECÍFICOS DE LAS CIENCIAS SOCIALES

Las ciencias sociales comparten una serie de características que plantean unos problemas específicos a los que no es ajena la sociología. Sin entrar en muchas profundidades, pues se trata de cuestiones complejas, mencionaremos algunos de los más importantes. Casi todos se basan en el hecho de que en ellas el objeto de estudio y el sujeto que lo estudia es el mismo —los seres humanos—, lo cual presenta oportunidades desconocidas en las ciencias naturales, pero también problemas de diversa índole. Estos problemas pueden ser de cuatro grandes tipos: metodológicos, morales, doctrinales o de sensibilidad.

1º) El **problema metodológico** principal es probablemente el de saber si es posible la objetividad, así como en qué medida y manera podemos alcanzarla. Como decía Stephen Weinberg, si sabemos algo de un electrón, sabemos eso mismo de todos los electrones del universo. Sin embargo, en las ciencias sociales no es así. Puesto que las ciencias sociales estudian sujetos y puesto que los sujetos tienen opiniones, intenciones y creencias subjetivas, a menudo diferentes, siempre hay una parte de la realidad social que escapa a la objetividad del saber científico.

2º) El **problema moral** acaso más agudo es el de saber en qué medida se puede experimentar con sujetos humanos, es decir, en qué medida y dentro de qué límites se pueden manipular con fines científicos. Con el paso del tiempo la sensibilidad social cambia y lo que antes se consideraba aceptable hoy puede que no lo tengamos por tal.

Contemos un caso célebre dentro del campo de la psicología social. En 1974, el psicólogo social norteamericano Stanley Milgram publicó un libro titulado *Obedience and Authority* donde recogía las conclusiones de unos experimentos previos, justamente célebres, en los que pretendía establecer el grado en que las personas estaban dispuestas a obedecer a alguien investido de autoridad aunque les mandase algo que supusiese hacer daño a terceras personas. De esta manera pretendía estudiar cuáles eran las raíces psicológicas de atrocidades como el Holocausto o las cometidas en la guerra de Vietnam. Milgram reunió un grupo de voluntarios que creían que iban a participar en un experimento sobre la memoria. A un sujeto se le hacían unas preguntas y por cada error se suponía que se le aplicaría una descarga eléctrica cada vez más fuerte, que iba desde los 15 hasta los 450 voltios. En realidad el sujeto que respondía a las preguntas era un actor que fingía magníficamente padecer los distintos *shocks* cada vez más intensos, aunque los voluntarios no lo sabían y de hecho habían probado el instrumental del experimento recibiendo ellos mismos una descarga moderada de 45 voltios para darle así verosimilitud. Según iban aumentando el voltaje los participantes para castigar las respuestas erróneas, el actor gritaba y gesticulaba cada vez más, hasta que al final se quedó quieto, como inconsciente, y ya no respondía a las preguntas. Algunos participantes pidieron que se detuviera el experimento, pero el instructor les dijo que continuaran. Ninguno se paró antes de aplicar "descargas" de 300 voltios, cuando el actor se retorcía golpeando la pared, y el 65% llegó a aplicar las descargas máximas. Los experimentos de Milgram sugieren que las personas normales y corrientes, sin ninguna tendencia especial hacia la agresividad, son capaces de llegar muy lejos a la hora de actuar cruelmente cuando siguen las órdenes de una figura investida de autoridad.

3º) El **problema doctrinal** más importante es el de saber si es posible la neutralidad ideológica (caso por ejemplo de las ideologías políticas). Puede que las ciencias naturales estén bastante libres de supuestos ideológicos, aunque se dan, pero en las ciencias sociales son insoslayables. Hay un sentido en que la ideología es evitable, pues no se trata de decir lo que a cada uno le parece, pero en otro sentido la ideología resulta inevitable. Lo que hay que hacer en ese caso es saber cuándo acaba la ciencia y cuando comienza la ideología personal (procurando no abusar de esta) y así saber reconocerlo.

Pongamos un ejemplo de cómo la ideología social condiciona la investigación científica sacado de la historia del estudio de la **estructura de la inteligencia humana**. Al principio, durante los años veinte el pasado siglo, e incluso antes, el modelo predominante sobre la inteligencia humana fue el *modelo bifactorial* de Charles Spearman, que consideraba que la estructura de la inteligencia estaba formada por un factor general g que era el más importante y por una serie de factores secundarios específicos, como la capacidad espacial, la fluidez verbal, la memoria o el razonamiento. Esto sucedía en una sociedad más clasista y grupalmente más homogénea que la actual y en buena medida surge precisamente de estas circunstancias y no solo de la mera investigación psicológica.

Por el contrario, a partir de los años ochenta se impone la *teoría de las inteligencias múltiples* (formulada inicialmente por Howard Gardner), que afirma que no hay un solo tipo de inteligencia, sino varios, como la inteligencia personal, académica (lingüística y matemática), cinestésica, musical, espacial e incluso emocional. A su vez este modelo no surge solo como consecuencia del avance científico, sino que viene favorecido por una sociedad más consciente de la diversidad personal, de la pluralidad étnica y cultural. Vemos por tanto cómo el clima ideológico social condiciona sin duda la investigación en las ciencias humanas incluso en un tema en apariencia tan abstracto como la determinación de la estructura de la inteligencia humana.

4º) Para abordar muchos de los temas de esta disciplina hay que poseer una **sensibilidad social** especial. Así, por ejemplo, para abordar los problemas de los distintos roles en función del sexo, los denominados de un modo un tanto equívoco problemas de *género* (aunque el neologismo ha acabado por imponerse), puede no ser lo mismo que los aborde un varón que una mujer, que en este sentido se encuentra en principio mucho más próxima a los problemas de discriminación que conlleva que aquel. Y algo semejante puede suceder con las cuestiones o los problemas de inmigración, étnicos o raciales.

Pero, dicho esto, conviene recordar que a veces se dan casos de *hipersensibilidad* e incluso de grupos de personas que consideran que para hablar de ellos solo ellos mismos están cualificados, lo cual no suele ser el caso, pues la condición de afectado sin duda aporta experiencias de primera mano pero no por ello infunde ciencia.

LA IMAGINACIÓN SOCIOLÓGICA

En 1959, el sociólogo norteamericano Charles Wright Mills (1916-1962) publicó una obra titulada *La imaginación sociológica* en la que presentaba una visión muy sugestiva de la tarea sociológica, que además ha hecho fortuna en los círculos anglosajones que suelen comenzar el estudio de esta disciplina por aquí. Mills centraba esta tarea en lo que llamaba la *imaginación sociológica*, que era la manera específica en que la sociología ha de abordar la investigación de los fenómenos sociales.

Este investigador afirmaba que la ***imaginación sociológica*** nos permitía comprender un escenario histórico más amplio que el de nuestra experiencia cotidiana y descubrir que a veces tenemos una impresión errónea de nuestra situación social; nos permite entender tanto el plano histórico como el plano biográfico y captar su relación social según Mills. Los estudios clásicos de la sociedad se han planteado tres tipos de cuestiones. El de la estructura social, sus partes principales y sus relaciones; el de los mecanismos del cambio social y el lugar histórico de cada sociedad; y el de qué tipo de hombres y mujeres prevalecen en cada sociedad, el de las formas predominantes de sensibilización o de embotamiento, de liberación o de represión.

La imaginación sociológica nos suministra la versatilidad suficiente para poder pasar de unas formas sociales a otras, por más distintas que sean: de la psicología a la política, de la familia a la economía, de la religión al ejército, de los rasgos más íntimos del yo a las transformaciones sociales más impersonales. Gracias a ellas podemos captar las relaciones entre los fenómenos sociales más diversos, utilizar un nuevo modo de pensar e incluso proponer una transformación de los valores, y en definitiva una nueva manera de comprender el sentido cultural de las ciencias sociales.

Más adelante veremos cuáles aspectos de la propuesta de Mills han tenido más recorrido y cuáles no. Ahora vamos a ver un caso concreto de la imaginación sociológica en marcha debida al sociólogo norteamericano Richard Sennett, del que luego hablaremos con más detenimiento, en el que este autor, a través de la historia de su amiga Rose, nos habla de las diferentes culturas empresariales en las que uno puede encontrarse.

Rose era una mujer de cincuenta y tres años que llevaba un bar en el sur de Manhattan. El Trout era un lugar tranquilo y sencillo, con un par de cocineros bastante malos que Rose mantenía por afecto, en el que la gente se dejaba caer por la tarde para tomarse algo tranquilamente. Aunque el negocio iba bien, Rose tenía la sensación de que no le estaba sacando partido a su vida, dedicada a servir copas a actores sin trabajo del barrio, escritores cansados y gruesos hombres de negocios.

Unos cuantos años atrás Rose había probado suerte al margen del negocio del bar. Hacía tiempo que se había quedado viuda, una hija se había casado y la otra había terminado la universidad. Le surgió la posibilidad de firmar un contrato de dos años con una agencia de publicidad de la parte alta de Manhattan, especializada en bebidas alcohólicas, tema del que tenía conocimientos gracias a su trabajo. Rose ingresó en un entorno en el que se valoraba mucho la imagen, la edad y la moda. Pero al cabo de un par de años no pudo más y regresó al Trout sin decir nada. Los clientes estaban intrigados, pero Rose no les contaba nada. Al cabo de un tiempo dejó caer que se había derrumbado.

Rose no encajaba en un negocio en el que el éxito y el fracaso dependían de los contactos personales, de las habilidades sociales y de la capacidad de quitarse de en medio cuando surgían los problemas, en vez de depender de tener un buen currículum y mucha experiencia laboral, como le ocurría a ella. Tenía la sensación de estar permanentemente sometida a un examen sin reglas definidas y aprendió una lección muy dura en la agencia de publicidad: la gente de mediana edad como ella apenas se apreciaba y la experiencia se valoraba muy poco. Al principio Rose estaba muy orgullosa de ser una ejecutiva, pero pronto comenzó a sentirse mal por las razones que hemos dicho y porque siempre parecía estar partiendo desde cero.

Lo que le ocurrió ilustra, de acuerdo con Sennett, y aquí es donde entraría la imaginación sociológica, algunas confusiones frecuentes sobre como orientarse en un mundo flexible. Puesto que las personas que asumen riesgos a menudo poseen poca información al respecto, solo retrospectivamente se pueden dar cuentan de que han tomado decisiones equivocadas. En la moderna cultura del riesgo la estabilidad se ve como un defecto y el cambio como una virtud, aunque el destino de dicho cambio importe poco. A ello contribuyen unas fuerzas sociales muy poderosas, como el sistema de producción flexible y el desorden de las instituciones.

Para Rose el *shock* inicial que recibió al trasladarse a la elegante y clasista Park Avenue fue que de pronto se dio cuenta de la edad que tenía socialmente, al estar rodeada de chicas jovencísimas, y notó cómo la estaban marginando, ya que no contaban con ella para tomarse una copa después del trabajo, que era cuando en realidad adoptaban una buena parte de las decisiones de la empresa.

Dentro del nuevo orden del trabajo, piensa Sennett, no se considera que el simple paso del tiempo necesario para acumular experiencia le confiera a alguien una posición especial, sino que ve en ello uno de los males del viejo sistema rígido y burocratizado en el que la edad congela la iniciativa y fosiliza las instituciones del sistema, que se centra más bien en las capacidades inmediatas.

Rose regresó al Trout, recuperó la confianza en sí misma y volvió a tomar las riendas de su vida. En una ocasión le contó a Sennett que pensaba que su aventura había sido un error. Así vemos cómo este autor es capaz de explicarnos algunos fenómenos sociales importantes, relacionados en este caso con el mundo laboral, a través de lo que le ocurre a una persona, y para eso se necesita la imaginación sociológica.

II.- LOS ORÍGENES DEL PENSAMIENTO SOCIOLÓGICO

El pensamiento sobre la sociedad es muy antiguo y a él se han dedicado destacados filósofos a lo largo de la historia. Cabe mencionar a Platón y Aristóteles en la Antigua Grecia, a San Agustín y Santo Tomás durante la Edad Media, a Maquiavelo, Moro y Hobbes en el Renacimiento, y a Montesquieu, Condorcet y Rousseau durante la Ilustración. Sin embargo, el comienzo de la sociología entendida como ciencia es mucho más reciente y se remonta a la segunda mitad del siglo XIX. Entre los fundadores de esta ciencia vamos a destacar a cuatro autores: Auguste Comte, Karl Marx, Émile Durkheim y Max Weber. Hay otros autores importantes —como el controvertido Herbert Spencer— pero estos son los más destacados. Vamos por ello a estudiar brevemente, pese a lo que decía Wilson, algunas de sus ideas principales que más han contribuido a perfilar el pensamiento sociológico, porque constituyen un punto de partida privilegiado.

AUGUSTE COMTE

El autor francés Auguste Comte (1798-1857) fue quien acuñó el término **«sociología»** en 1839 y quien dividió esta disciplina en una parte que estudia los mecanismos por los cuales la sociedad permanece unida (*estática social*) y

otra que investiga los cambios y transformaciones sociales (*dinámica social*).

Comte estudió en el liceo de su ciudad natal y después en la École Polytechnique de París, aunque no acabó sus estudios, y en la que después intentó conseguir un puesto docente sin éxito. Fue partidario de la Revolución de 1848, amigo de John Stuart Mill y padeció problemas mentales.

Pensaba que el saber humano posee un **orden histórico** ya que ha pasado a lo largo de su historia por **tres grandes estadios**: el teológico, el metafísico y el positivo. En el primero predomina el pensamiento religioso y por tanto las creencias que no se sustentan sobre una base racional. Se piensa que la sociedad es de determinada manera por la voluntad de Dios. En el segundo predomina el pensamiento racional, pero resulta dogmático al no basarse en la experiencia. En el tercero, que es el que preconiza Comte, el pensamiento es racional y no dogmático, sino científico, al estar presidido por el *positivismo* que impone al conocimiento la obligación de contrastar sus afirmaciones con la realidad de los hechos. Para él, el positivismo es tanto una filosofía científica como una práctica política.

A su vez, Comte pensaba que, además de un orden histórico, el conocimiento posee un **orden metódico**. El saber positivo para Comte posee una gradación necesaria que va desde los saberes más simples hasta los más complejos. En este sentido ordenaba las ciencias de la siguiente manera: matemáticas, astronomía, física, química, biología y sociología. Esta última se encarga de estudiar la humanidad, que al ser la realidad más compleja sitúa a esta ciencia en la cima del saber. Como hemos visto, el análisis moderno de la clasificación de las ciencias hace que esta ordenación resulte errónea y además ingenua.

La sociología también es importante porque debe contribuir al bienestar social al usar el conocimiento científico para predecir y controlar la conducta humana. En este sentido Comte entendía el **positivismo** como el impulso opuesto a la negatividad del desorden moral, social y político que a su juicio imperaba en su época. Con el tiempo, Comte derivó en este punto hacia una serie de ideas extravagantes con las que imaginaba una humanidad gobernada por una extraña mezcla de sociólogos-sacerdotes y en la que él de alguna manera se veía como el *grand-prêtre de l'humanité*.

Por otro lado, el ideal positivista comtiano de formular un conocimiento que se atenga exclusivamente a los hechos, que luego otros han asumido de manera mucho más consistente, ha sido muy influyente en la filosofía de la ciencia en general y en la ciencia social en particular. Según este, la sociología debe aspirar a ser un saber objetivo, libre de valoraciones subjetivas. En este sentido, tiempo después, Max Weber hablaría de la posibilidad de una ciencia sin supuestos previos. En *El científico y el político*, Weber dice lo siguiente: "*Existen dos tipos de problemas perfectamente heterogéneos: de una parte la constatación de los hechos, la determinación de los contenidos lógicos o matemáticos o de la estructura interna de los fenómenos culturales; de la otra, la respuesta a la pregunta por el valor de la cultura y sus contenidos concretos y, dentro de ella, de cuál debe ser el comportamiento del hombre en la comunidad cultural y en general en las asociaciones políticas*". Sin embargo, como veremos más adelante, no todos los estudiosos de las ciencias sociales, comenzando por Marx, han estado de acuerdo con este ideal.

KARL MARX

El pensador alemán Karl Marx (1818-1883) fue un influyente filósofo, economista, político y revolucionario. Ofrece una vigorosa e influyente visión de la sociedad y de la historia, que en el momento de su máximo apogeo, poco después de la Segunda Guerra Mundial, servía de modelo a los regímenes políticos de más o menos la mitad de la humanidad (la

URSS, Europa del Este, China, Cuba, Corea del Norte o Vietnam), aunque después de la caída del Muro de Berlín (1989) dicho influjo ha ido en declive.

Marx fue un testigo privilegiado de la sociedad de su tiempo, marcada por

el auge de la Revolución industrial, y también fue un actor destacado como pensador y como líder político de los movimientos obreros revolucionarios de entonces.

Vivió en varios países europeos ya que estuvo perseguido por sus ideas revolucionarias. En 1843 se casó y se fue a vivir a París, donde el clima era más liberal, y allí conoció a Friedrich Engels (1820-1895). En 1845 el Gobierno francés expulsó a Marx del país a instancias del Gobierno prusiano, al que criticaba duramente en sus escritos. Se trasladó a vivir a Bruselas. Allí radicalizó su postura política, pasó a formar parte del movimiento revolucionario internacional e ingresó en la Liga Comunista, una organización internacional obrera con sede en varias ciudades europeas, como Londres y París, que le pidió que escribiera, junto a Engels, un documento en el que expusiera el ideario y los propósitos de dicha organización. Así surgió en 1848 el célebre *Manifiesto comunista*, que finalmente redactó Marx.

Poco después de la aparición del *Manifiesto comunista* estallaron varios procesos revolucionarios en Francia, Alemania y el Imperio austriaco, por lo que el Gobierno belga expulsó a Marx temeroso de que la corriente revolucionaria se extendiera también por el país. El pensador alemán se trasladó a París y después a Renania. En 1849 fue arrestado y juzgado bajo la acusación de incitar a la rebelión armada. Aunque absuelto, se le expulsó de Alemania y se cerró la revista. Pocos meses después las autoridades francesas también lo obligaron a abandonar el país y se trasladó a Gran Bretaña, donde permaneció el resto de sus días.

Se instaló en Londres y trabajaba como periodista independiente, aunque con poco éxito, por lo que vivió durante el resto de su vida sumido en la pobreza, si bien contaba con la ayuda de Engels. Comenzó a apartarse de la actividad política, a causa del fracaso de los movimientos revolucionarios de 1848, y se dedicó al estudio meticuloso y disciplinado del sistema capitalista. Es memorable que para preparar su obra magna —*El capital*—, este antiguo estudiante juerguista asistió casi a diario a investigar durante veinte años a la British Library londinense, que era el lugar del mundo donde había reunida más información sobre la sociedad y la economía burguesa y capitalista.

22

En 1863 regresó a la actividad política ingresando en la Internacional, el conocido e influyente movimiento revolucionario de trabajadores. Comenzó a adquirir fama como líder de este movimiento y como autor de *El capital*. Los últimos años de su vida fueron difíciles y amargos. En 1876 se disolvió la Internacional. En 1881 murió su esposa y al año siguiente su hija (años antes lo habían hecho otros cuatro hijos suyos). El propio Marx falleció en Londres en 1883.

La filosofía marxista se denomina ***materialismo histórico***. Según esta concepción, lo que mueve a la sociedad a través de la historia son las *condiciones materiales de la existencia* humana y no las ideas o creencias. Así, por ejemplo, el desarrollo industrial ha fomentado el capitalismo (y viceversa), la expansión colonial, el aumento de las desigualdades laborales y sociales, etc., y en definitiva la explotación de unos por parte de otros (aunque este fenómeno se ha dado a través de toda la historia de la humanidad).

Después, como reflejo de esa situación, como reflejo en definitiva de la ***infraestructura económica***, la clase dominante crea toda una ***superestructura ideológica*** destinada a justificar y mantener dicha situación, por medio de la religión, el derecho, el Estado burgués o las ideologías políticas.

Estas condiciones materiales de la existencia se configuran en diversos modos de producción. En tiempos de Marx, y en buena medida hoy, el modo de producción predominante era el **capitalismo**, que se caracteriza por la existencia de dos clases sociales, la burguesía y el proletariado, que están en conflicto, ya que la primera genera su riqueza a costa de la opresión de la segunda. Marx predijo el advenimiento de la sociedad comunista, en la cual desaparecían los conflictos de clases y la propia división de la sociedad en estas, ya que no habría ni explotadores ni explotados.

Estas ideas no solo han tenido una gran influencia intelectual en la filosofía y las ciencias sociales, sino también en la práctica política y revolucionarias, pues, como dijo Marx en su XIª tesis sobre Feuerbach, "*los filósofos hasta ahora a lo que se han dedicado es a interpretar el mundo, pero de lo que se trata es de cambiarlo*". La plasmación de esto fue el comunismo, aunque hay diversidad de opiniones sobre si el comunismo real, tal y como se implantó en la URSS y en otros lugares, ha sido o no fiel al pensamiento marxista.

ÉMILE DURKHEIM

El profesor e investigador francés Émile Durkheim (1858-1917) tuvo un impacto más sólido y duradero en la sociología que su compatriota Auguste Comte, que en el fondo es un pensador bastante premioso y discreto que deliberadamente desconoció el pensamiento de su época para no contaminar sus propias ideas.

Durkheim era un judío procedente de una familia de rabinos, tarea para la que desde joven se puso a estudiar, aunque pronto se hizo agnóstico. Sin embargo, como resultado de esta formación religiosa, siempre le quedó una profunda preocupación por las cuestiones éticas y por el debilitamiento de la moralidad común en el mundo moderno que marca gran parte de su pensamiento.

Estudió en la École normale supérieure de París y obtuvo la agregación de filosofía. Pasó un par de años formándose en Alemania, donde se vio muy impresionado por su sistema universitario. Después fue a la Universidad de Burdeos, donde enseñó por primera vez en una universidad la materia de Sociología, y finalmente regresó a París donde impartió clases en la Sorbona.

A él se debe la definición de qué es lo que debe estudiar esta ciencia. Se trata de los **hechos sociales**, que son hechos distintos a los que estudia la filosofía y la psicología. Es conocido su lema de estudiar los hechos sociales como cosas, por contraposición a la filosofía, que los estudia como ideas. No todas las «cosas» son de naturaleza material, sino que también hay otras realidades no menos efectivas de índole cultural o simbólica, y por ende inmateriales.

Un hecho social es para él cualquier fenómeno "*susceptible de ejercer sobre el individuo una coacción exterior*", y puede ser tanto material como inmaterial. Por ejemplo, la institución familiar es un hecho social, lo mismo que lo es la cultura, la religión, el Estado o la tradición. Esto quiere decir que son *cosas* que poseen la capacidad de ejercer presión sobre nosotros o coaccionarnos.

Una de las tareas principales de Durkheim en su conocida obra *Las reglas del método sociológico* (1895) consiste en evitar reducir las **explicaciones sociales** a explicaciones psicológicas, cosa que se trataría de justificar afirmando que, puesto que toda sociedad está compuesta de individuos, la explicación de los fenómenos sociales se realiza explicando la psicología de dichos individuos. Por ello Durkheim afirmaba que "*todas las veces que un fenómeno social se explica directamente por un fenómeno psíquico, se puede afirmar que la explicación es falsa*". Para él, por tanto, "*la causa determinante de un hecho social debe buscarse en un hecho social antecedente y no en los estados de conciencia individual*".

Esto no significa que dichos estados psicológicos no sean importantes, aunque Durkheim tendió de hecho a minimizarlos, sino que nunca son suficientes. Un caso que Durkheim estudió siguiendo estrictamente su metodología fue **el suicidio**. En principio parece que el suicidio es una decisión muy personal e íntima que en todo caso puede explicar la psicología o la psiquiatría, pero para Durkheim también era un fenómeno social y por lo tanto debía tener una causa social. Y eso fue lo que hizo: analizar qué relación tenía el suicidio con los hechos sociales.

Estudió para ello varios tipos de suicidios y se detuvo especialmente en el denominado **suicidio anómico**. La anomia (ausencia de normas) es una situación que se da cuando hay cambios sociales bruscos y por tanto las normas morales y los valores sociales establecidos se debilitan y no funcionan del todo, pero por otro lado tampoco ha dado tiempo a que surjan y se asienten otros nuevos. Se trata de un hecho muy relevante de la época moderna que Durkheim ve con preocupación: *"L´anomie est actuellement à l'état chronique dans le monde économique"*. Este estado anómico crea una gran incertidumbre e insatisfacción que aumenta la tasa de suicidios en las sociedades que lo padecen. Por lo tanto, aunque cada individuo se suicide por razones específicas (soledad, pobreza, depresión, locura, etc.) hay causas sociales que explican las tendencias globales.

Este caso sirve para ilustrar algunas críticas que se pueden hacer a las ideas de Durkheim. Una es que los hechos sociales no tienen por qué explicarse solo por medio de otros hechos sociales, y no también individuales. Otra es que en consecuencia Durkheim confirió un papel escaso e insuficiente a la acción y a la interacción social. En el pensamiento de este autor los seres humanos individuales apenas son protagonistas sociales sino que son más bien sujetos de las fuerzas sociales.

Digamos para concluir que Émile Durkheim ha hecho otras aportaciones muy importantes a la sociología, entre las que cabe destacar sus estudios sobre la religión, la educación moral, el socialismo o los tipos de sociedad. Hablaremos un poco de estos dos últimos para hacernos una de la riqueza de su pensamiento y de su obra.

En su libro *La división social del trabajo*, Durkheim distingue dos tipos ideales de sociedad. El tipo más primitivo se caracteriza por la solidaridad mecánica y por poseer una estructura bastante indiferenciada con poca división del trabajo. El tipo más moderno se caracteriza a su vez por la solidaridad orgánica y por poseer una mayor división del trabajo y estructuración social. La sociedad basada en la solidaridad mecánica se caracteriza por poseer una moralidad común muy fuerte que castiga con severidad las faltas y se mantiene unida precisamente por su homogeneidad. Por el contrario, la sociedad basada en la solidaridad orgánica se rige por un sistema de normas que se conforma con que se cumpla la ley o con que en caso contrario se compense a los perjudicados. Se mantiene cohesionada precisamente por su diversidad, porque unos necesitan del trabajo de los otros, pero no por la moralidad común que tiende a ser mucho más débil que en las sociedades tradicionales.

Durkheim era un reformista social que creía que los males de su tiempo tenían solución, y en esto se oponía a los conservadores, pero esta no pasaba por el cambio revolucionario, y en esto rechazaba el socialismo revolucionario de Marx. Consideraba que, aunque la propiedad privada de los medios de producción desapareciese de la noche a la mañana, los problemas sociales permanecerían intactos.

MAX WEBER

El eminente investigador y erudito alemán Max Weber (1864-1920) es el cuarto gran fundador de la sociología, y para algunos el más importante de todos ellos y de los estudiosos que luego les han seguido. Pero a pesar de ser reconocido uno de los padres de la sociología, nunca se vio a sí mismo como un sociólogo, sino como un historiador, oficio que le gustaba desde niño, cuando ya escribía densos ensayos históricos.

Estudió en las universidades de Heidelberg, Berlín y Gotinga, y se interesó especialmente por el Derecho, la Historia y la Economía. Fue profesor en las universidades de Friburgo y Heidelberg, aunque dejó la docencia en 1903. En 1912, intentó organizar un partido político de izquierdas que reuniese a socialdemócratas y liberales, pero fracasó debido al miedo que muchos liberales sentían hacia los ideales revolucionarios de los socialdemócratas. A partir de 1918, retomó la docencia, primero en la Universidad de Viena y luego, en 1919, en la Universidad de Múnich, donde fue director del primer instituto de sociología creado en una universidad alemana, hasta que murió de una pulmonía un año más tarde.

En un principio se vio influido por el predominio de las ideas de Marx, si bien sus planteamientos derivaron pronto hacia una concepción de la sociedad muy diferente. Weber nació en una familia de clase media alta. Su abuelo era un comerciante importante y otros parientes suyos eran hombres de negocios e industriales. Su padre era un alto funcionario, llegó a ser magistrado y ascendió a una posición política relevante, y por otro lado era muy aficionado a los placeres mundanos. Su madre era protestante calvinista, muy religiosa y trataba de llevar una vida ascética. Esta tensión marcó su obra y su personalidad, ya que, si bien al principio Weber tomó como modelo a su padre, luego eligió a su madre y se volvió muy trabajador y riguroso. Por ese motivo discutió una vez con su padre de modo tan violento que este murió al poco tiempo a consecuencia del disgusto y por eso a Weber le dio una crisis nerviosa que le impidió trabajar durante varios años y de la que de hecho no se libró jamás del todo.

La diferencia fundamental entre Marx y Weber radica en que este rechaza la concepción materialista de la historia y de la sociedad de aquel, que había adquirido una importancia inmensa tanto política como académicamente. Para Weber es cierto que las condiciones materiales de la existencia influyen en general en la sociedad y en las ideas y creencias de la gente, pero también es cierto lo opuesto, esto es, que las ideas y creencias de la gente pueden determinar los fenómenos sociales.

Así, por ejemplo, en su célebre obra *La ética protestante y el espíritu del capitalismo* (1905), uno de los trabajos clave de la sociología, Weber muestra no que el protestantismo sea un producto de la sociedad capitalista —como supondría el materialismo histórico marxista—, sino que por el contrario es el protestantismo es el que da lugar al capitalismo.

El capitalismo aparece en el Norte de Europa y en Estados Unidos porque la religión allí predominante es el protestantismo: para el protestantismo, trabajar duro no es un medio para obtener dinero, sino un valor ético-ascético en sí mismo. El protestante no acumula dinero para luego gastárselo y vivir bien, sino porque esa actividad le da verdadero sentido religioso a su vida.

Como es sabido, el protestantismo profesaba la idea teológica de la predestinación divina, según la cual Dios en su infinita omnisciencia sabe quién se va a salvar y quién no, y haga lo que haga uno no puede cambiar eso. Lo único que le cabe es en todo caso tener fe y tratar de buscar algún signo de que se encuentra entre los elegidos por Dios. Pues bien, los fundadores del protestantismo, sobre todo Calvino, creían que el signo inequívoco de haber sido elegido por Dios era tener éxito en el trabajo y en los negocios. Por eso, al hombre protestante típico lo que procura es trabajar mucho y acumular dinero, que lo invertirá para aumentar sus negocios y no para gastarlo, y eso es lo que da lugar con el paso del tiempo al fenómeno del capitalismo.

Desde luego, en otras sociedades y en otras épocas ha habido también gente muy ocupada en enriquecerse, pero su objetivo no era acumular dinero por acumularlo, sino para tener más que gastar. Por así decirlo, preferirían nacer ricos y morirse pobres antes que nacer pobres y morirse ricos.

Un claro ejemplo de la mentalidad capitalista protestante, que propone el mismo Weber, es el de Benjamin Franklin (1706-1790), el célebre científico y político norteamericano que entre otras cosas redactó junto a Jefferson y Adams la Declaración de Independencia. Pues bien,

Franklin escribía lo siguiente: "*piensa que el tiempo es dinero. El que puede ganar diariamente diez chelines con su trabajo y se dedica a pasear la mitad del día, o a holgazanear en su cuarto, aun cuando solo dedique seis peniques para sus diversiones, no ha de contar esto solo, sino que en realidad ha gastado, o más bien derrochado, cinco chelines más*".

Asimismo, un ejemplo paradigmático del capitalista protestante fue el magnate norteamericano de la industria petrolera John D. Rockefeller (1839-1937), que ha sido el empresario más rico que seguramente ha habido a lo largo de la historia. Rockefeller procedía de una familia protestante de clase media de origen alemana. Su padre lo cierto es que era un timador de poca monta, pero su madre era una mujer de fuertes principios calvinistas. El joven Rockefeller, que era muy responsable y estudioso, pero que nunca fue a la universidad, comenzó a trabajar como contable a los dieciséis años de edad. Destacó en el trabajo, al que le dedicaba mucho tiempo cada día, y a los tres años de permanencia, como pensó que no lo promocionaban lo bastante, montó su propia empresa junto con un socio con lo que había ahorrado y un préstamo de su padre. Así comenzó su fulgurante carrera que le llevó a fundar la Standard Oil Company, a crear un auténtico monopolio por medios a veces poco éticos, y a convertirse en el hombre más rico de su tiempo, con una fortuna que ajustada a la inflación podría equivalen a 270 mil millones de euros en la actualidad. Al llegar a la cincuentena, Rockefeller enfermó y no pudo mantener el tremendo ritmo de trabajo al que estaba acostumbrado y entonces lo que hizo fue dedicarse a realizar obras de filantropía, donando en total una suma de 550 millones de dólares de la época —lo que suponía la mitad de su fortuna— tanto a las organizaciones que fundó, como a otras instituciones importantes, como Harvard, Yale o Columbia. Donó asimismo 80 millones de dólares para fundar la Universidad de Chicago en 1890, una institución académica que en nuestro tiempo es una de las mejores del mundo (como las antes citadas) y que cuenta con más de 87 premios Nobel.

Con posterioridad a lo que Weber pudo estudiar, la sociedad occidental se ha hecho menos religiosa —proceso que ya anticipó con clarividencia— y de una ideología y una sociedad de la acumulación del capital se ha pasado a una ideología y una sociedad del consumo, a partir de los años veinte cuando se inventa en los Estados Unidos la compra a plazos, en la que se gasta lo que se gana y a veces lo que no se tiene. Fenómeno este que es totalmente congruente con las ideas weberianas.

En fin, señalemos para terminar que Durkheim, Marx y Weber no solo son los fundadores de la sociología, sino que muchas de sus ideas aún desempeñan un papel central en el pensamiento sociológico actual y por eso merece la pena que lo estudiemos. Anthony Giddens ha señalado en su *Sociología* que la teoría weberiana del origen del capitalismo es importante por al menos tres razones. Primero, porque es capaz de ir más allá de los límites que nos dicta el sentido común sin caer en el absurdo. Segundo, porque explica un hecho sorprendente y complejo, a saber, por qué hay ricos que no viven como ricos sino más bien casi como pobres. Tercero, porque se trata de un enfoque capaz de abrir nuevas perspectivas en otros ámbitos de la sociología.

III.- EL DESARROLLO DEL PENSAMIENTO SOCIOLÓGICO

Vamos a hablar aquí de las principales teorías sociológicas que han aparecido desde los tiempos de los fundadores de esta disciplina hasta finales del siglo XX, aunque en algunos casos estas siguen operando en el panorama de la sociología actual. La mayoría de las teorías sociológicas son lo que Robert K. Merton (1910-2003) denominaba *teorías de rango medio* en 1957. Se trata de teorías que abordan fenómenos sociales de alcance, extensión o incluso complejidad intermedia, ni muy pequeños ni muy grandes. Son teorías lo bastante específicas como para poder comprobarse experimentalmente, pero lo bastante amplias como para abarcar fenómenos diferentes. Un ejemplo sencillo es la denominada *teoría de la deprivación relativa*. Establece que la gente estima en qué condiciones vive en función de con quién se compare. Una familia puede valorar su situación de modo muy distinto si ocurre que vive en un barrio marginal, donde probablemente piense que su situación es buena, o en un barrio de clase media-alta, donde seguramente considere que su condición es mala. Otras teorías de rango medio son las que estudian el comportamiento electoral, la burocracia, etc.

Sin embargo, a veces surgen teorías o esquemas teóricos más amplios que los que en principio cabe considerar de rango medio, y de ellos son de los que vamos a hablar aquí. Se trata de los grandes paradigmas del pensamiento sociológico del siglo XX y en algunos casos también de lo que llevamos del siglo XXI. Hay otros desde luego, pero nos centraremos en el interaccionismo simbólico, la fenomenología y etnometodología, el funcionalismo, el estructuralismo y el neomarxismo, ya que nos proporcionan un buen conjunto de útiles conceptuales. En próximos temas hablaremos de otros modelos como la teoría del conflicto y la teoría de la acción.

INTERACCIONISMO SIMBÓLICO

Esta corriente se basa en las ideas del filósofo norteamericano Georg Herbert Mead (1863-1931), uno de los fundadores de la sociología americana que a su vez formuló su pensamiento a partir del análisis crítico de la filosofía pragmatista y de la psicología conductista.

En comparación con otros enfoques, como el estructuralismo, el interaccionismo simbólico (término acuñado en 1937 por Herbert Blumer) tiende a subrayar los aspectos activos y creativos de los individuos. Ahora bien, mientras que la psicología social tradicional partía del individuo para explicar la sociedad, Mead parte en cambio de lo social para explicar lo individual.

Consideremos el caso del lenguaje. El lenguaje nos permite operar y expresarnos mediante símbolos abstractos y por tanto comprendernos a nosotros mismos. Además casi todas las relaciones humanas están mediadas por símbolos. Cuando nos relacionamos, buena parte de la información que transmitimos y recibimos es simbólica. Por lo tanto, el interaccionismo simbólico estudia dichas relaciones examinando qué tipo de intercambio hay en juego.

Un importante seguidor de esta corriente, el sociólogo canadiense Erving Goffman (1922-1982), ha estudiado la vida social entendiéndola como *representación*. Para él, se puede estudiar la acción en sociedad de los individuos como si se tratase de personas que interpretan uno o varios papeles sociales. Consideraba que cualquiera de nosotros tiene que esforzarse en su vida cotidiana en recrear un *personaje* para así hacer creíble la imagen que tenemos de nosotros mismos. Por ejemplo, un médico que va al trabajo por la calle en bicicleta y con ropa deportiva y desenfada, cuando entra en la consulta, se pone una bata blanca y adopta una actitud circunspecta y profesional.

Además, las personas tendemos a presentarnos ante otras, de manera por lo general inconsciente, dando una *imagen idealizada* de nosotros que de modo inevitable trata de ocultar aquellos aspectos nuestros que pueden perjudicar a dicha imagen. Por ejemplo, un alumno que saca buenas notas puede que se presente ante los demás minimizando el tiempo y el esfuerzo que ha tenido que emplear para ello, dando la impresión de que las consigue sin trabajar demasiado.

Pero el interaccionismo simbólico no solo estudia las relaciones interpersonales, sino que también estudia la propia formación del yo como un resultado de la interacción simbólica social. De este modo, Mead considera que el yo humano se forma a partir de la sociedad y que en este proceso el lenguaje desempeña un papel primordial, ya que sin él no seríamos individuos reflexivos y conscientes de nosotros mismos. El lenguaje, que nosotros aprendemos de la sociedad, es el que permite objetivar nuestras experiencias subjetivas e incluso el que permite objetivarnos a nosotros mismos, esto es, ser capaces de ver nuestro propio yo como un agente social más. En definitiva, es el que posibilita que formemos nuestra propia conciencia. Una vez desarrollada nuestra conciencia, nuestro yo, podemos actuar con libertad y decidir sobre nuestra vida.

Las ventajas del interaccionismo simbólico radican en su utilidad para la *microsociología*, esto es, para el estudio de los fenómenos sociales a pequeña escala. Su principal inconveniente es que resulta mucho menos útil para estudiar los fenómenos sociales a gran escala (*macrosociología*).

En este sentido merece la pena recordar que Goffman también trabajó durante un año estudiando el funcionamiento de un gran centro psiquiátrico de Washington y llegó a la conclusión en su libro *Asylums* (1961) de que este, y los que eran como él, constituía un invento antiterapéutico. Para él, el factor más influyente para el paciente no era su enfermedad sino la institución en la que estaba recluido, pues el tipo de vida que llevaba dentro lo iba deshumanizando y degradando. Este investigador consideraba que los psiquiatras se limitaban a quitarle al paciente los síntomas de la enfermedad a costa de apartarlos de su vida cotidiana, separarlos de sus familiares, someterlos a un régimen humillante de vigilancia y a un estigma permanente cuando salían a la calle.

FENOMENOLOGÍA Y ETNOMETODOLOGÍA

La aplicación del método fenomenológico, que procede de la filosofía del pensador alemán Edmund Husserl, a la sociología es obra del autor de origen vienés Alfred Schutz (1899-1959). Este tomó la filosofía de Husserl y la transformó en sociología. Schutz centra los estudios sociológicos en la intersubjetividad, que para él significa el hecho de que capto la subjetividad del *alter ego* al mismo tiempo que vivo mi propio flujo de conciencia en las situaciones propias de las diversas esferas del mundo de la vida (*Lebenswelt*), al que la fenomenología siempre ha prestado mucha atención.

Peter Berger y Thomas Luckmann en su importante obra *La construcción social de la realidad* (1967) continuaron el enfoque fenomenológico de Schutz y lo complementaron con otros enfoques teóricos tomados de Durkheim y Weber. Se trata de una contribución muy importante a la sociología del conocimiento dedicada a estudiar cómo consideramos los procesos subjetivos como realidades objetivas y cómo construimos el conocimiento de la realidad a partir de la sociedad.

A partir de los años cuarenta Harold Garfinkel (1917-2011) prolongó las ideas de Schutz y creó la etnometodología, que no formuló de modo sistemático hasta 1967. Tanto la fenomenología como la etnometodología estudian el modo en que las personas creen y mantienen los significados de las situaciones de la vida cotidiana. Se diferencian en que la primera tiene una tendencia más reflexiva y teórica mientras que la segunda es más práctica y empírica. La primera se centra en lo que piensa la gente y la segunda en lo que hace.

Se puede definir la **etnometodología** como el estudio del conjunto de conocimientos propios del sentido común y de los métodos por medio de los cuales los miembros de una sociedad interpretan las circunstancias en las que viven y así actúan en consecuencia. Lo que pretende es estudiar cómo la gente le da sentido o interpreta lo que otros hacen o dicen en la vida cotidiana. Para esta, el orden social no es una realidad en sí misma sino una realización de los actores sociales.

Se llama *etnometodología* por utilizar métodos de investigación propios de la etnología, como la grabación de conversaciones o de comportamientos sociales, a situaciones de la vida cotidiana propias de nuestra sociedad. El prefijo *etno* (grupo, etnia, nación) da a entender que el investigador dispone y hace uso del conocimiento propio del sentido común de la sociedad estudiada (que es la suya).

Un ejemplo de cómo estudian los etnometodólogos las relaciones sociales lo constituyen los *experimentos de ruptura*. Se trata observar cómo afecta a los demás el cambio de los papeles sociales que normalmente alguien tiene asignados. Así, en una ocasión Garfinkel pidió a sus alumnos que al volver a sus casas se comportase como si fuesen invitados en vez de como si viviesen en ellas y que observasen las reacciones de sus familiares. Lo que estos estudiantes comprobaron es que los que les rodeaban estaban atónitos y no entendían nada, dando en algunos casos lugar a verdaderos malentendidos.

Los etnometodólogos critican a los otros sociólogos por tratar de estudiar los fenómenos sociales con ideas preconcebidas. Consideran que su método es más fiel al mundo cotidiano que los demás y que los métodos estadísticos y cuantitativos limitan y distorsionan la variedad del mundo real. Y, en efecto, entre las ventajas de este método se encuentran su carácter eminentemente práctico y su gran dinamismo y versatilidad. El etnometodólogo estudia diversos aspectos de su propia sociedad como si fuese un antropólogo procedente de otra cultura.

Por otra parte, los adversarios critican la etnometodología porque entienden que se centra demasiado en cuestiones minúsculas y a veces nimias, a lo que los seguidores de esta responden que lo verdaderamente importante se encuentra en la vida cotidiana de la gente en vez de en los grandes asuntos teóricos.

Para concluir, se puede decir que la etnometodología (y también la sociología fenomenológica) es muy útil e importante en el ámbito de la microsociología, en el estudio de la vida cotidiana, aunque lo cierto es que hay otros fenómenos sociales de mayor magnitud que se le escapan y para los que hay que aplicar otros métodos.

FUNCIONALISMO

Los primeros en utilizar sistemáticamente el enfoque funcionalista fueron los antropólogos durante el primer tercio del siglo XX, aunque Durkheim ya habló de este en sus obras. Entre ellos destacan los británicos Alfred R. Radcliffe-Brown (1881-1955) y Bronislaw Malinowski (1884-1942), que era de origen polaco. El funcionalismo parte del supuesto fundamental de que las partes de un grupo están relacionadas entre sí y cumplen una función dentro de un sistema social. Considera la sociedad como un sistema completo y coherente, y pretende analizar las instituciones sociales en términos de la satisfacción colectiva de las necesidades individuales.

Estos antropólogos consideraron que solo podríamos comprender una práctica o institución social (como la mitología, el matrimonio o la religión) si somos capaces de explicar qué *función* desempeña dentro de la sociedad en su conjunto. Así, por ejemplo, en una sociedad el matrimonio puede servir sobre todo para establecer alianzas entre familias y en otra puede servir para que convivan dos personas que se quieren.

En sociología, los principales representantes del funcionalismo fueron los norteamericanos Talcott Parsons (1902-1979) y Robert K. Merton (1910-2003) hacia el segundo tercio del siglo XX. El funcionalismo considera que la sociedad es un sistema complejo cuyas partes encajan entre sí produciendo equilibrio y estabilidad social. Parsons fue el sociólogo norteamericano más destacado de la posguerra e hizo numerosas e importantes investigaciones, aunque luego fueron criticadas por presentar una visión demasiado estática de la sociedad y por prestar poca atención a los procesos de cambio. En cierto modo porque en definitiva el funcionalismo tiende a suponer que todas las instituciones sociales *funcionan* y presta poca atención a los desajustes, problemas y conflictos.

En cuanto a Robert K. Merton, que era profesor de la Universidad de Columbia, a él se debe la importante distinción entre función latente y función manifiesta de la acción social. La **función latente** *es* aquella que no resulta evidente a sus propios protagonistas, mientras que la **función manifiesta** es aquella que estos atribuyen a su propio comportamiento. Pongamos un caso ilustrativo. Cuando los clanes de los indios hopi de Nuevo México y Arizona se reunían desde sus distintos lugares de procedencia para realizar la danza de la lluvia, la función manifiesta era precisamente tratar de que lloviera pronto, mientras que su función latente en realidad era la de establecer un motivo para que se juntasen todos y se fortaleciese su cohesión social y su identidad cultural, cuestión esta muy importante ya que el resto del año vivían bastante alejados unos de otros.

A medida que la sociedad alcanza mayor **reflexividad social**, es decir, a medida que conoce mejor su propio funcionamiento, las funciones latentes se van haciendo más manifiestas aunque no por ello dejan de operar. Así, en un acontecimiento moderno como los Juegos Olímpicos, la función manifiesta es realizar una gran prueba deportiva, pero la función latente, no menos importante, es ensalzar una ciudad o una nación, relanzar su economía o ponerla de moda cultural y turísticamente.

Gran parte de la tarea del sociólogo consiste precisamente en averiguar cuáles son las funciones latentes de las diversas acciones sociales en un mundo complejo y cambiante.

El funcionalismo ha sido tal vez la corriente sociológica más influyente del siglo XX, aunque de un tiempo a esta parte este influjo ha declinado. Se suele criticar de esta teoría que es poco apta para explicar los procesos de cambio social, los procesos históricos, que da una visión demasiado estática de la sociedad, demasiado centrada en el *statu quo* y poco idónea para explicar los conflictos sociales, y que tiende a ser conservadora al enfatizar sobre todo la funcionalidad más que la disfuncionalidad de la acción social.

Merton trató de paliar esto distinguiendo entre funciones y **disfunciones sociales**. Las primeras fomentan la integración social, mientras que las segundas aumentan la desintegración. A medida que una sociedad se hace más grande, compleja y moderna, tiende a aumentar *caeteris paribus* el número de sus disfunciones. Aspectos disfuncionales de nuestra sociedad son la delincuencia, la marginación y la explotación. También es una importante tarea del sociólogo estudiar estas situaciones para en su caso poder corregirlas. Además, Merton señaló asimismo que las consecuencias de una acción pueden ser distintas para distintos sujetos y por lo tanto pueden tener una función diferente. Así, por ejemplo, la familia tradicional puede ser muy funcional para los niños y poco funcional para la mujer, que no puede desarrollarse plenamente fuera de la esfera doméstica.

La gran época del estructuralismo fue la primera mitad del siglo XX, pero siempre es posible un *revival* adaptado a los tiempos, que desde luego han cambiado mucho. En todo caso es importante tenerlo en cuenta porque hay cuestiones en sociología y otras ciencias sociales que se estudian desde un enfoque funcionalista y por eso conviene saber cuáles son sus ideas básicas así como sus ventajas e insuficiencias.

ESTRUCTURALISMO

El estructuralismo aparece por primera vez en la lingüística con la gran obra *Curso de lingüística general* (1916) del profesor suizo Ferdinad de Saussure, en la que se estudia el lenguaje como un sistema de estructuras duales (fonema/morfema, significante/significado o habla/lengua). Con posterioridad el estructuralismo ha sido importante durante el segundo tercio del siglo XX en la antropología con la obra de Claude Lévi-Strauss (1908-2009), para muchos el antropólogo más destacado de su tiempo. De ahí ha pasado a utilizarse en sociología, si bien hay que señalar que, como en el caso del funcionalismo, hay antecedentes en la obra de Durkheim.

Lévi-Strauss estudió filosofía en la Sorbona, impartió clases de instituto durante unos años y entre 1935 y 1939 realizó investigaciones antropológicas en la selva amazónica brasileña, experiencia que cimentó su visión de la antropología y gracias a la cual publicó *Tristes trópicos*, llamada así porque se dio cuenta de hallarse ante una forma de vida amenazada por el desarrollo del progreso. Después volvió a Francia para intervenir en la Segunda Guerra Mundial. Fue nombrado en 1959 profesor del Collège de France, que es el centro de enseñanza superior más importante del país, y elegido miembro de la Académie française en 1973. En 2008, al cumplir los cien años, apareció una selección de sus obras en la colección de La Pléiade, que está dedicada habitualmente a los escritores consagrados.

Para el estructuralismo, cuanto más cambian las culturas, más siguen siendo iguales, pues en el fondo todas son variaciones de un mismo tema. El estructuralismo se ocupa de estudiar la uniformidad psicológica que subyace a las aparentes diferencias de los pensamientos y conductas de las distintas sociedades y culturas. El rasgo estructural más destacado de la mente humana es su tendencia a dicotomizar o pensar en términos de oposiciones binarias (bueno/malo, propio/extraño, próximo/lejano, cultura/naturaleza, etc.), para luego tratar de superar estas oposiciones y generar otras nuevas. En el fondo lo que más le interesaba estudiar a Lévi-Strauss es la estructura fundamental de la mente humana. No en el sentido freudiano, que se centraba en  los impulsos y emociones, sino en lo que se refiere a su organización lógica.

El estructuralismo se encarga de estudiar cuáles son las estructuras sociales y culturales a partir de un complejo sistema de dualidades. Los conceptos sociales se definen por medio de un sistema de rasgos que se poseen o no (procedimiento dicotómico). Así, adulto se contrapone a infantil, mujer a varón, progreso a retroceso, y demás.

Este método es bastante complejo y ha resultado operativo en algunos campos, como el estudio de la comunicación y la cultura, pero no en otros, como la economía y la política. La clave estriba en que para estudiar una realidad compleja (como por ejemplo el lenguaje) no hay que compararla con aquello a lo que pueda remitir, sino analizar el funcionamiento y la relación que hay entre las distintas partes. Así, en el caso del lenguaje el investigador no se encargará tanto de estudiar por qué las palabras designan aquello a lo que se refieren (por qué a los perros los llamamos «perro» o a los leones «león»). Esto en el fondo es un asunto arbitrario o convencional. Más bien, el lingüista se encargará de estudiar cómo funcionan y se articulan las distintas partes del lenguaje (los verbos, los nombres, los adjetivos o los pronombres) a la hora de formar estructuras gramaticales para comunicarnos.

El estructuralismo estudia las semejanzas de las distintas culturas pero no las diferencias. De este modo, para el estructuralista todos los mitos serían en el fondo variaciones de algunos mitos primigenios. Además, el método presta demasiada atención a las abstracciones y demasiada poco a las cosas concretas. Por todo ello, pese a su importancia, desde los años ochenta su influjo ha decaído mucho.

A través del análisis estructural se pueden conocer las causas profundas de los sistemas de conducta, de las formas sociales y del pensamiento. Solo desde esa trama se pueden conocer las reglas que rigen las relaciones de parentesco como principios que subyacen en todas las culturas. La prohibición del incesto es la parte complementaria de la exogamia, dos elementos universales y necesarios para comprender la forma en que se organizan las relaciones familiares. Con independencia de cómo se establezcan, las reglas están presentes en todas las sociedades humanas y van unidas a los ciclos ceremoniales y a los intercambios de bienes. La reciprocidad tiene un valor decisivo para explicar todos los intercambios sociales. La ventaja del estructuralismo estriba en alumbrar las reglas y los principios que le confieren el sentido a cada una de esas manifestaciones. Es más, según Lévi-Strauss, la prohibición del incesto nos permite saber cuándo se constituyó la humanidad y cómo se establece el paso desde la naturaleza a la cultura.

De todas maneras, en Francia se impuso luego el **postestructuralismo**, que como su nombre sugiere, es una corriente que parte de los planteamientos estructuralistas y trata de ir más allá de ellos. Uno de los pensadores más influyentes de esta corriente fue Michel Foucault (1926-1984). Lo que descubre Foucault es que la aparición del *hombre* en la historia fue la consecuencia de la organización del saber en una época determinada. Es decir, el hombre ha nacido en un momento de la historia reciente y se ha desvanecido también en otro momento (Foucault *dixit*). Si tiene una genealogía, quiere decir que tiene un tiempo. Cuando Foucault afirma que el hombre ha muerto quiere decir que el concepto que se formó en una época determinada ya no tiene sentido y ha dejado de funcionar.

En la última etapa de su pensamiento, Foucault dirigió su atención sobre nuevos objetos de análisis, como la microfísica del poder, la arqueología del saber y las ontologías del yo. A lo largo de su propia historia fue asumiendo como objetos de pensamiento la locura, el poder, la sexualidad, las cárceles y los sistemas penitenciarios, convirtiendo en temas de reflexión filosófica el espacio de la locura, de la enfermedad, de las cárceles y de la sexualidad.

Mientras que el estructuralismo se centraba en el mundo moderno, el postestructuralismo se centra en la *sociedad postmoderna*, que entre otras cosas se caracteriza porque ya no se guía por los grandes valores, ideales o proyectos (como el comunismo, la revolución, etc.). Un ejemplo del pensador francés Gilles Lipovesky puede aclararlo. La solidaridad es un valor muy de moda, pero a veces se llama a la gente a ejercerla sin mucho esfuerzo, asistiendo a un concierto de *rock* en favor de esto o aquello, y poco más. El postestructuralismo considera la realidad en general y la sociedad en particular como si se tratase de una serie de *textos* o *narraciones* que hay que *interpretar* o *desenmascarar*, como lleva a cabo por ejemplo el *discurso de la diferencia* (el feminismo, la etnicidad, el ecologismo y otros) y de esta manera conduce a corrientes como el deconstructivismo de un Jacques Derrida.

NEOMARXISMO Y ESCUELA DE FRANKFURT

Marx fue uno de los fundadores de la sociología aunque él no fuera sociólogo. Su obra ha inspirado numerosas corrientes dentro del pensamiento del siglo XX, como el marxismo ortodoxo, el marxismo estructuralista o el marxismo humanista. Nos vamos a fijar en una de las más influyentes —la **teoría crítica**— a pesar de que con el tiempo se ha ido distanciando de muchos de los planteamientos marxistas.

La teoría crítica se debe a la denominada Escuela de Frankfurt, que se creó en dicha ciudad alemana a principios de los años veinte con el objetivo de profundizar en los estudios marxistas y formular una teoría que no se limite a describir la sociedad, sino también a criticar sus desigualdades y sus insuficiencias. De esta manera se vuelve a plantear la cuestión de la neutralidad valorativa de las ciencias sociales defendida por el positivismo, que ya propugnó Comte, aunque no la cumpliera, y que tanta importancia tuvo para Max Weber, que era consciente del problema.

En la Escuela de Frankfurt se distinguen dos generaciones. La primera es la de Horkheimer, Adorno o Marcuse. Está muy influida por Marx, padeció el nazismo, posee un cierto pesimismo histórico y se centra en el análisis del poder social y político. La segunda generación está encabezada por Habermas. No depende tanto de Marx, tampoco es pesimista y se centra sobre todo en diseñar un proyecto de emancipación social. Horkheimer y Adorno escribieron una obra muy importante llamada *Dialéctica de la Ilustración* (1947), de la que hablaremos más adelante. Adorno también posee una importante obra filosófica titulada *Dialéctica negativa* (1966). Por su parte Herbert Marcuse, autor de obras como *El hombre unidimensional* (1954), fue un filósofo que gozó de mucho predicamento en los movimientos contestatarios y contraculturales de los años sesenta, sobre todo en California, que lo adoptaron como una de sus referencias.

En este sentido, la primera generación de la Escuela, encabezada por Max Horkheimer y Theodor Adorno, era bastante fiel a los planteamientos de Marx. En la actualidad, la segunda generación, encabezada por Jürgen Habermas, posiblemente el filósofo-sociólogo más influyente del último tercio del siglo XX, sigue defendiendo la necesidad de una teoría crítica, pero sin limitarse a los planteamientos marxistas y abriéndose en particular a las ideas kantianas sobre la ética. En este sentido Habermas sigue siendo un gran defensor del proyecto ilustrado de la modernidad y un crítico del relativismo postmoderno.

En última instancia, Habermas pretende fundamentar el sistema democrático y el Estado de derecho desarrollando una teoría de la acción social que no se base solo en la racionalidad meramente técnica o instrumental, sino en la **racionalidad ético-comunicativa**. Dicho con otras palabras, para Habermas la acción social no se basa exclusiva ni fundamentalmente en el individualismo más o menos egoísta, sino en la necesidad de comunicación, de entendimiento y de respeto entre los seres humanos.

ANOTACIÓN A LA ALTURA DE NUESTRO TIEMPO

A título informativo, citaremos algunos de los sociólogos (aparte de diversos de los ya nombrados) que seguramente pesan más a nivel nacional e internacional en lo que llevamos del siglo XXI. Son, por ejemplo, Pierre Badiou, Zygmunt Bauman, Ulrich Beck, Manuel Castells, Anthony Giddens o Richard Sennett (a quien recurriremos en un importante capítulo).

Dicho esto, interesa resaltar que lo que se observa al tener en cuenta el panorama del pensamiento sociológico del siglo XX y el de nuestros días es que no hay una única teoría que suscite la adhesión de la mayoría de los sociólogos, aunque hay unas que poseen más partidarios que otras, y que lo que se da es la coexistencia de varias propuestas que se van sucediendo en el tiempo por razones en parte científicas y en parte sociales o culturales. En el fondo es lo mismo que ocurre en otras ciencias sociales, como la antropología, la economía o la psicología. El hecho subraya no solo la naturaleza plural del saber sociológico (y de las otras disciplinas sociales) sino su grado de desarrollo relativo, que aún es modesto y que es de suponer que aumentará en el futuro hacia teorías más comprehensivas y precisas.

No obstante, aquí desearía hacer una obra que no lo fuera principalmente de teorías sociológicas, sino de hallazgos, propuestas, conceptos y estudios que nos aproximen a la realidad social en sus diversas manifestaciones y facetas y que nos permitan entenderla mejor y desenvolvernos con más soltura y lucidez dentro de la misma.

IV.-MÉTODOS DE INVESTIGACIÓN EN CIENCIAS SOCIALES

"La ciencia es el modo más efectivo de aprender acerca del mundo real jamás concebido".
Edward O. Wilson: *Consilience.*

Los métodos de investigación en las ciencias sociales se parecen entre sí de una a otra ciencia, aunque hay algunas diferencias. También se parecen a los de las ciencias naturales, aunque en este caso las diferencias son mayores. Las ciencias sociales poseen un nivel de manipulación experimental muy inferior al de las ciencias naturales y en general también poseen un nivel de matematización y de exactitud sensiblemente inferior, lo cual hace que su capacidad predictiva sea escasa, si bien su capacidad explicativa es digna de mención. Esto no sucede porque sí, sino entre otras razones porque en principio es más fácil manipular y medir los fenómenos de la naturaleza que los fenómenos humanos.

Dentro de las ciencias sociales la sociología posee un grado de desarrollo experimental medio-bajo, destacando entre ellas la psicología en muchas de cuyas ramas hay un nivel de desarrollo experimental elevado. Por el contrario, ciencias como la politología poseen un nivel muy bajo.

En cuanto al grado de matematización, la sociología se encuentra en un nivel medio-bajo, destacando por arriba en este aspecto la economía (a la que se le achaca a veces perderse en formalismos matemáticos) y por abajo las ciencias políticas. Además, al proponer una teoría científica no solo tenemos que fundamentarla sobre unas bases metodológicas rigurosas, sino que también tenemos que considerar las explicaciones alternativas y justificar por qué las hemos rechazado.

En fin, en este capítulo expondremos los principios generales del método científico, que probablemente hayamos estudiado en otros cursos, tal como se aplican a las ciencias sociales en general y los principales conceptos estadísticos para el análisis de datos.

EL MÉTODO HIPOTÉTICO-DEDUCTIVO

El método más útil de las ciencias experimentales, tanto naturales como sociales, es el llamado *método hipotético-deductivo*, cuya formulación y utilización sistemática se debe al científico italiano Galileo Galilei en el siglo XVII. Recordemos cuáles son sus fases principales:

1ª/ **Observación** de un hecho que resulta sorprendente o llamativo. O dicho, con otras palabras, observación de un fenómeno *problemático*. En esta fase es importante la capacidad de observación del investigador. A ese momento no suele llegarse por casualidad, sino tras una importante fase de formación en la disciplina de que se trate, que hace que uno tenga la preparación necesaria para saber y valorar qué observar.

2ª/ **Formulación de una hipótesis** que sirva para explicar dicho fenómeno o para solucionar dicho problema. En esta parte interviene la capacidad creadora del científico que debe ser capaz de proponer una posible solución. Esto suele hacerse formulando una relación entre al menos dos fenómenos o variables, una de las cuales se supone que explica a la otra.

Como dice el biólogo e historiador de la ciencia Stephen J. Gould: "*La verdadera originalidad reside casi siempre en la adición de algún elemento al reino de lo concebible, no en la mera permutación de posibilidades que ya se tienen entre manos*".

3ª/ **Deducción de las consecuencias** de dicha hipótesis y **comprobación empírica** de si sirven para explicar el hecho o problema en cuestión. Si es así se puede considerar, al menos de modo provisional, que dicha hipótesis está confirmada. Si no es así, se descarta y se busca otra para iniciar de nuevo el proceso. Aquí destaca la capacidad de análisis y el razonamiento lógico del científico.

ETAPAS PRINCIPALES DE LA INVESTIGACIÓN SOCIAL

A partir del esquema antes explicado resulta fácil entender cómo se procede en la investigación social para tratar de averiguar algo. He aquí los pasos que suelen seguirse:

1ª/ *Identificación del problema y formulación de una hipótesis*: Lo primero que hay que hacer para llevar a cabo una investigación es identificar el problema y formular una hipótesis que pueda servir de explicación. Para conseguir esto, hay que haber estudiado previamente la literatura especializada oportuna para ver qué hay investigado al respecto o para ver qué se sabe. Un investigador debe saber dónde encontrar la información relevante y debe tener la preparación necesaria para comprenderlos y valorarlos. Para ello puede recurrir a los libros y revistas especializadas, y a las direcciones pertinentes de Internet, como por ejemplo

http://www.cis.es/
http://www.europa.eu.int/en/comm/eurostat/
http://www.asanet.org/

También se pueden consultar las bases de datos propias del área (como el ISOC del CSIC) o a los organismos que por su naturaleza poseen grandes repertorios de datos estadísticos, como el Instituto Nacional de Estadística (INE) o el Centro de Investigación sobre la Realidad Social (CIRES). Algunas páginas que contienen información a nivel mundial sobre sanidad, desarrollo, economía y otros aspectos sociales de gran relevancia son las siguientes:

http://worldbank.org
http://cpi.transparency.org
www.un.org
http://www.undp.org
http://www.who.int/
http://www.health.org
http://www.gapminder.org
http://faostat3.fao.org

Todas ellas y unas cuantas más las utilizamos con bastante detalle —dicho sea de paso— en el excelente curso en línea *The Age of Sustainable Development* del profesor Jeffrey Sachs de la Universidad de Columbia.

2ª/ *Definición del tipo de investigación a seguir*: Aquí se especifica el método elegido para realizar el estudio así como el modelo teórico desde el que lo abordamos.

3ª/ *Recopilación de datos*: Una vez que sepamos con suficiente claridad lo que queremos averiguar y que conozcamos lo que ya se ha estudiado al respecto, planificaremos un esquema de trabajo para recoger todos los datos oportunos. Por ejemplo, cuando se quiere averiguar cuáles son las tendencias electorales de un país en determinado momento, las empresas especializadas realizan encuestas a una muestra dada de la población para extrapolar estadísticamente qué votarían en ese momento los ciudadanos de dicho lugar. Para hacer esto bien, hay que emplear toda una serie de métodos de muestreo y estimar el grado de fiabilidad de los resultados, que siempre poseen un margen de error. Así, por ejemplo, el barómetro de opinión del Centro de Investigaciones Sociológicas (CIS) toma una muestra de 2.500 personas para tratar de recoger las opiniones de toda la población española, que es de unos 47 millones (contando a los inmigrantes), y empresas como Metroscopia o Demoscopia utilizan muestras de 1000 encuestados. La primera es más exacta que las otras, pero estas son más económicas que aquella.

4ª/ *Presentación y análisis de los datos*: los datos suelen tener que presentarse de forma sintética cuando adquieren cierto grado de complejidad o cierto volumen. Para ello se suelen utilizar los procedimientos propios de la estadística descriptiva, como los pictogramas, los diagramas de barras, o los polígonos de frecuencias, que hoy forman parte de las competencias alfanuméricas básicas de nuestro tiempo.

El análisis de datos tiene a su vez dos partes. La primera se conoce como **análisis cuantitativo de datos**, para lo cual hay que recurrir a la estadística como ya hemos explicado, o en general a las matemáticas. La segunda se conoce como **análisis cualitativo de datos** y consiste en la interpretación de los resultados previamente recopilados en función de los conocimientos propios de la ciencia de que se trate (sociología, psicología, etc.). Hay que tener en cuenta que los datos por sí solo significan pueden significar poca cosa y que por eso es fundamental saber interpretarlos bien.

Así, los resultados electorales de un país pueden analizarse en términos estadísticos, comparando los porcentajes obtenidos por cada partido respecto a los otros, o en términos cualitativos, interpretando lo que esto supone en cuanto a posibles cambios de tendencias políticas, sociales y demás.

Cuando se trata de un trabajo científico, estos resultados se pueden redactar en forma de artículo para una revista especializada, como la *Revista Española de Investigaciones Sociológicas*, o de libro para darlo a conocer a las personas interesadas y para que sirvan de ayuda a otras investigaciones posteriores en ese mismo campo. Como garantía de objetividad, los investigadores deben detallar los pasos seguidos en su trabajo para que puedan ser evaluados e incluso repetidos, si se desea y es materialmente posible, por otros especialistas.

Si el trabajo es importante, podrá servir no solo para dar a conocer o explicar aquello que ha estudiado, sino también para sugerir nuevos estudios a la comunidad científica.

El método científico contiene más etapas, pero lo cierto es que las investigaciones en ciencias sociales tienden a detenerse aquí. Esto quiere decir que poseen capacidad descriptiva y explicativa, pero que por lo general cuentan con poca capacidad predictiva. Estamos muy lejos de llegar a este punto, si es que alguna vez lo hacemos, y tampoco hay que apesadumbrase por ello.

Para ello tendrían que organizarse en teorías con principios o postulados bastante precisos pero a la vez más generales para permitir que a partir de ellos se puedan predecir fenómenos sociales, que luego se comprobarían a través de la experiencia o la experimentación.

TÉCNICAS DE INVESTIGACIÓN SOCIAL

Las principales técnicas de investigación social aplicadas a la sociología son los estudios de campo, las entrevistas, los cuestionarios, los métodos históricos, los análisis comparativos, los estudios etnometodológicos y las investigaciones experimentales. Veamos en qué consisten.

Estudios de campo u observación participante. En los estudios de campo u observación participante, el investigador se marcha un tiempo a convivir al lugar y con la gente que quiere estudiar. Así, un antropólogo que quiera estudiar a los orang asli lo que tiene que hacer es irse a las selvas tropicales de Malaisia, convivir con ellos una larga temporada (por lo menos unos dos años), aprender su lengua, estudiar sus costumbres, hablar con ellos, etc. Si alguien quiere estudiar cómo viven los marginados en los países ricos, pues tendrá que irse a un barrio pobre a convivir con ellos durante un tiempo (puede que hasta un año), etc. Algo así fue lo que hizo el antropólogo vasco Mikel Azurmendi para estudiar la inmigración en el pueblo almeriense de El Ejido, donde pasó cinco meses (Azurmendi pasó menos tiempo porque a diferencia de lo que ocurre en otros casos no tenía que aprender la lengua de los habitantes del lugar), tras los que publicó una obra titulada *Estampas de El Ejido* (2001).

Este método tiene como ventaja principal que, si se realiza bien, proporciona una información más rica que los demás métodos, que son más esquemáticos. También nos hace comprender mejor a las personas que estudiamos y nos ofrece hallazgos inesperados. Los contras son que solo funciona en contextos reducidos. Uno puede estudiar cómo funciona una pequeña comunidad, como la de los indios yanomami de la Amazonia, pero no cómo son los brasileños. También puede carecer de la suficiente objetividad si el observador no es lo bastante diestro o si se identifica demasiado con el grupo estudiado.

Entrevista. Consiste en elegir una o varias personas representativas de un grupo social y entrevistarlos para comprender cómo piensan, actúan y viven a partir de lo que dicen. Por ejemplo, cuando se entrevista a alguien por televisión en calidad de miembro de una secta, de una tribu urbana, de una zona rural y demás. Las ventajas e inconvenientes de este método dependen de lo representativos que sean los individuos entrevistados y de en qué medida quieran colaborar.

Cuestionario. Un cuestionario es un conjunto de preguntas que se hacen a cierto número de personas para averiguar a partir de sus respuestas lo que piensan, lo que hacen o cómo son respecto a lo que se les pregunta. Es un método especialmente útil para estudiar las actitudes y creencias de las personas.

Hay tres tipos de cuestionarios: los estandarizados, los abiertos y los mixtos. Un cuestionario **estandarizado** es aquel en el que hay que elegir las respuestas de entre un conjunto predeterminado de posibilidades, como *sí/no* o como *poco/algo/bastante/mucho*. Estos cuestionarios tienen la ventaja de que sus datos son bastante fáciles de analizar cuantitativamente. Por el contrario, puesto que limitan mucho las posibles respuestas, dejan al margen informaciones muy valiosas y pueden obligar a los entrevistados a escoger respuestas con las que no se encuentren demasiado identificados.

Los cuestionarios **abiertos** son aquellos cuyas respuestas no están prefijadas y, por lo tanto, en ellos uno puede expresarse como quiera. La ventaja es que aportan una gran cantidad de respuestas diferentes y, por lo tanto, de información inesperada. Los inconvenientes son que resultan mucho más difíciles de compilar y de analizar cuantitativamente que los cuestionarios estandarizados puesto que muchas respuestas pueden resultar difíciles de comparar entre sí.

Para paliar estos inconvenientes se utilizan los cuestionarios **mixtos**, que tienen una parte estandarizada y otra abierta.

En cualquiera de estos tipos de cuestionarios, hay que procurar hacer preguntas claras y pertinentes. Para ello suele hacerse lo que se denomina un **pretest**, que consiste en aplicar el cuestionario a un grupo reducido para ver qué problemas suscita y así poder corregirlo antes de la prueba definitiva. Además hay que procurar que la **muestra** de personas entrevistadas sea representativa de la **población** que se desea estudiar, para lo cual hay que conocer el empleo de las técnicas estadísticas de muestreo.

Para terminar con los cuestionarios, digamos que un gran problema que les afecta es la falta de compromiso de los que responden al mismo. Así, se estima que de los cuestionarios que se envían por correo, la mitad se quedan sin contestar. Los encuestados pueden responder con poca sinceridad o detenimiento, etc., lo que conduce a resultados poco fiables. Por ello al realizar los cuestionarios hay que tener en cuenta estos inconvenientes. También hay que ser muy cuidadoso con la formulación de las preguntas para no herir susceptibilidades ni sugerir a quien responde qué esperamos que conteste.

En los cuestionarios psicológicos de personalidad, como por ejemplo el Inventario de Personalidad de California, se introduce una escala de sinceridad cuyos resultados condicionan el crédito que deba darse al resto de las preguntas del individuo en cuestión.

El protocolo a seguir para hacer un cuestionario es el siguiente: 1º/ Elegir el tema. 2º/ Determinar la población, la muestra utilizada y las variables independientes relevantes que vamos a considerar (como el sexo, la edad, la formación o el *status*). 3º/ Diseñar las preguntas y sus respuestas, y analizarlas. 4º/ Redactar el cuestionario y hacer el pretest. 5º/ Aplicar el cuestionario. 6º/ Recoger los datos y analizarlos cuantitativamente, teniendo en cuenta además las variables independientes escogidas. 7º/ Redactar el informe en el que se incluya el objetivo del trabajo, los datos obtenidos (con la ficha técnica), su análisis cuantitativo, las dificultades encontradas, la interpretación de los datos y las conclusiones.

Análisis históricos. Consisten en estudios de los fenómenos sociales de tipo *diacrónico*, es decir, a través de intervalos de tiempo suficientemente amplios. Por ejemplo, al estudiar el fenómeno de la inmigración, los sociólogos se han dado cuenta de que una variable importante es la generación a la que pertenezca el individuo estudiado. Así, la primera generación de inmigrantes se suele aferrar a los valores de su cultura natal. La segunda suele rechazarlos y adoptar en cambio los valores de la nueva cultura. La tercera añora los valores originarios de sus antepasados, aunque no los conozca bien, y así sucesivamente. Como ya hemos estudiado, Max Weber concedió mucha importancia al conocimiento de la historia para estudiar la sociedad.

Análisis comparativos. Consisten en extender el estudio de un tema bien en el tiempo, en cuyo caso volvemos al método anterior, bien en el espacio, en cuyo caso se pasa a estudiar sociedades distintas. En el ejemplo que mencionábamos antes se puede estudiar el fenómeno de la inmigración comparando lo que sucede no solo en un país, sino en varios, como los Estados Unidos, Gran Bretaña, Francia o España.

Estudios etnometodológicos. Fueron creados por el sociólogo norteamericano Harold Garfinkel. Como ya los hemos considerado al hablar de las grandes teorías de la sociología del siglo XX, hay poco que añadir aquí sobre ellos.

Experimentos. Un experimento es un proceso en el cual se pueden manipular los factores o variables que intervienen en el mismo para averiguar cómo afectan a un fenómeno concreto. Al fenómeno estudiado se le denomina *variable dependiente* y a los factores que controlamos los denominamos *variables independientes*. Un ejemplo tomado de la psicología consiste en estudiar cómo afecta al aprendizaje el número y el tipo de conexiones estímulo-respuesta. Aquí la variable dependiente puede ser la cuantía o velocidad del aprendizaje y las variables dependientes son el número de repeticiones o el tipo de la conexión estímulo-respuesta.

El método experimental es seguramente el método más exacto y útil, pero no siempre se puede aplicar. En el caso de la sociología, aunque en teoría es perfectamente posible, en la práctica resulta difícil de utilizar por razones económicas, morales y de otra índole.

CUALIDADES DE LAS TEORÍAS CIENTÍFICAS

Una teoría científica es un conjunto sistemático y coherente de enunciados científicos que pretender describir alguna parcela de la realidad. Ejemplos de grandes teorías científicas son la teoría de la relatividad de Einstein, la teoría de la selección natural de Darwin o la teoría de la deriva continental de Alfred Wegener.

Una teoría es el modo en que se presenta una ciencia ante la comunidad científica y ante la sociedad en general. Lo que normalmente suelen hacer los científicos es ir añadiendo datos, descubrimientos, principios, etc., a algunas de las teorías ya existentes, de manera que estas se vayan enriqueciendo. Además de esto, hay veces en que algunos científicos de un talento excepcional pueden en determinadas circunstancias crear por sí mismos nuevas teorías, aunque no suele ser lo más frecuente y también hay épocas en las que se rompe con el pasado, por razones muchas veces sociales, y se producen verdaderos cambios de paradigmas y genuinas revoluciones científicas, como estudió en su momento el filósofo e historiador norteamericano de la ciencia Thomas Kuhn (1922-1996).

Cinco de las propiedades más importantes de una teoría científica, aparte de ser verdadera, que lógicamente es lo principal, son las siguientes:

1ª/ ***Parsimonia***: consiste en utilizar el menor número posible de conceptos y técnicas a fin de hacerla lo más manejable posible.

2ª/ ***Generalidad***: cuantos más fenómenos sea capaz de explicar una teoría, tanto mejor será en principio.

3ª/ ***Consiliencia***: los conceptos y técnicas de una disciplina científica que convergen con los conocimientos de otros campos científicos son superiores en teoría y en la práctica con aquellos que no convergen.

4ª/ ***Predictibilidad***: las teorías que perduran son aquellas capaces de establecer predicciones precisas y comprobables acerca de un amplio registro de fenómenos.

5ª/ **Saliencia**: indica el grado de relevancia o importancia de sus resultados. No es lo mismo, por poner un ejemplo, afirmar que las sillas tienen cuatro patas que establecer el valor de la constante de gravitación universal G (que es 6.67384×10^{-11} N·m^2/kg^2).

En el caso de las ciencias sociales, se dan en mayor o menor medida estas propiedades, excepto en el caso de la predictibilidad, que es muy escasa. Incluso en el caso de la economía, que como ya señalamos es tal vez la más avanzada, a veces se dice con ironía que los economistas son especialistas en predecir las cosas una vez que han sucedido.

ANÁLISIS ESTADÍSTICOS

La estadística es una rama de la matemática muy útil en las ciencias sociales, y en otros campos, para agrupar datos, representarlos, analizarlos y extraer informaciones cuantitativas de ellos. Por eso es importante tener cierta competencia en el lenguaje de la estadística y el análisis de datos, y por ello vamos a repasar algunos de los conceptos elementales de esta ciencia que son más útiles en las ciencias sociales. La estadística es la ciencia matemática que estudia conjuntos de datos numéricos para obtener inferencias a partir de ellos basadas en el cálculo de probabilidades. Se divide en dos partes: la estadística descriptiva y la estadística inferencial.

La **estadística descriptiva** elemental se encarga de describir y analizar conjuntos de datos sin sacar conclusiones o inferencias. En esta parte de la estadística se realizan operaciones como las siguientes: recogida y representación de datos mediante tablas, gráficos y medidas de tendencia central, como la media, la moda o la mediana, y de dispersión, como la varianza o la desviación típica. Recordemos qué es cada cosa.

Tablas de contingencia y afines. En estadística las tablas de contingencia se emplean para registrar y analizar la relación entre dos o más variables, habitualmente de naturaleza cualitativa (nominales u ordinales). Se utilizan mucho en la investigación mediante encuestas, los negocios, la ingeniería y la investigación científica. Proporcionan una imagen básica de la interrelación entre dos variables y pueden ayudar a detectar las interacciones entre ambas. El término fue utilizado por primera vez por el matemático británico Karl Pearson en 1904.

Consideremos el siguiente ejemplo, aunque no se trata exactamente de una tabla de contingencia, tomado de las investigaciones de Albert Bandura sobre la agresión, en las que este psicólogo estudió (en los años sesenta) la influencia sobre un grupo de niños de guardería de la conducta agresiva o no de unos adultos que observaban. Comparó los resultados según que los niños y/o las niñas estuvieran expuestos a un modelo que podía ser agresivo o no agresivo con un muñeco que había en la sala, modelos que en algunos casos era un hombre y otros una mujer. A partir de ahí estudió en qué medida los sujetos del experimento reaccionaban con el muñeco en cuestión imitando al adulto[1]. He aquí la tabla de resultados que obtuvo:

	IMITACIÓN Y APRENDIZAJE SOCIAL			
	Modelo masculino		Modelo femenino	
	Niños	Niñas	Niños	Niñas
Agresión	25´8	7´2	12´4	5´5
No agresión	1´5	0´0	0´2	2´5

Número de agresiones

A partir de estos datos planteamos los siguientes ejercicios para aprender a analizar la información de una tabla: 1º) ¿Cuál es la cuantía en que la agresividad de los niños del experimento es superior a la de las niñas (a) cuando ambos grupos observan un modelo masculino y (b) cuando ambos observan un modelo femenino? 2º) ¿Cuál es la cuantía en la que todos los sujetos son más agresivos cuando observan un modelo masculino que cuando observan un modelo femenino? 3º) ¿Cuál es la cuantía general en que los niños observados son más agresivos que las niñas? 4º) ¿En qué cuantía es la agresividad de los niños que observan un modelo masculino en este experimento mayor que la de los niños que observan un modelo femenino? ¿Y si hablamos de niñas?

Para estudiar las medidas centrales y de dispersión, consideremos la siguiente distribución:

a	b	c	d	e	f	g	h	i	J
6	3	1	5	2	4	8	9	7	6

En primer lugar la reordenamos por el orden de los números para facilitar los cálculos:

c	e	b	f	d	a	j	i	g	h

[1] Bandura, A., Ross, D., Ross, S. A. (1961): "Transmission of aggression through the imitation of aggressive models", *Journal of Abnormal and Social Psychology* 63 (3): 575–582.

1	2	3	4	5	6	6	7	8	9

La **media** es la suma de las puntuaciones dividida por el número de la muestra:

$$(1) \quad \overline{X} = \frac{1}{N} \sum_{i=1}^{n} X_i$$

La **moda** es el valor que más se repite y la **mediana** el valor que se halla justo en medio de los extremos. En este caso la media es 5'1 y la moda es 6, pues es el único valor que se repite: si hubiera dos se trataría de una distribución **bimodal** y así sucesivamente (multimodal). La mediana es el valor medio de las dos puntuaciones centrales, puesto que la serie es par, que corresponden a los casos *d* y *a* y por tanto vale 5'5. Lo más común es utilizar la media como medida del valor central de una distribución, pero cuando esta se halla sensiblemente escorada hacia un lado, hacia los valores más altos o los más bajos, la mediana atenúa ese escoramiento o sesgo y puede ser preferible. Por ejemplo, es el caso la siguiente tabla (2) con dos series de datos:

X	1	2	5	6	7	7	8	8	9	10
Y	1	2	2	2	3	3	6	7	8	9

Nos encontramos con que la distribución X está escorada hacia la derecha, hacia los valores más altos, y la distribución Y que se halla escorada hacia la izquierda, hacia los valores más bajos. En el primer caso la media $\overline{X} = 6'3$ y la mediana y la moda son 7. En el segundo caso la media $\overline{Y} = 4'3$, la mediana es 3 y la moda es 2. Como se ve las medias se hallan más próximas entre sí que las medianas y, por tanto, en este caso dan una medida menos clara de cuán sesgadas están las distribuciones hacia uno y otro lado respectivamente.

Además de apreciar cómo se relacionan las medidas o las puntuaciones respecto a unos valores centrales, también es importante saber el grado de variación que poseen para comprender mejor su significado. Para eso se utilizan los conceptos de varianza y desviación típica. La **varianza** es la suma del cuadrado de las diferencias de las medidas o las puntuaciones respecto a su media (se elevan al cuadrado para evitar que haya números negativos que distorsionen la variación que hay de hecho). Por tanto la fórmula de la **varianza** es la siguiente:

$$(2) \quad S_x^2 = \frac{1}{N} \sum_{i=1}^{n} (X - \overline{X})^2$$

También se utiliza la desviación típica de las puntuaciones, que es igual a la raíz cuadrada de la varianza (operación que se realiza para contrarrestar la operación previa de elevar al cuadrado las diferencias de las puntuaciones con respecto a la media y volver a la escala original). Por lo tanto, tenemos que la fórmula de la **desviación típica** es

$$(3)\ S_x = \sqrt{\frac{1}{N}\sum_{i=1}^{n}(X_i - \overline{X})^2}$$

En el caso del ejemplo que nos sirve de modelo para entender estos conceptos tenemos los siguientes datos, donde la tercera columna es el resultado de hallar el cuadrado de la diferencia de la puntuación correspondiente respecto a la media $(X - \overline{X})^2$:

c	e	b	f	d	a	j	i	g	h
1	2	3	4	5	6	6	7	8	9
16'81	9'61	4'41	1'21	0'01	0'81	0'81	3'61	8'41	15'21

Por consiguiente, en este caso la varianza es

$$S_x^2 = \frac{1}{N} \sum_{i=1}^{n}(X - \overline{X})^2 = \frac{60'9}{10} = 6'09$$

Así como la desviación típica es

$$S_x = \sqrt{S_x^2} = 2'47$$

Por su parte, la **estadística inferencial** se dedica a tratar de sacar conclusiones generales sobre poblaciones a partir de datos tomados de grupos concretos a través del cálculo de probabilidades y otras técnicas matemáticas, como el cálculo de los coeficientes de correlación entre variables o de las rectas de regresión de una variable sobre otra.

La **covarianza** entre dos conjuntos de datos consiste en la estimación de la cuantía de la relación lineal entre las mismas. La manera para hallar la covarianza s_{xy} de dos variables X e Y viene dada por la siguiente fórmula:

$$(4)\ s_{xy} = \frac{1}{N}\sum_{i=1}^{n}(X_i - \overline{X})(Y_i - \overline{Y})$$

Su valor se halla entre 1, cuando la covarianza es perfecta y -1, cuando es completamente inversa. Un valor $s_{xy} = 0$ quiere decir que no hay relación entre las variables.

A partir de ahí se puede obtener el **coeficiente de correlación lineal** entre las dos variables r. Hay otros tipos de correlación no lineales, como la correlación polinómica, exponencial, logística, etc., pero de ellas no trataremos. Los valores de r están comprendidos entre 1 y -1 [$-1 \leq r \leq 1$] y se pueden calcular mediante las siguientes fórmulas:

$$(5) \quad r_{xy} = \frac{s_{xy}}{s_x s_y}$$

Donde s_{xy} es la covarianza entre las dos variables y $s_x s_y$ es el producto de sus desviaciones típicas. La covarianza indica el grado en que varían entre sí ambas variables y con respecto al producto de las respectivas desviaciones típicas, que son medidas de la cuantía de la dispersión de los datos. La fórmula práctica que se utiliza para hallar la correlación lineal entre dos variables es el siguiente:

$$(6) \quad r_{xy} = \frac{\sum_{i=1}^{n}(X_i - \bar{X})(Y_i - \bar{Y})}{\sqrt{\sum_{i=1}^{n}(X_i - \bar{X})^2}\sqrt{\sum_{i=1}^{n}(Y_i - \bar{Y})^2}}$$

Cuando $r = 1$, quiere decirse que la correlación entre ambas variables es perfecta. Si $r = 0$, no hay ninguna relación. Si $r = -1$, hay una correlación perfecta aunque negativa. Cuando r está en torno al 0´9, se puede decir que tenemos una buena correlación. Si la puntuación se halla en torno al 0´5, esto significa que existe cierto grado de correlación.

Por lo tanto, se puede hallar la relación entre dos variables comparando estadísticamente las

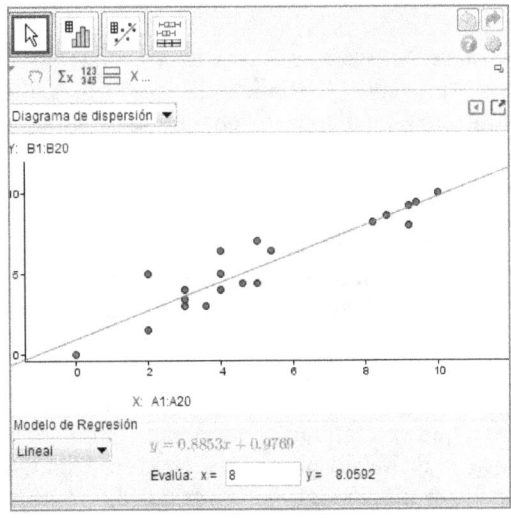

respectivas puntuaciones y calculando la cuantía de su semejanza. Por ejemplo en la imagen adjunta podemos ver la dispersión de puntos de las notas de un grupo de veinte alumnos cuyo ejercicio ha sido corregido por dos instructores. Como se ve hay una semejanza de las puntuaciones alta pero no perfecta, que de hecho equivale a una **pendiente de la recta** de 0´89. Si la calificación fuera un proceso perfectamente objetivo, como por ejemplo si se realizara una prueba tipo test, el coeficiente *r* (que es un factor de la pendiente de la recta) mostraría una correlación perfecta y sería igual a 1. En cambio, si no hubiese ninguna relación entre las calificaciones de los dos instructores, tendríamos que $r = 0$.

Hay que advertir que la existencia de una correlación estadística entre dos variables no significa que una sea la causa de otra. Esta es otra cuestión que hay que dilucidar empíricamente, pues podría ocurrir que la causa fue la contraria a la que supone que lo es o que existiese otra variable que fuese causa de ambas. Por ejemplo, en 1932, el eminente psicólogo norteamericano Edward Thorndike descubrió en un estudio realizado en Estados Unidos que los alumnos de enseñanza media que estudiaban ciencias y matemáticas sacaban más puntuación en los tests mentales que los que estudiaban ciclos formativos de cocina. Primero pensó que eso se debía a sus estudios (eran los tiempos del conductismo), pero luego halló que era más bien al revés y que eran los que sacaban más puntuación en los tests mentales los que elegían por lo general ciencias y matemáticas en vez de cocina. Por lo tanto, lo que pensó al principio que era la causa de la correlación que encontró resultó ser luego más bien su consecuencia.

La **teoría elemental de muestras** estudia a un nivel básico qué relaciones hay y por lo tanto qué conclusiones se pueden inferir acerca de una población a partir del análisis estadístico de las muestras sacadas de la misma. Por cuestiones prácticas, no se pueden analizar todos los elementos de una población y para ello hay que conformarse con tomar alguna muestra de la misma que sea representativa y con la que se pueda trabajar. Como es lógico, la aproximación de una muestra a su población es *caeteris paribus* tanto mejor cuanto mayor es la muestra. Así, por ejemplo, cuando se hacen ensayos clínicos se suelen utilizar muestras de al menos 30 o 40 individuos (N = 30 o N = 40) con suficiente confianza de que son indicativos para el conjunto de la población. Cuando se diseña un *test* mental, se suelen utilizar muestras de 200 o 300 sujetos, cuando se hacen encuestas sociológicas sobre lo que piensan los españoles, se suelen consultar a unas 1.000 personas o 2.500 en el caso del CIS, como hemos visto.

La teoría del muestreo también es importante a la hora de hacer **diseños experimentales** porque permite analizar si las diferencias observadas entre dos muestras se deben al azar o por el contrario son significativas. Así, si quiero estudiar si un producto farmacéutico es eficaz para paliar una dolencia, lo aplico a una muestra y comparo los resultados con un *grupo testigo* al que le aplica un placebo, esto es, una sustancia que se parece al fármaco en cuestión pero que en realidad no cura nada (como por ejemplo, una pastilla con algo de sacarina). Luego procedo al análisis estadístico de los resultados en ambos grupos y los comparo para ver qué diferencias hay.

Por otro lado, señalemos que en la **teoría de la decisión estadística** hay dos tipos de errores claves. Uno se denomina *errores de tipo I o* **falsos negativos**. Se trata de errores en los cuales se rechaza equivocadamente una hipótesis que debería ser aceptada. Los otros se llaman *errores de tipo II o* **falsos positivos**. Se trata de errores en los que equivocadamente se acepta una hipótesis que debería rechazarse. Por ejemplo, un caso de falso negativo es cuando se hace una prueba a un sujeto para ver si posee una enfermedad, como el SIDA o el Ébola por ejemplo, y se le dice que no tiene nada cuando en realidad está contagiado. Un caso de falso positivo es cuando por el contrario se le comunica que tiene SIDA aunque en realidad está sano. Como se ve, ambos casos son errores y por lo tanto resultan dañinos, pero como el ejemplo sugiere los errores de tipo I o falsos negativos son mucho peores por lo general que los errores de tipo II o falsos positivos.

Para proceder en estos casos de decisión estadística se utilizan un par de conceptos clave, el de hipótesis nula y el de hipótesis alternativa o no nula. La **hipótesis nula H_0** quiere decir que no se aprecian diferencias estadísticamente significativas entre los resultados de las muestras comparadas. La **hipótesis alternativa H_1** significa que sí hay diferencias estadísticamente significativas entre las dos muestras y, por lo tanto, en el caso de que se trate de un experimento como el antes mencionado, significa que el tratamiento posee cierto grado de efectividad.

La estadística es una rama de la matemática y, como tal, goza del rigor propio de esa ciencia. Sin embargo, como tantas cosas, se puede utilizar bien, regular o mal. De hecho, se atribuye al político británico decimonónico Benjamin Disraeli el dicho de que hay tres clases de mentiras: las mentiras, las sucias mentiras y las estadísticas. Las estadísticas no son lo mismo que la estadística, sino simplemente la recopilación de datos sometidos más o menos a un tratamiento estadístico. Si esa recopilación previa no es correcta, por mucho que luego se procesen matemáticamente el resultado no va a dejar de ser inexacto.

Además, como sabe toda persona que posea alguna práctica en las ciencias sociales (o en las otras), los datos no hablan por sí mismos, sino que hay que interpretarlos. Hay que saber interpretarlos y por ello también se pueden malinterpretar deliberada o inconscientemente. Lo primero es un fraude, lo segundo un error, pero en cualquier caso son fuentes de problemas.

Hace unos años oí en la radio la noticia de que la Comunidad Valenciana era la región española donde era mayor el porcentaje de hijos dentro del matrimonio cuyo padre no era en realidad el marido. Tomemos esto como el dato dado. Pues bien, su significación no es inmediata. Habría que ver la diferencia entre ese porcentaje y el de las demás comunidades, pues podría tratarse de diferencias nimias. Pero suponiendo que no lo fueran, esto se podría deber a que en efecto hay más casos de hijos que proceden de relaciones extramaritales pero también podría deberse a que los padres hacen más pruebas de paternidad que en otros lugares, cosa que no es lo mismo.

En fin, tres *técnicas tendenciosas* que se suelen emplear para tergiversar o maquillar las estadísticas son los siguientes:

1º/ *Seleccionar unos datos y eliminar otros.* Es como cuando los *adivinos* hacen recuento de sus predicciones. Cuentan las tres o cuatro que aciertan y olvidan las veinte o treinta que fallan.

2º/ *Interpretar los datos de modo sesgado.* Por ejemplo, cuando un partido político gana unas elecciones con el 42% de los votos en una elección en la que ha votado el 61% de la población y afirma que va a gobernar con la confianza de la mayoría de los ciudadanos. La verdad es que lo que dice es en sentido estricto erróneo porque solo lo ha apoyado poco más del 25% de los votantes (0'42 × 0'61 = 0'256), cosa que está lejos de acercarse a dicha mayoría.

3º/ *Hacer los gráficos a la media.* Un método muy *socorrido* consiste en cortar la secuencia del gráfico por donde nos interesa. Así, por ejemplo, a veces se dice que en un país determinado el número de pobres ha descendido en la década 1985-1994, pero se olvida que el último cuarto del siglo XX se ha multiplicado por dos, por lo que se presenta una información incompleta de la serie histórica. Otro consiste en comprimir la representación de la variable cuando nos es adversa y en hacer lo contrario cuando nos es favorable.

LECTURA DE LAS FICHAS TÉCNICAS

Señalemos en fin que las encuestas sociológicas rigurosas deben contar con una ficha técnica que nos informe de su significación y fiabilidad estadística. Lógicamente no es en lo que más se suele fijar el público que accede a las mismas, a través de la prensa o de los demás medios de comunicación, pero debemos saber como estudiosos de la sociología en qué consisten y de qué constan. La ficha técnica nos informa del grado en que podemos confiar en la encuesta, de acuerdo con las diversas técnicas socioestadísticas que hay para realizarlas, en cuanto instrumentos que pueden recoger el parecer de la población en un momento dado sobre el tema elegido, que suele ser de naturaleza política o social, así como en qué medida podemos extrapolar sus datos al resto de la población a la que se refiere.

La ficha técnica debe informarnos por tanto de los siguientes aspectos: 1º) Universo y ámbito de la encuesta: España, Comunidad Valenciana, la provincia de León, los alumnos de la Universidad de Granada o el que sea. Cuándo se han recogido los datos y cómo se ha hecho: por teléfono, encuesta directa, a través de Internet, etc. 2º) El ámbito de alcance de los mismos: nacional, regional, provincial, etc. 3º) El número de entrevistas realizadas (500, 1000, 2500.... 4º) Cómo se ha seleccionado la muestra: estratificada por intersección hábitat/comunidad autónoma, distribuida proporcionalmente por regiones, con cuotas de edad y sexo aplicadas a la última persona encuestada. 5º) Tipo de muestreo: aleatorio simple, aleatorio sistemático, aleatorio estratificado, etc. 6º) Nivel de confianza adoptado, es decir, cuál es la probabilidad que hay de acertar o de equivocarse (que suele ser de un nivel del 95% de acierto y un 5% de posible error) en la hipótesis más desfavorable de máxima indeterminación (p = q = 50), es decir, cuando la mitad de los encuestados responden sí y la otra mitad contestan que no a las preguntas dicotómicas. 7º) El nombre de la empresa que la realiza: Metroscopia, Demoscopia, CIS, etc. 8º) El margen de error estimado, que con los datos que hemos puesto como ejemplo suele ser de ± 3'2 puntos.

Para concluir, vamos a considerar un caso real. El 22 de marzo de 2015 hubo elecciones en Andalucía y una semana antes se dieron a conocer diversos sondeos que trataban de anticipar los resultados, de manera que ahí hay una excelente oportunidad para comprobar qué precisión y qué capacidad predictiva poseen las encuestas. Las elecciones resultaban importantes, además de para decidir la composición del Parlamento andaluz y posteriormente del Gobierno autonómico, porque eran las primeras de un año con muchas citas con las urnas y con la poderosa irrupción de dos nuevos partidos (hecha la salvedad de la Elecciones europeas de mayo de 2014) en el panorama político español, que le dan una variedad que antes no tenía. He aquí la tabla sinóptica de los resultados de las elecciones y de algunas de las principales encuestas que trataban de predecirlos[2]:

	PSOE	PP	Podemos	Ciudadanos	IU
Elecciones	**47**	**33**	**15**	**9**	**5**
Metroscopia	45	29	15	12	8
Sigma-Dos	44-41	36-32	18-16	12-11	4
GAD3	44-40	38-34	18-15	9-8	7-5
NC Report	45-43	33-32	16-15	12-10	5-4

Si nos fijamos en la encuesta de Metroscopia, realizada sobre una amplia muestra de 3200 sujetos, y que se atrevió además a pronosticar resultados concretos en vez de horquillas de datos, observamos que pronosticó con una aproximación del 95'7% los resultados del PSOE, que las demás encuestas subestimaron. En cambio la aproximación a los resultados del PP se quedó en el 87'9%. Por otra parte, los resultados de Podemos los pronosticaron correctamente, pero sobreestimaron los resultados de Ciudadanos un 33% respecto de su valor real y los de IU en nada menos que el 60%. En ambos casos las cuantías son mayores debido a que representan una proporción menor de votos y por tanto cualquier pequeña diferencia se transforma en una variación importante.

---

[2] Metroscopia para *El País*, *Sigma-Dos* para *El Mundo*, GAD3 para el *ABC* y NC Report para *La Razón*.

La ***sociedad*** es un conjunto de personas que viven en un territorio

determinado, que están sujetos a un sistema común de autoridad política y que son conscientes de poseer una identidad propia diferente a los demás grupos, es decir, que poseen una misma cultura. Ejemplos de sociedades son la de los bosquimanos del desierto africano del Kalahari, los indios huicholes mexicanos o los orang asli malayos, pero también la de los franceses, ingleses o norteamericanos. Las sociedades a veces se pueden superponer y así es posible que una misma persona sea a la vez malagueño, andaluz, español y ciudadano de la UE.

Vamos a estudiar cuáles son los elementos sociales básicos de la sociedad (hay otros que no son propiamente sociales, sino materiales, como el territorio o los recursos naturales, que estudian disciplinas como la geografía, de los que no hablaremos aunque son muy importantes) y cómo se relacionan entre sí. De menor a mayor tamaño se trata de los individuos, la familia, los grupos, las asociaciones, las clases sociales, la sociedad civil, y la Administración y el Estado. Se trata de tener una visión de conjunto de los mismos para saber en cada caso en qué plano de la realidad social nos movemos, aunque desde luego cada uno de ellos puede ser objeto de estudios mucho más pormenorizados.

LOS INDIVIDUOS

Toda sociedad, o toda parte de una sociedad, está formada por individuos o grupos de individuos. Nuestra especie es una especie social, como lo son otras muchas, y por ello vivimos en sociedad. De todas formas, las diferencias entre las sociedades animales y las **sociedades humanas** son muy grandes, de manera que el concepto mismo de sociedad en ambos casos es muy diferente. Entre las diferencias más importantes que poseemos los seres humanos cabe mencionar el lenguaje simbólico, la cultura, la conciencia de sí mismo, la dimensión histórica de la vida humana y la razón, la voluntad o la libertad. Sin individuos no hay sociedad posible, aunque la sociedad no es un mero agregado de individuos. La sociología no debe desdeñar la importancia de acción individual, aunque es cierto que buena parte de la especificidad de esta se le escapa porque, como señalaban Berger y Luckmann en *La construcción social de la realidad*, "*la biografía subjetiva no es totalmente social*". Otras ciencias como la psicología son más idóneas para esto.

Por lo demás algunos sociólogos, como Salvador Giner por ejemplo, incluyen dentro de la disciplina el estudio de la **naturaleza humana**. Digamos que, aunque en parte sea así, el estudio de la naturaleza humana, un tema tan arduo y complejo como apasionante, debe abordarse desde un enfoque multidisciplinar que incluye a la psicología, con ramas como la psicología evolucionista, la antropología (incluida la paleoantropología, e incluso a las ciencias naturales, con disciplinas como la genética o la neurobiología).

LA FAMILIA

La familia es un tipo de institución social universal. Consiste en un grupo de personas relacionadas entre sí por lazos de parentesco en el cual los adultos asumen el cuidado y crianza de los niños. La familia es una realidad fundamental debido a lo prolongada que es la infancia humana, y a lo complejo y delicado que es nuestro desarrollo. De hecho, otras especies del reino animal también poseen lazos y pautas de comportamiento familiares para procrear y sacar adelante a sus crías.

La familia ha existido a lo largo de toda la historia en todas las sociedades humanas. Por ello es uno de los universales sociales. Sin embargo, a lo largo de esta ha habido y hay tipos de familias socialmente muy distintos. Hay *familias nucleares* (padres e hijos) y *familias extensas* (padres, hijos, abuelos, tíos, etc.). Incluso en la sociedad actual es bastante frecuente la *familia monoparental* (con solo el padre o la madre). Hay familias *matriarcales* y *patriarcales*, según manden las mujeres o los hombres. Hay familias *patrilineales* y *matrilineales*, dependiendo de que los nuevos miembros pasen a pertenecer a la familia del padre o de la madre. E incluso hoy hay familias heterosexuales y homosexuales en sociedades como la nuestra.

Hay familias monógamas y polígamas, tanto poliándricas como poligínicas. Las *familias poliándricas* se caracterizan por matrimonios de una mujer con varios maridos (se da por ejemplo en algunas tribus del Himalaya en los que las mujeres se casan con todos los hermanos) y las *poligínicas* se constituyen por matrimonios de un hombre con varias mujeres (como en las sociedades islámicas tradicionales). También hay familias monógamas sucesivas, en las que se pueden juntar y criar hijos de distintos padres. En fin, sea como fuere, lo cierto es que se trata de una institución fundamental para la crianza, la formación psíquica, afectiva y social de los seres humanos. Las tareas fundamentales que por lo general están asociadas a la familia son el sexo, la procreación, la expresión del afecto y el cariño, la socialización de los hijos y la cooperación personal, social y económica.

En las últimas décadas, la transformación más importante de la familia en la sociedad española ha sido la incorporación de la mujer al mundo del trabajo (fuera del ámbito doméstico) y su consecuente emancipación económica. Este fenómeno ha transformado la estructura familiar tradicional y ha tenido también una fuerte influencia en la disminución de la tasa de la natalidad (que es una de las más bajas del mundo), a lo que por lo demás también influyen fenómenos como la precariedad en el trabajo y el desempleo juvenil, que hacen que uno no se pueda instalar por su cuenta hasta una edad bastante avanzada. Uno de los problemas más graves de nuestra sociedad es que está por ver cómo se compaginan las nuevas conquistas sociales de la mujer con una tasa de natalidad más próxima a la tasa de mantenimiento de la población.

Dentro del estudio de la familia, se puede y se debe lógicamente incluir el **matrimonio**, que también es un universal cultural, pero que al igual que ocurre con la familia es mucho más variado de lo que a primera vista cabría pensar. Su estudio es también de mucha importancia para la sociología y la antropología. Además de las transformaciones acaecidas en la familia española en las últimas décadas, hay que señalar que en la institución del matrimonio los cambios legales que más han influido son la ley del divorcio (1981) y tal vez la de la legalización de los matrimonios homosexuales (2005).

El interés sociológico del divorcio es considerable, tanto desde el punto de vista de su importancia estadística como desde el punto de vista de lo que supone personalmente, como ya observó Émile Durkheim. Con la legalización del divorcio, se introdujo en la legislación, en concreto en el Código Civil, la regulación de la guardia y custodia de los niños menores habidos del matrimonio. Salvo en casos de flagrante incapacidad o de acuerdo, la guardia y custodia van casi invariablemente a la madre, aunque hay comunidades como Navarra y Cataluña cuya legislación favorecía la custodia compartida, como es lógico que se haga siempre y cuando no atente contra el bien superior del menor. En la Comunidad Valenciana, también se adoptó este principio en 2011. Sin embargo, hay jueces que se niegan o se han negado a revisar los casos de convenios anteriores haciendo caso omiso del nuevo marco jurídico, cosa que es seguramente lo último que debería hacer un juez.

Hace unas décadas hubo una serie de teorías de origen marxista, psicoanalítico y luego de origen feminista, con bastante predicamento en ciertos círculos, que criticaban la familia como una institución represora y reaccionaria y predecían su final, pero parece que la institución ha sobrevivido una vez más a sus críticos y que su importancia como agente socializador personal, emocional, educativo y moral resulta insustituible y así es reconocida.

LOS GRUPOS

Un *grupo* es un conjunto de personas por lo general no muy numeroso entre las que se establecen una serie de relaciones caracterizadas de manera informal o no estatutaria de cierta duración. Los grupos pueden ser más o menos importantes según sean elegidos o impuestos, la duración que posean y el tipo de relaciones que se establezcan. Así, por ejemplo, el grupo de amigos de alguien se cuenta entre las personas más importantes para ese individuo, pero también son grupos los compañeros de clase, los colegas de trabajo o los vecinos del barrio. Lo propio de las relaciones entre los miembros de un grupo es que son ellos los que deben definir más o menos qué es lo que

pretenden al unirse. En general, dichas relaciones suelen poseer un contenido emocional y basarse en el reconocimiento de la personalidad y la individualidad de los otros.

A pesar de que los grupos no posean reglas explícitamente definidas, poseen normas de funcionamiento que los miembros del mismo se espera que cumplan y una cierta estructura, como puede ser la existencia de un líder, de una cierta jerarquía o de reparto de funciones.

De hecho, uno de los aspectos más estudiados por la sociología y por la psicología social es **el liderazgo**, es decir, el uso del mando y la influencia de una persona sobre otras, ya que posee una gran importancia en ámbitos de la realidad social que van desde la vida cotidiana hasta la política, pasando por las organizaciones empresariales.

En este sentido pueden distinguirse, de acuerdo con los trabajos del psicólogo alemán de principios de la primera mitad del siglo pasado Kurt Lewin, los tres siguientes grandes tipos de líderes en función de cómo ejerzan su rol:

1º) **Líder autoritario**: Es la persona que establece las directrices del grupo y que trata de imponer su voluntad. Su actitud puede ir desde del despotismo hasta el paternalismo. Cuando este tipo de líder está presente, el grupo rinde; pero cuando está ausente, el grupo se estanca y puede generar conflictos. Un ejemplo dentro del ámbito de la política era posiblemente el presidente del PP y de Gobierno José María Aznar.

2º) **Líder permisivo**: Interviene poco en la dirección del grupo, bien por ser excesivamente indulgente bien por desinterés. Este tipo de liderazgo suele crear confusión en el grupo, que acaba por ir a su aire. Un caso podría ser el del también presidente del PP y del Gobierno Mariano Rajoy.

3º) **Líder participativo**: Orienta al grupo proponiéndole objetivos comunes e indicándole los medios para alcanzarlos. Considera la opinión del grupo, favorece el debate, genera confianza y acepta las decisiones colectivas, por lo que puede desempeñar un papel muy positivo. Probablemente, por seguir con los presidentes de Gobierno, era el caso de Adolfo Suárez.

LAS ASOCIACIONES

Los grupos, sobre todo los que se eligen libremente, y la familia pertenecen a lo que Ferdinand Tönnis llamaba allá por 1887 **comunidades** (*Gemeinschaften*). Es decir, se trata de conjuntos de individuos unidos por lazos afectivos, en los que se da un trato personal y una participación mutua en sus vidas privadas. Pero en la sociedad hay también conjuntos de individuos mucho más numerosos en los que prevalecen unas relaciones más impersonales y menos íntimas. A estas estructuras las denominaba Ferdinand Tönnis **asociaciones** (*Gesellschaften*). Las asociaciones son, además, colectividades que persiguen unos fines más o menos específicos y definidos, cuya vinculación está regulada de manera más o menos formal o estatutaria.

Un partido político es una asociación típica. Persigue unos fines políticos definidos, cuenta con un conjunto de normas para sus afiliados, requiere una serie de obligaciones, puede aglutinar a un gran número de personas y las relaciones entre sus miembros tienden a ser impersonales, aunque desde luego en su seno pueden crearse grupos sociales en el sentido técnico del término.

Señalemos que los seres humanos no estamos preparados para vivir exclusivamente en asociaciones por lo que estas poseen de impersonal y burocrático, aunque las exigencias de la vida moderna las hagan necesarias. Por eso tendemos a crear lazos comunitarios en lugares como el trabajo, la universidad o el barrio, que nos permiten un mayor desarrollo y reconocimiento social y personal y que hacen la vida más interesante y grata.

Otra manera que se emplea mucho de referirse a lo mismo (el léxico sociológico a veces es redundante), debida al sociólogo norteamericano Charles H. Cooley (1864-1929), es hablar de **grupos primarios** (comunidades) y **grupos secundarios** (asociaciones). Además, Cooley veía con preocupación cómo en la sociedad norteamericana de su tiempo, debido a la industrialización y a la urbanización social, los grupos primarios iban perdiendo importancia en detrimento de los grupos secundarios. Esto suponía que a la gente le importaba cada vez menos la vida familiar y los lazos comunitarios y en cambio se hacían más individualistas y competitivos.

LAS CLASES SOCIALES

Las clases sociales no solo son un tipo de estructuras sociales fundamentales, sino que además son el resultado de la estratificación social. Se trata de conjuntos de individuos con poder, ingresos y ocupaciones semejantes respecto a los distintos niveles en que se estratifica una sociedad. Esto quiere decir que las clases sociales se definen en función de su mayor o menor participación en la riqueza económica, el *status* social y el poder de una sociedad dada.

No se trata de asociaciones en sentido estricto porque nadie se apunta a una clase social de manera deliberada y porque carecen de finalidades específicamente establecidas, sino de un conjunto de personas con una situación social y económica similar y es muy posible también con unos intereses parecidos.

Su importancia es tanta que dedicaremos un tema entero al hablar de la estratificación social.

LA SOCIEDAD CIVIL

Conforme una sociedad se moderniza, conforme aumenta su tamaño y su complejidad, también aumenta la importancia de las asociaciones, a veces en detrimento de los grupos o de las relaciones familiares, como ya constataron con preocupación muchos padres de la sociología. Al conjunto de asociaciones de una sociedad —con la excepción de las que dependen del Estado o de la Iglesia si es confesional—, al espacio social en el que se desenvuelven, se le denomina *sociedad civil* (termino que data del siglo XVII y se contraponía a la sociedad primitiva, que se suponía que se hallaba sin civilizar).

Un indicativo del vigor y pluralidad de una sociedad moderna es la importancia y el desarrollo de su sociedad civil. En principio, cuanta más sociedad civil haya, mayor será el desarrollo y pluralidad general. Los tipos de asociaciones que se dan en la sociedad civil son muy numerosos. Puede tratarse de asociaciones empresariales o económicas, como una compañía de automóviles (Renault, SEAT, Ford, Opel) o de ordenadores (IBM, Dell, Packard Bell). Pueden ser políticas, como el PSOE, el PP o IU, culturales, como la Asociación Andaluza de Filosofía, profesionales, como el Colegio de Abogados, sindicales, como CCOO o UGT, deportivas, como el Real Madrid o el Fútbol Club Barcelona, religiosas (si el Estado es no confesional), como la Iglesia Católica, humanitarias, como Amnistía Internacional o Médicos sin Fronteras, ecologistas, como Greenpeace o ADENA, y así sucesivamente.

EL ESTADO

El Estado es el conjunto de instituciones públicas que ejercen el gobierno de una nación. Históricamente surge hace unos 5.500 años con la aparición de las primeras civilizaciones en Mesopotamia, Egipto y Extremo Oriente. Los poderes o medios por los que el Estado moderno gobierna son tres. El **poder ejecutivo,** que es el que lleva a cabo la aplicación de las leyes y las normas y en su caso la promulgación de decretos de menor rango legal. El ***poder legislativo***, que suele concretarse en el Parlamento, que promulga las leyes. Y el ***poder judicial*** que es el que administra justicia, esto es, el que dictamina si el cumplimiento de las leyes es adecuado o no en diversas situaciones sociales.

Estos tres poderes pueden darse por separado y de manera independiente, cual es el caso de las democracias modernas, pero también puede darse de manera unificada, como sucede en los sistemas totalitarios, aunque en muchas ocasiones tratan de mantener las apariencias. En las sociedades suficientemente complejas, estos poderes se prolongan a través de la ***Administración pública***, que es el conjunto de organismos públicos encargados de aplicar y ejecutar las tareas del Estado. Incluyen las fuerzas de seguridad del Estado, los médicos de la sanidad pública, los profesores de la

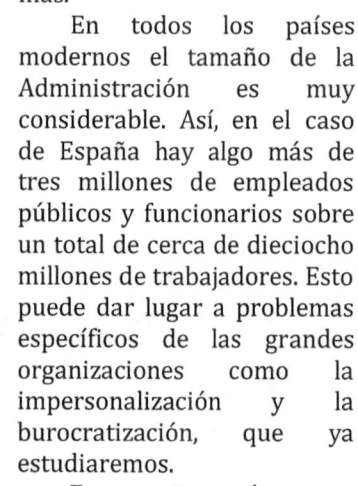

enseñanza pública y muchos más.

En todos los países modernos el tamaño de la Administración es muy considerable. Así, en el caso de España hay algo más de tres millones de empleados públicos y funcionarios sobre un total de cerca de dieciocho millones de trabajadores. Esto puede dar lugar a problemas específicos de las grandes organizaciones como la impersonalización y la burocratización, que ya estudiaremos.

En nuestro país, como establece el texto constitucional, la Administración se divide en tres niveles: 1º) el central, que incluye al Gobierno y el Parlamento de la nación, más los órganos superiores de la Administración de Justicia (Audiencia Nacional, Tribunal Supremo, Tribunal Constitucional, Consejo General del Poder Judicial, etc.); 2º) el autonómico, que está formado por los gobiernos y administraciones de las comunidades autónomas; y 3º) el local, que está compuesto por las corporaciones locales (municipios, mancomunidades y diputaciones provinciales). En este sistema confluyen diversos modelos y por eso no es extraño que haya expertos que entiendan que hay un grado de redundancia importante.

La importancia del Estado para una sociedad radica en que es la forma de organización social que más poder acumula por lo general dentro de sus límites territoriales. Cuando el Estado no es capaz de desempeñar sus tareas esenciales (seguridad, servicios, legitimidad, etc.), se habla de ***Estado fallido***, como sucede en lugares como los dos Sudán, Somalia, Afganistán, Yemen y otros muchos.

La significación del Estado para las ciencias sociales es tanta que es el principal objeto de estudio de la *ciencia política*. En su momento también ampliaremos este tema.

ORGANIZACIONES SUPRAESTATALES

En este apartado quiero llamar simplemente la atención de la existencia de entidades supraestatales en nuestro mundo. Es el caso de la Unión Europea, de la que España es miembro, que de alguna manera trata de constituirse en una entidad política por encima de los Estados miembros y cuyas políticas y decisiones son importantes en nuestra vida cotidiana y en la política nacional y en muchas ocasiones prevalecen sobre estos en virtud de los acuerdos suscritos.

VI.- DINÁMICA O CAMBIO SOCIAL

La sociedad no se define solo por medio de un conjunto de estructuras, sino también por medio del conjunto de procesos que la hacen funcionar. De algunos de estos procesos, a los que en términos generales se les puede denominar cambio social o dinámica social, hablaremos aquí. Se trata de la socialización, la acción y las instituciones sociales, el control social y las funciones sociales. Señalemos que el estudio del cambio social es una de las tareas más complejas de la sociología debido a la gran cantidad de factores que intervienen en él.

SOCIALIZACIÓN

La **socialización** es el proceso por el cual un individuo adquiere las habilidades, capacidades, normas, etc. que le permiten que se pueda desenvolver en una sociedad determinada. El concepto se debe al sociólogo y filósofo alemán Georg Simmel (y equivale al concepto antropológico de *enculturación*). Suelen distinguirse tres tipos fundamentales de socialización: la primaria, la secundaria y también la terciaria.

La **socialización primaria** es la más importante de todas. Ocurre en la infancia y consiste en el proceso por el cual un niño (o una niña) se convierte en un individuo adulto capaz de desenvolverse en una sociedad. Este proceso incluye no solo el aprendizaje de un lenguaje, de unas competencias, unas costumbres, unas normas de convivencia o unos principios morales, sino que también supone la posibilidad misma del proceso de desarrollo y maduración físico, afectivo y mental de un individuo. Por eso es tan importante en la vida de toda persona.

En ella el individuo comienza a poseer conciencia de sí mismo y a construir su propio yo a partir del contacto con los demás (como ya indicó George H. Mead) y a internalizar el mundo (como señalaron Berger y

Luckmann), sobre todo de modo afectivo, es decir a asimilar subjetivamente la realidad objetiva que le rodea.

Como se ha comprobado, en los casos en que un niño pequeño se ve privado del contacto humano y del proceso de socialización, no adquiere las habilidades sociales e intelectuales básicas y luego es imposible que las adquieran salvo de una manera muy rudimentaria. Podemos decir que se trataría de alguien que en sentido literal no se ha *humanizado*.

Un ejemplo histórico —de los varios que se conocen— de esta falta casi total de socialización es **el caso de Victor de L´Aveyron**. Victor era un niño de unos doce años que fue encontrado en 1800 en un bosque del sur de Francia donde había sobrevivido sin compañía humana durante la mayor parte de su existencia. El médico francés Jean Itard se encargó de su cuidado y además realizó un estudio sobre su desarrollo a lo largo de los cinco años siguientes. Lo que se encontró fue un niño en estado salvaje cuyo comportamiento y capacidades se parecían más a las de un animal del campo que a las de un ser humano de su misma edad. Era insensible a la lluvia y al frío, solo profería gruñidos, y no tenía desarrolladas las facultades intelectuales y afectivas. Itard trató de educar y socializar al niño, pero su éxito fue limitado. Consiguió que aprendiera a estar limpio y llevar ropa, que comprendiera algunas palabras, aunque no llegó a hablar, y a que tuviese cierta noción de lo correcto y lo incorrecto, pero significativamente no a desarrollar afecto por las personas. Aunque un caso no suele ser nunca suficiente evidencia científica, lo que se desprende de esta historia y de otras similares es que lo que de verdad nos humaniza es el contacto con otros seres humanos y en definitiva el proceso de socialización.

La socialización primaria se da por lo general en la familia y, en menor medida, también en la escuela y en los primeros grupos de iguales a los que se pertenece durante la infancia y la adolescencia. Como han señalado los teóricos de la interacción simbólica con acierto, no se trata de un simple proceso pasivo en el que los individuos aprenden lo que necesitan para vivir en sociedad, sino que también es un proceso dinámico que permite a las personas decidir y pensar por sí mismas y adaptar a sus propias necesidades la información que reciben.

La *socialización secundaria* consiste en la interiorización de los valores y normas específicas que se corresponden con el puesto que se va a desempeñar en la sociedad. Este proceso se realiza mediante los estudios, la preparación laboral, la educación cívica o el contacto con otras personas que no siempre pertenecen a nuestro círculo más estrecho, como los grupos y las asociaciones.

Los agentes sociales más importantes en el proceso de socialización secundaria son el sistema educativo, los grupos de iguales, las prácticas y la iniciación laborales. Hoy en día los medios de comunicación social (como la televisión, Internet o las redes sociales) también desempeñan un papel muy relevante. Se trata de un proceso en principio permanente que no tiene un final definido.

Digamos también que para estudiar bien la socialización hay que tener en cuenta las aportaciones de la psicología al estudio de los procesos mentales de maduración afectiva, que entre otros ha realizado Sigmund Freud, intelectual, que entre otros ha analizado Jean Piaget, y moral, con la obra de Lawrence Kohlberg. Aquí solo lo mencionamos porque ir más allá sería entrar en otra disciplina.

En la **escuela** los niños no solo aprenden a leer, escribir y demás, sino que también aprenden a relacionarse con personas en principio desconocidas y a ser evaluadas por criterios impersonales por lo que hacen y no por quiénes son. Es por lo general el primer entorno en que el niño tiene que actuar según una serie de reglas rígidas y desenvolverse por sí mismo entre otros muchos niños como él.

En cuanto al **grupo de iguales**, se trata de un grupo de personas de edad y posición social parecidas que tienen algunos intereses comunes. En ellos, a diferencia de lo que ocurre en la familia y la escuela, los niños y los jóvenes pueden eludir el control de los adultos. Algunos psicólogos, como la norteamericana Judith Harris o el canadiense Steven Pinker, han subrayado que la importancia del grupo de iguales es mayor que la de los propios padres en lo que representa la formación de la personalidad de los niños y los adolescentes. La explicación es compleja pero tal vez podría resumirse en que un niño antes de aprender a ser un adulto, para lo cual le vendría muy bien fijarse en el caso de sus padres, de hecho tiene que aprender a ser niño, para lo cual se fija en sus amigos y compañeros.

Respecto a los **medios de comunicación social**, destacan sobre todo la televisión e Internet, pero hay otros que nos han acompañado desde hace muchos años. En España el primer diario se fundó en 1854 y es *El Norte de Castilla*, la primera emisora de radio data de 1924, la televisión comenzó a emitir en 1956 y en 1990 se realizó la primera conexión a Internet. En la actualidad antes de que un niño ingrese en la escuela ya ha solido ver un gran número de programas de televisión y puede que también de Internet. Y de hecho, hay países, como los Estados Unidos de América, en que los niños pasan tantas horas delante del televisor o del ordenador como en la escuela.

Por último, hay un proceso de *socialización terciaria* cuando un individuo ya socializado tiene que insertarse luego en otra cultura distinta a la suya, por haber emigrado, y tiene que comenzar de nuevo un proceso de ajuste a la nueva sociedad, aunque no sea exactamente igual que el primer caso.

En la sociedad moderna se detectan varias características nuevas del proceso de socialización. En primer lugar, su alargamiento. En una sociedad preindustrial uno puede alcanzar la mayoría de edad social poco después de la pubertad, mientras que en nuestra sociedad puede tardarse perfectamente el doble de tiempo. Así, por ejemplo, las mujeres de la tribu india de los tarahumaras, en el Estado de Chihuahua (México), son con frecuencia madres a los trece años y abuelas a los veintisiete, mientras que en nuestra sociedad muchas mujeres a esa edad aún no se plantean tener hijos, entre otras causas por no haberse asentado personal y laboralmente.

En segundo lugar, el peso relativo de los diversos agentes de socialización varía de unas sociedades a otras o con el paso del tiempo. Algunas instituciones sociales adquieren más relevancia, como la escuela, y otras la pierden, como la familia. Así, mientras hoy la escolaridad obligatoria llega hasta los dieciséis años, hace cien años la inmensa mayoría de las personas a esa edad ya habían abandonado hacía tiempo los estudios.

En tercer lugar, hoy los medios de comunicación de masas —como la televisión o Internet— desempeñan un papel socializador muy relevante, aunque hay que señalar que sus objetivos prioritarios no son educativos sino mercantiles. Hoy en día, por ejemplo, una persona puede pasar en promedio de tres a cuatro horas al día frente al televisor y otras tantas o más frente al ordenador conectado a Internet o realizando otras actividades.

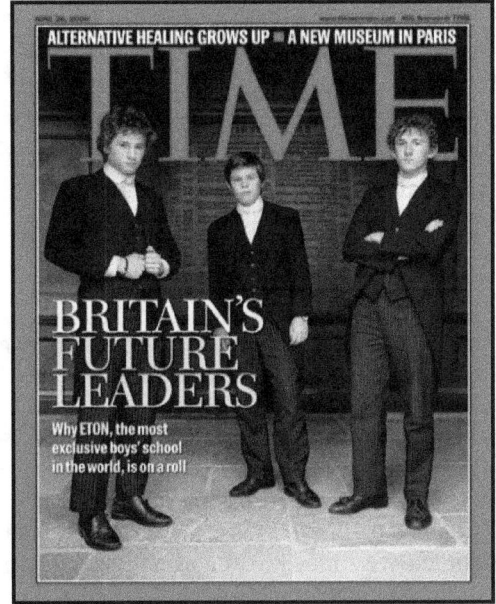

En cuarto lugar, se observa que la socialización terciaria es un fenómeno en aumento ya que vamos a una sociedad multiétnica y multicultural con grandes flujos migratorios procedentes de los lugares más desfavorecidos de la Tierra.

EL CASO DEL ETON COLLEGE

El Eton College es el colegio privado más exclusivo y caro de Gran Bretaña, país donde puede haber grandes diferencias de calidad entre unos centros educativos y otros. Se trata de un centro que fue fundado en 1440 y que está situado a treinta y cinco kilómetros al oeste de Londres. Acuden al mismo unos mil trescientos alumnos entre trece y dieciocho años, todos ellos varones, que pagan una matrícula anual de cerca de treinta mil euros.

Aunque Eton ayuda a algunos estudiantes con los gastos, la inmensa mayoría proceden de familias muy afluentes que pueden permitírselo y es común que tengan también otros miembros, como padres o hermanos, que hayan estudiado o estudien en Eton.

Principales universidades del mundo (2015)		
1	Harvard University	USA
2	Stanford University	USA
3	Massachusetts Institute of Technology (MIT)	USA
4	University of California, Berkeley	USA
5	University of Cambridge	UK
6	Princeton University	USA
7	California Institute of Technology	USA
8	Columbia University	USA
9	University of Chicago	USA
10	University of Oxford	UK
11	Yale University	USA
12	University of California, Los Angeles	USA

Eton es un internado en el que los alumnos viven en bloques de cincuenta personas. El nivel de los estudios es muy exigente y los profesores —que reciben un salario muy alto y que en su mayoría también son varones— le dedican mucho tiempo a los estudiantes, tanto dentro de las clases como fuera de ellas, incluidas las actividades extraescolares de los fines de semana. Así, por ejemplo, los trabajos que les entregan los alumnos los deben corregir en menos de veinticuatro horas. El colegio cuenta con una amplia oferta educativa y los alumnos asumen que deben encontrar alguna actividad o ámbito en el que sobresalgan. No hay sesiones obligatorias de estudio dentro del horario escolar, pero se espera que sean lo suficiente responsables como para organizar por sí mismos su tiempo.

El colegio posee unas instalaciones excepcionales, de manera que si a alguien le gusta tocar música, tiene un estudio de grabación de una calidad casi profesional, o si quiere asistir a una conferencia, puede elegir entre una oferta muy amplia y de mucha calidad con grandes ponentes, como por ejemplo el embajador de Japón.

El *dress code* es muy formal, ya que los profesores visten con togas y los alumnos lo hacen con corbata blanca, chaqué y pantalón a rayas.

Un número importante de alumnos que acaban sus estudios en Eton pasan luego a las universidades de Oxford y de Cambridge, que son las más prestigiosas del país y que se hallan entre las diez primeras del mundo año tras año de acuerdo a clasificaciones como el Shanghai Ranking[3]. Entre los antiguos alumnos de Eton hay numerosos científicos destacados y hasta veinte primeros ministros británicos, incluido el actual, David Cameron. El caso de Cameron es paradigmático porque este pertenece a una familia con raíces en el mundo de las finanzas, la política y la aristocracia, porque tanto su padre como su hermano mayor fueron a Eton, y porque él mismo estudió luego en la Universidad de Oxford.

Desde un punto de vista sociológico, Eton es un colegio en el que la clase alta británica, la elite, envía a sus hijos para que sigan perteneciendo a dicha

---

[3] http://www.shanghairanking.com/es/

clase y por eso hablamos de él aquí. Además del contenido específico de las asignaturas, los alumnos adquieren un fuerte sentido de clase, una confianza especial en sí mismos, unas amistades influyentes, e incluso un acento característico de la *upper class* a la hora de hablar (lo que en Gran Bretaña es muy importante), lo cual les facilita su paso por las capas más altas de la sociedad.

Eton es en definitiva el más perfecto ejemplo de lo que es la educación privada británica elitista. Aunque las escuelas elitistas británicas solo educan al 7% de los alumnos de las escuelas privadas del país, de ellas salen aproximadamente el 42% de los altos cargos políticos, el 54% de los periodistas más influyentes y el 68% de los abogados.

ACCIÓN SOCIAL

Entendemos por **acción social** todo tipo de comportamiento humano al que se le atribuye una significación subjetiva y en el que están presentes otros seres humanos. Por el contrario, la *acción no social* es aquella puramente biológica (como respirar o dormir), que carece de significación subjetiva (como escribir con la mano izquierda o con la derecha, o dormir de espaldas o boca arriba) o que se hace al margen de los demás seres humanos (como tomarse un café solo en casa).

El concepto de acción social se remonta a Max Weber, quien considera que las acciones de los seres humanos deben explicarse de acuerdo con las intenciones que las inspiran y las consecuencias o propósitos esperados, y no en términos de sus consecuencias reales. Siguiendo a este autor, hay cuatro grandes **tipos de acciones sociales** según sean su intención y su propósito:

1º) **Racional instrumental**. Utiliza medios racionales pero los fines no tienen por qué serlo. Por ejemplo, durante la Guerra Fría, entre 1945 y 1989, los norteamericanos y los rusos se dedicaron a acumular armas atómicas, por temerse entre sí, para cuya construcción se necesitan unos grandes conocimientos científicos y técnicos (racionalidad de los medios), capaces de destruir varias veces la vida humana en la Tierra (irracionalidad de los fines).

2º) **Racional valorativa**. Utiliza medios y también fines racionales. Por ejemplo, alguien que decide estudiar una carrera para procurar tener un puesto de trabajo mejor en el futuro. Es lo que ocurre también cuando se establecen programas económicos de cooperación internacional u otros parecidos, que indican un fuerte sentido moral.

3º) **Emocional**. Es todo tipo de acción guiada por los sentimientos o los afectos (como hacer amigos, enamorarse, apuntarse a una ONG, o seguir los partidos de la selección española), que tan necesarios son para procurar llevar una vida plena y dichosa.

4º) **Tradicional.** Se trata de acciones cuya significación viene dada por la costumbre (festejar los cumpleaños, descansar los domingos, celebrar las fiestas tradicionales, como la Navidad, la Semana Santa o las Hogueras de San Juan).

En la vida diaria, estos cuatro tipos pueden y suelen mezclarse entre sí, pero es bueno saber distinguirlos en teoría porque son muy distintos.

Por otro lado, autores como Habermas añaden un nuevo tipo de acción social: *la acción comunicativa.* Frente a los que defienden que lo propio del ser humano es la acción instrumental, este propugna que lo característico es la acción comunicativa, que viene dada por algo tan distintivo de nuestra especie como el lenguaje, cuya misión más alta tal vez sea la de permitir la comunicación y el acuerdo entre los seres humanos.

Esto quiere decir que, al menos idealmente, damos a nuestros interlocutores una capacidad de argumentación y de decisión en principio igual a la nuestra —los tomamos como seres humanos plenos, como fines en sí mismos, no como meros medios (tal como propugnaba la filosofía kantiana)— y que en nuestras interacciones con ellos, a través del lenguaje, tratamos de llegar a acuerdos sobre aquellos asuntos que nos interesan.

Esto posee importantes consecuencias éticas, sociales y políticas. Se trata de la base misma de la democracia y de la convivencia digna y pacífica: la capacidad de comunicación y la posibilidad de llegar a acuerdos entre los seres humanos. Por eso Habermas ha insistido tanto en que la acción comunicativa es la acción basada en la capacidad de llegar a un consenso en el que todas las partes sean tenidas en cuenta.

Hay que señalar además que casi todas las acciones sociales son fundamentalmente *interacciones.* Un sujeto A actúa con un sujeto B, pero B también actúa con A. Por ejemplo, un profesor trata de hacer la asignatura interesante a sus alumnos y reacciona positivamente si estos se muestran de veras interesados por ella. A su vez, si estos ven que al profesor le interesa dar bien las clases y los estimula a aprender, pueden reaccionar positivamente ante ello, y así sucesivamente, creando de este modo un círculo virtuoso.

Por otro lado, con posterioridad a los trabajos de Weber, otros sociólogos como Merton han subrayado la idea de que hay variables externas al sujeto que son importantes para comprender la acción social. Esto sucede en contextos sociales de gran complejidad en donde las **consecuencias no buscadas** o no deseadas poseen un efecto acumulativo que hace que su importancia se incremente en comparación con las consecuencias buscadas o deseadas. Por ejemplo, supongamos que una carrera universitaria posee unas perspectivas profesionales muy buenas. Esto atrae a muchos estudiantes y conduce a la masificación y al exceso de titulados, lo cual acaba por arruinar las buenas perspectivas que inicialmente poseía. O cuando los coches adquieren precios asequibles, se venden mucho y acaban por colapsar las ciudades y convertirse en un engorro poco útil en las horas punta.

Por consiguiente, el análisis adecuado de la acción social debe incluir el estudio de las intenciones y preferencias de los actores, pero también las consecuencias, deseadas o no, de su comportamiento.

POSICIÓN, ROL Y STATUS

La *posición social* de un individuo se refiere al lugar que este ocupa en el espacio social. Ser, por ejemplo, niño, mujer o varón supone distintas posiciones sociales. Las posiciones sociales se explican mediante un par de conceptos muy importantes en esta ciencia, el de *rol* y el de *status* sociales, que como en otras ocasiones pueden distinguirse pero no separarse.

Entendemos por **rol social** todo conjunto coherente de actividades normativamente efectuadas por un sujeto. Se trata de papeles o tareas reconocidas socialmente y que conllevan una serie de obligaciones y de prerrogativas. Así, pongamos por caso, ser médico o ser periodista supone obligatoriamente una serie de cualidades y posibles obligaciones, que la sociedad confiere a las personas que poseen determinadas competencias teóricas y prácticas relacionadas con la salud o con la información respectivamente.

Desde luego, una misma persona puede y suele representar varios roles sociales. Por ejemplo, puede ser médico, madre, presidenta de la comunidad de vecinos, o puede ser bombero, padre o socio de una peña de fútbol.

Junto al concepto de rol, cuya introducción en sociología se debe a Ralf Linton, hay que hablar del concepto de **status**, que designa el conjunto de derechos y reconocimientos que un individuo adquiere dentro de una sociedad. Por lo general el *status* se alcanza a través del uso que se hace de los roles sociales asignados. Así, por ejemplo, un médico excelente puede alcanzar un *status* social muy alto, con elevados ingresos, prestigio profesional y reconocimiento social.

A veces se distingue entre dos tipos de *status*: el adscrito y el adquirido. El **status adscrito** es el que uno recibe por ser lo que es: por la edad, el sexo o la etnia. Por ejemplo, por ser mujer o varón, adulto o menor de edad, blanco o negro. El **status adquirido** es el que uno logra mediante su esfuerzo y competencia, como el conseguido mediante el desempeño profesional, las contribuciones a la comunidad, etc. De este modo, el policía o el soldado que se comporten de manera valiente alcanzarán un elevado *status* entre sus compañeros y puede que también socialmente, en la medida en que se conozca su labor.

Hay que decir asimismo que existe lo que se llama el **status dominante**, que es aquel que mejor define la identidad social de su portador. De este modo, antes hablábamos de una persona que era médico, presidenta de la comunidad de vecinos y madre de familia. Lo normal es que su *status* dominante sea el de médico, pues suele ser el que mejor define su identidad social.

De todas formas, hay roles sociales que por bien que se hagan suponen un *status* más bien modesto, como ser profesor de secundaria, sin menoscabo de su importancia y su dignidad, y otros que conllevan un *status* elevado aunque no se desempeñen especialmente bien, como ser ingeniero.

Los distintos roles y *status* sociales no se dan de modo aislado, sino por medio de unos sistemas organizados en los que se integran. Pues bien, a estos sistemas sociales se les puede denominar *instituciones*. Las **instituciones sociales** son entidades definidas por un conjunto de normas (por lo general no escritas) que establecen un sistema de roles. Por ejemplo, el matrimonio es una

institución social porque consiste en un sistema de asignación de roles (el de padre, madre, hijo, hija, suegro, yerno, etc.) con una serie de normas bastante definidas. Lo mismo sucede con la Iglesia, el mercado, los cargos públicos, las fiestas populares, el poder y demás, que también son instituciones sociales.

A través de sus instituciones y normas una sociedad va regulando su funcionamiento. Esta idea de regulación implica entre otras cosas la idea de **control social**. Las instituciones y normas sociales facilitan la vida en sociedad, no solo porque la organizan, sino porque imponen a sus miembros ciertas limitaciones.

Como es lógico esas instituciones y normas pueden cambiar de una sociedad a otra e incluso dentro de una misma sociedad, y también pueden hacerlo con el tiempo. De este modo, hay sociedades con matrimonios poligámicos, como algunas sociedades islámicas, y otras que no lo son, como las sociedades occidentales. A su vez dentro de una sociedad occidental como la nuestra, el divorcio está ahora admitido, pero hace unas cuantas décadas no lo estaba, y algo semejante ocurre con el matrimonio homosexual desde hace algo menos.

Por otro lado, también hay que señalar que no todos los miembros de una sociedad aceptan por igual las diversas instituciones y normas, lo cual genera **conflictos sociales**. Los conflictos son una de las realidades más vastas de las sociedades y pueden ser generacionales, familiares, laborales, económicos, políticos o étnicos. En toda sociedad hay un grado mayor o menor de conflictividad social (y por contraposición de integración social), lo cual no tiene por qué suponer algo negativo (aunque tampoco positivo), pues puede ser una fuente de dinamismo y cambio social y solo cuando se superan ciertos límites se está poniendo en peligro la tolerancia social o la propia cohesión social. Un ejemplo fue el movimiento del 15-M del año 2011, en el que mucha gente salió a las plazas de numerosas ciudades españolas para protestar contra la situación económica y la clase política y que luego ha dado lugar al surgimiento del partido político Podemos y sus asociados, que luego han logrado una amplia representación en ayuntamientos, autonomías y el propio Parlamento.

De hecho, una de las críticas a la poca atención que el funcionalismo dedicaba a los conflictos se ha sustanciado en la denominada *teoría del conflicto social*, cuyo principal representante es el sociólogo británico de origen alemán Ralf Dahendorf (1929-2009). Este autor, además de subrayar la importancia de los conflictos en la vida social, considera que esta tiene dos caras —el conflicto y el consenso— y que la sociología debe estudiar ambas.

El conflicto social es una de las categorías más amplias de la vida social y, como ya señaló Georg Simmel, es uno de los hechos básicos de la misma. Hay conflictos sociales de muy diversa índole, que incluyen las fricciones familiares, los conflictos laborales o la lucha por el poder. Hay conflictos que se resuelven mediante la competencia y que se desarrollan dentro de unos cauces más o menos regulados que salvaguardan la integridad de quienes compiten entre sí, como es el caso de la competencia económica, y hay otros de naturaleza violenta que pueden degenerar en la agresión, el delito, el crimen y la guerra, que suponen la negación de la convivencia social. Cierto grado de conflicto y antagonismo social de la primera especie parece que es necesario para la vida social de acuerdo con los estudiosos de este asunto.

Por último, recordemos que para el gran psicoanalista vienés Sigmund Freud (1856-1939), que tan influyente ha sido durante buena parte del pensamiento del siglo XX, existe un conflicto esencial, como nos cuenta en su obra *El malestar de la cultura* (1930), entre la naturaleza humana, por un lado, y la sociedad y la cultura, por otro. La primera tiende como tal a actuar en su fuero interno sin inhibiciones, tratando en cada momento de hacer lo que quiere —guiada por lo que este autor denominó el *principio del placer*—, sin más cortapisas que las limitaciones naturales y la ley del más fuerte —*principio de realidad*—, incluso recurriendo a la agresividad, "*que es el mayor obstáculo con que tropieza la cultura*". Por consiguiente, de acuerdo con este autor, aunque desde luego hay otros que discrepan, la cultura y la sociedad suponen por su misma existencia una represión o una sublimación de estos instintos, pues si cada uno hiciese lo que quisiese, siempre que quisiese, no habríamos pasado probablemente del estado de barbarie.

FUNCIONES SOCIALES

Para terminar este tema vamos a hablar de cuáles son las funciones que se considera que desempeña toda sociedad, que como hemos visto es una cuestión fundamental para el funcionalismo. A partir de los estudios del sociólogo norteamericano Talcott Parsons, se pueden distinguir cuatro grandes tipos de funciones sociales:

1ª) **Función política**: Trata del gobierno, del uso institucionalizado o legítimo del poder y de la autoridad. Es la que desempeña por ejemplo el Gobierno, el Parlamento o la Judicatura.

2ª) **Función económica**: Se refiere a la producción distribución, almacenamiento y consumo de bienes materiales. Normalmente corre a cargo de las empresas, los bancos, los comercios y los demás agentes económicos.

3ª) **Función cultural**: Tiene que ver con el conjunto de valores, ideales o símbolos propios de una sociedad. Se trasmite a través de la familia, la escuela, la universidad, los medios de comunicación y otros actores sociales.

Todas las funciones sociales son importantes, pero aquí quisiera enfatizar

la relevancia de la función cultural porque es la que realmente nos puede proporcionar una identidad social y en buena medida también personal, a pesar de lo cual a menudo tiende a no tenerse lo suficientemente en cuenta en buena parte de las preocupaciones principales de la sociología actual, que se centran en las otras tres funciones. Más adelante le dedicaremos un capítulo y aparecerá en otros.

4ª) **Función integradora o normativa**: Concierne a la formulación y realización de las normas (morales, legales, etc.) que regulan las relaciones entre los individuos o entre estos y el Estado. Aquí cabe incluir las creencias predominantes de una sociedad desde el punto de vista moral, religioso o cívico.

A estas funciones establecidas por Parsons tal vez se puedan añadir otras, como es el caso de la función lúdica, que hoy incluye el tiempo de ocio en casa, en los centros comerciales o en otros espacios sociales.

A Structuralist in Ogygia

En este recuadro reproduzco un ejercicio que realice para un curso en línea sobre mitología dirigido por el profesor Peter Struck (Penn University).

Structuralism is a powerful social theory formulated by Claude Lévi-

Strauss, which can clarify and explain many aspects about the deep structure of human mind and, a fortiori, of human culture. Let's consider under this approach the story of Calypso and Odysseus in Homer's Odyssey.

Calypso is a goddess who lives alone in Ogygia, a far-off island where Odysseus arrives after an awful shipwreck in which all his men perish. There she keeps Odysseus enclosed for seven years and loves him as her husband. She also offers him to overcome old age and even death. However, when "the nymph was no longer pleasing in his sight" (5, 153), Odysseus wished to return to his fatherland in search of his home, his wife, from whom he has no news, and his son, who was a newborn when he went to war in Troy. Finally, Athena, Odysseus' ally, intercedes for him with Zeus, who sends Hermes to order Calypso, who is jealous about Penelope, to set him free.

Here is where structuralism proves to be useful —pacem functionalism— explaining how the Olympian gods restitute the order of things, which reflects in this case the deep and keen triple duality between mortality, family and country, on the one hand, and immortality, individuality and statelessness, on the other one. Henceforth, the underlying fundamental binary partition that structuralism would highlight here is one between humanity and non-humanity, something which in some way or another all cultures have to deal with. Odysseus continues his difficult journey to Ithaca and Calypso remains loveless in her eternal solitude. The gods themselves are those who preserve the order of things, those who help the mortal man instead of the immortal nymph, and those who, as structuralism would underline, define in this sense the scope of human aims and restrain us from the temptations of superhuman ambitions.

VII.- LA ESTRATIFICACIÓN SOCIAL

La estratificación social es una división de la sociedad en conjuntos de grupos de personas según un *eje vertical* que establece una distinción *inferior/superior* y una consiguiente escala social en función del puesto que se ocupe.

Como es lógico, según aumentan las desigualdades sociales, aumenta la estratificación. Marx consideraba que las desigualdades y, por tanto, la estratificación social se deben a diferencias económicas. Por su parte, Weber consideró que hay en realidad tres factores que marcan las desigualdades sociales. Uno es el nivel económico, otro es el poder y el tercero es el prestigio social que se posea. Aunque con frecuencia vayan asociados entre sí, puede haber casos en que esto no suceda y en los que individuos puedan destacar en uno de estos aspectos sin sobresalir en los otros. Así, por ejemplo, el presidente del Gobierno gana bastante menos que cualquier futbolista titular de un club puntero de primera división (de hecho Lionel Messi y Cristiano Ronaldo se estima que ingresaron más de cien millones de euros entre ambos en 2015), y sin embargo su poder y prestigio son mayores. Y un gran poeta o un gran actor pueden tener gran prestigio social, aunque carezcan de poder y vivan económicamente con modestia. Aquí seguiremos las ideas de Weber, más bien que las de Marx, por ser más completas.

Por otro lado, los expertos no se ponen de acuerdo acerca de si la estratificación social es algo natural o no. Es cierto que ha existido en todas las sociedades, excepto en las denominadas bandas y tribus, acaso por ser bastante pobres en términos materiales.

En la actualidad la estratificación depende bastante del tipo de sociedad que consideremos: capitalista, de economía mixta social y de mercado o comunista. Aunque en algunos casos hay semejanzas, en otros hay diferencias importantes. También se observa un proceso creciente de desigualdad no solo dentro de cada sociedad, sino de algunas sociedades en comparación con otras, aunque la tendencia global desde finales del siglo pasado es hacia la disminución de esta debido al importante crecimiento económico de países muy poblados como China, la India o Brasil.

SOCIEDADES CAPITALISTAS

Aunque ya hemos dicho que la estratificación social se da conforme a tres variables, nos vamos a centrar en la desigualdad económica que es la más fácil de estudiar y tal vez la más fácil de medir. En este tipo de sociedades hay tres grandes clases sociales: la alta, la media y la baja. Aunque se definen sobre todo por criterios económicos, también pueden intervenir otros factores a la hora de asignar un individuo a una clase, como la educación, el medio en que se desenvuelve o su origen social. A su vez, hay que señalar que dentro de estas tres grandes clases hay diferencias importantes y que, por consiguiente, se pueden establecer varias subclases.

La **clase alta** es aquella cuyos miembros poseen más riqueza, prestigio y poder. Por efecto de la acumulación del capital propio de este sistema, dicha clase tiende a tener un nivel de renta varias veces mayor que la media nacional y, por ende, tiende a ser una pequeña fracción de toda la población. Así, valga por caso, en los Estados Unidos, la sociedad capitalista por antonomasia, a finales del siglo XX, el 20% *superior* de la población poseía el 45% de la renta del capital y del trabajo, y el 20% *inferior* solo disponía del 4´4%. En 1980 los directores ejecutivos de las grandes corporaciones norteamericanas ganaban en promedio 42 veces más que sus trabajadores; sin embargo, en 2007, la proporción había ascendido a 344 veces[4].

En España, que es un país mucho más igualitario que los Estados Unidos, y cuya economía es un sistema mixto social y de mercado (arts. 38 y 40 de la Constitución), se puede decir a título indicativo que pertenece a la clase alta aquel que supera en al menos cinco veces la renta per cápita nacional, que es algo menos de 23.000 euros brutos al año en 2015. Por tanto, estaríamos hablando de personas con ingresos superiores a los 115.000 euros al año. Claro que a eso hay que descontarle los gastos para hacernos una idea más precisa de su situación socioeconómica. Supongamos que un sujeto A gana esos 115.000 euros al año. Luego paga en concepto de impuesto sobre la renta 45.000 euros y se queda con 70.000 euros netos. Está casado, su cónyuge no percibe impresos y tienen tres hijos. Pues bien, con esos datos el nivel de vida de la esta familia no corresponde a la clase alta, sino a la clase media.

Por cierto, el hombre más rico de España y también uno de los más adinerados del mundo, Amancio Ortega, principal accionista de Inditex, se estima que cuenta con un patrimonio de algo más de 48.000 millones de euros. El primero de todos es tradicionalmente Bill Gates con el equivalente a unos 66.000 millones de euros, aunque en los últimos años ya no lo es siempre porque ha legado una parte importante de su fortuna para fines benéficos.

Ocupaciones propias de esta clase son las de terrateniente, empresario, banquero, financiero, directivo de una gran compañía, así como las del extremo superior de las profesiones liberales.

A su vez, dentro de la clase alta, se denomina **elite** a la parte superior. El sociólogo italiano Vilfredo Pareto (1848-1923) estudió las elites a principios del siglo XX y las definió como el conjunto de individuos que manifiestan cualidades excepcionales en cualquier dominio o actividad. Las elites se dividen sobre todo en **elites del poder** (los gobernantes o clase política) y **elites no gubernamentales** (empresarios, artistas, etc.). Digamos que en términos cuantitativos la elite viene a ser el 1% *superior* de una sociedad.

---

[4] Sandel (2009, 16).

Pareto formuló la tesis de que la distribución de la renta sigue un patrón semejante en todos los países, que la distribución de los ingresos describe una curva similar, y de ahí infirió que esto, si bien no tenía nada de equitativo, respondía a la peculiar distribución de las capacidades y el talento dentro de la sociedad. Quienes merecerían la riqueza era unos pocos y quienes merecerían las grandes fortunas son poquísimos. A partir de estas ideas se formuló el denominado **principio de Pareto** (o *regla del 20/80*) que afirma que la sociedad está dividida en dos grupos: uno con el 20% de población, que aproximadamente ostentaba el 80% del poder político o la riqueza, y otro formado por el 80%, que posee el 20% restante.

Pareto también formuló la que es conocida como la **teoría de la circulación de las elites**, posiblemente para desactivar la teoría marxista de la división social en clases, que afirma que, aunque las elites se mantengan en su posición social, se renuevan dando cabida a las personas más capaces de las capas inferiores de la población. Esta teoría ha sido muy criticada ya que toda elite tiende a perpetuarse a sí misma y suele ser de la misma clase. De hecho, el camino más fácil para ingresar en la elite es proceder de una familia que ya pertenezca a ella. Un caso evidente es el de George W. Bush, que fue el 43º presidente de los Estados Unidos, cuyo mayor mérito parece que fue a tenor de su ejercicio que su padre había sido el 41º presidente de dicho país.

Robert Michels (1911) formuló la llamada **ley de hierro de la oligarquía**, que dice lo siguiente: en una organización social lo suficientemente compleja y grande, incluso si es democrática, hay una tendencia inevitable hacia la formación de oligarquías o grupos dominantes de unos cuantos. Un ejemplo es el de los partidos políticos, que poseen sin excepciones esta estructura jerárquica, aunque en unos es más acentuada que en otros.

En 2012, los economistas Daron Acemoglu y James Robinson introdujeron en su obra *Por qué fracasan los países* el concepto de **elites extractivas**, que se dan en las finanzas, la economía, la política o en los medios de comunicación, que son las que se desentienden del bien común del país y buscan su propio bienestar y el de su grupo. Las **instituciones extractivas** concentran el poder en manos de una pequeña elite y fijan pocos límites a su ejercicio. Estas elites forjan un sistema para conseguir ingresos que les permite detraer recursos de la mayoría de la ciudadanía en beneficio propio sin generar riqueza. Un ejemplo claro, entre otros, es el del expresidente de Cataluña Jordi Pujol y su familia.

La **clase media** es la más numerosa en las economías capitalistas y en las economías mixtas sociales y de mercado. Sus ingresos varían en torno a la renta per cápita nacional. Dentro de ella hay una *clase media alta*, que incluye las profesiones liberales, los medianos autónomos, los puestos superiores de la Administración, etc. Hay una clase *media-media*, formada por los que ocupan los puestos intermedios de la Administración o los obreros cualificados. Y hay una *clase media baja* que incluye a obreros no cualificados, los puestos más bajos de la Administración o los pequeños negocios.

A su vez, la **clase baja** se encuentra significativamente por debajo de la renta per cápita nacional e incluye a los trabajadores con salarios más bajos, contratados a tiempo parcial o de modo eventual, que tanto han aumentado con la crisis económica.

Por último, están los **desclasados**, donde se hallan en riesgo de caer los parados de larga duración sin otros recursos, las personas con pensiones asistenciales o muy bajas, o las personas que pertenecen a colectivos potencialmente marginados, como las minorías étnicas, los discapacitados o los mayores, en caso de que no cuenten con ayudas sociales. Muchas veces estos grupos no tienen nada que ver entre sí salvo el hecho de vivir en condiciones marginales.

Digamos que, desde un punto de vista social, se considera por definición que una persona se encuentra por debajo del **umbral de la pobreza**, si sus ingresos son inferiores al 50% de la renta per cápita nacional. Esto implica que en España hay ocho millones de individuos por debajo de dicho umbral, lo que equivale a decir que el 20% de la población española es pobre. En nuestro país a principios del siglo  XXI, el salario medio era de unos 1.250 euros mensuales brutos y en 2015 es de unos 1.881 euros. El salario mínimo interprofesional era en 2014 de 645´30 euros, en 2015 de 648´30 y en 2016 es de 655´2.

SOCIEDADES CON ECONOMÍA MIXTA

En las sociedades mixtas, con economías sociales y de mercado, y también en las capitalistas, aunque en menor medida, el principal método para corregir los desequilibrios económicos es el de la **redistribución de la renta a través de los impuestos**, que es un tipo de políticas que comenzó a implantarse tras la Segunda Guerra Mundial con el keynesianismo y la socialdemocracia.

Los impuestos pueden ser directos o indirectos. Los primeros se gravan directamente a las actividades económicas, como la compra de un bien o la prestación profesional de un servicio. Un ejemplo es el del IVA. Los *impuestos indirectos* se gravan según los ingresos obtenidos por una persona o por una sociedad. El ejemplo más claro es el impuesto de las personas físicas (IRPF), que en España pagan cerca de veinte millones de ciudadanos. Para redistribuir los ingresos lo primero que se hace es aplicar una **carga fiscal progresiva**, que grave proporcionalmente más al que más tiene.

Así, por ejemplo, en España el IRPF grava aproximadamente entre la parte estatal y la autonómica, alrededor del 25% a las rentas comprendidas hasta los 17.000 euros, el 30% hasta los 33.000, el 40% hasta los 53.000, el 47% hasta los 120.000 y de más del 50% a partir de los 175.000 (aunque esto cambia con frecuencia algo de año a año según la política fiscal del Gobierno en cada momento). De esta manera, por ejemplo, alguien que gane 24.000 euros ingresará en concepto de IRPF 7.200 euros al Estado (si no hay otras circunstancias personales que le sirvan para desgravar) y el que gane 60.000 ingresará 28.200. Según se grave más proporcionalmente a los que más tienen se dirá que la **progresividad fiscal** —que es una idea que ya defendía Adam Smith— es mayor o menor. En los Estados Unidos es menor que en España, pero aquí a su vez es menor que en los países escandinavos.

En España la distribución de la renta sigue a fecha de principio de 2015 el siguiente esquema:

10	55'6%	20	68'8%
40	34'7%	30	21'5%
20	7'4%	50	
30	2'3%		9'7%

Donde la parte de la izquierda de cada casilla representa el porcentaje de la población (ordenada desde la franja superior económicamente hasta las más bajas) y la parte de su derecha indica la proporción de la riqueza nacional que posee. De esta manera, el 20% más pudiente de la población española posee el 68'8% de la riqueza y el 80% restante posee solo el 31'2% (compárese con lo que afirma el principio de Pareto). A su vez podemos decir, aunque no viene recogido en el cuadro, que el 1% *superior* de la población, la elite (en el sentido en que lo hemos definido antes), posee el 27% de la riqueza nacional[5].

---

[5] *El País*, 1/3/2015.

Sin embargo, la progresividad fiscal tiene unos límites muy importantes por lo cual no afecta a las grandes fortunas. Estas canalizan a menudo buena parte de su patrimonio a través de las llamadas *sociedades de inversión de capital variable* (SICAVS), que se crearon en 2010 y que disfrutan de un régimen fiscal muy beneficioso, pues tributan el 1% de sus beneficios, frente al 30% que rige sobre las grandes empresas y el 25% para las pymes[6]. Una carga fiscal esta última que, gracias a las deducciones que permite la ley, reduce el tipo efectivo al que tributan las empresas en el impuesto de sociedades en torno al 12%.

Para poder disfrutar de una de estas sociedades de muy baja tributación —que se crearon para que los contribuyentes afluentes no se llevaran sus capitales a otros países de la UE con una tributación más suave— hay que cumplir una serie de requisitos que solo pueden satisfacer unos cuantos: dotar a la sociedad de un capital mínimo de 2'4 millones de euros y que en la sociedad participen al menos cien accionistas, por ejemplo. En España hay unas tres mil quinientas SICAVS. Las cinco mayores gestionaban al cierre de junio de 2012 unos 1.818 millones de euros, frente a los 1.638 de junio de 2010, es decir, un 8% más[7]. En 2015 se estima que el patrimonio que reúnen es de 38.000 millones de euros.

Además, las SICAVS no son más que una parte del patrimonio que atesoran las élites económicas españolas, pues para obtener una visión de conjunto habría que incluir el dinero que muchos ricos tienen a buen recaudo, en muchos casos de forma legal, en refugios tradicionales del dinero como Suiza o Andorra. En otros casos, la situación de estos fondos no es legal, como sabemos cuando se destapa algún caso de corrupción como el del extesorero del PP Luis Bárcenas o el de la familia del expresidente de Cataluña Jordi Pujol, y por eso el Gobierno lanzó en 2012 una amnistía fiscal primero, y endureció después la normativa antifraude para intentar repatriar los miles de millones que están fuera de España.

Una vez recaudados los impuestos, la segunda fase del proceso consiste en emplear una parte de los ingresos del Estado en **políticas sociales**, como las becas, la seguridad social, las pensiones, la sanidad, la enseñanza o las ayudas sociales, que repercutan más sobre los más desfavorecidos de manera que al menos en parte se corrija su situación. En definitiva, lo que se está haciendo es redistribuir la renta.

En este sentido, a mediados de los años ochenta, dos filósofos belgas propusieron el concepto de *renta básica ciudadana* (RBC). Consiste en un ingreso que el Estado pagaría a cada ciudadano por el mero hecho de serlo, con independencia de los otros ingresos que pueda tener (tanto si es rico como pobre) o su situación laboral (empleado o en paro). Esta renta

---

[6] Sus plusvalías lo hacen al tipo fijado para las rentas de capital (acciones, entre otros): el 21% para los primeros 6.000 euros anuales; el 25% entre 6.001-24.000 euros; y el 27% a partir de 24.001.

[7] La sociedad de capital variable más grande está participada por Alicia Koplowitz. Si hace dos años disponía de un patrimonio de 440 millones de euros, al cierre del primer semestre de 2012 gestionaba en total 511 millones.

básica ciudadana le permitiría cierta protección económica y, según algunos economistas, podría ascender a la mitad del salario mínimo interprofesional. El premio Nobel de Economía James Tobin ha propuesto que esto se costee con un impuesto a la movilidad de capitales (**tasa Tobin**).

Señalemos por último que el llamado *coeficiente de Gini* es un índice comprendido entre 0 (igualdad perfecta) y 1 (desigualdad completa, donde un individuo posee toda la riqueza y los demás ninguna) que indica la cuantía de la desigualdad entre los distintos países. En Dinamarca dicho coeficiente es aproximadamente del 0´25 y en Sudáfrica del 0´65, que posiblemente son el país más igualitario y el más desigual respectivamente a nivel mundial de aquellos de los que poseemos datos, que son una minoría. En España el coeficiente de Gini era de 0´34 en 2013 y la media mundial se estima que es de 0´63.

LAS SOCIEDADES COMUNISTAS

El comunismo pretendía acabar con la propiedad privada de los medios de producción y, por lo tanto, con la acumulación privada de capitales, como hemos visto en capítulos anteriores. Estos pasarían al Estado que se encargaría de dirigir la economía y de distribuir la riqueza. El comunismo pretendía acabar con las clases sociales, con los explotadores y los explotados, y crear una sola clase: **el proletariado.**

En la sociedad comunista era el Estado el que fijaba los salarios y los precios, y no el mercado. De este modo, por ejemplo, a finales de los años cincuenta el director general de una empresa cobraba en la Unión Soviética al menos en teoría solo el triple que un obrero especializado, lo cual desde el punto de vista capitalista es poca diferencia.

Sin embargo, las diferencias tanto en la URSS como en otros países comunistas, aunque se atenuaron, no se disiparon y de hecho con el paso del tiempo aumentaron a partir de los primeros tiempos de la revolución. Las elites del partido no desaparecieron y pronto comenzó a haber excepciones legales e ilegales al igualitarismo comunista, con lo cual ni por poder, ni por prestigio social ni por riqueza podían realmente compararse con la clase obrera. Por lo tanto, lo cierto es que el comunismo real ni siquiera cumplió con esa propuesta básica de su proyecto político. De hecho había cuatro clases sociales: los dirigentes del partido comunista, los profesionales cualificados (abogados, ingenieros, médicos, o catedráticos), los trabajadores y los campesinos.

MOVILIDAD SOCIAL

La *movilidad social* es la capacidad de desplazamiento dentro de la sociedad. Hay una **movilidad horizontal**, que el simple cambio de lugar, y hay una **movilidad vertical**, que consiste en desplazarse a través de la escala social. Esta movilidad vertical puede ser *ascendente*, cuando uno alcanza una posición social de más poder, prestigio o ingresos, y puede ser *descendente*, cuando ocurre a la inversa. Por ejemplo, cuando uno pierde el empleo, se arruina, etc.

La movilidad ascendente siempre es algo difícil de conseguir (a diferencia de la movilidad descendente), pero hay sociedades en las que esto es más factible que en otras. Se las denomina respectivamente sociedades *abiertas* o *cerradas*. Ejemplos de sociedades cerradas son la sociedad feudal o la sociedad hindú con su sistema de castas. Ejemplos de sociedades abiertas son las sociedades socialdemócratas, donde la redistribución social transfiere recursos de los que más poseen a los que menos tienen.

La movilidad vertical es importante porque supone dar oportunidades a los individuos de prosperar socialmente o al menos de pensar que pueden lograrlo. De hecho, el ideal de la igualdad de oportunidades a través del acceso a la educación, las ayudas sociales, el trabajo o la sanidad, es uno de los más importantes de las sociedades democráticas y constituyen la base del Estado de bienestar.

Además, *caeteris paribus*, las sociedades abiertas son más flexibles y, por ende, más estables que las sociedades cerradas, ya que poseen más movilidad vertical y permiten a los individuos más inquietos la posibilidad de ascender socialmente, lo cual hace que los conflictos de clase no se agudicen, ya que normalmente son encabezados por ese tipo de individuos, que a la vez se encuentran insatisfechos de su condición y poseen capacidad de liderazgo.

EL DEBATE SOBRE LA ESTRATIFICACIÓN SOCIAL

Es cierto que buena parte de la estratificación y no digamos de la desigualdad social es perniciosa e injusta, pues no vivimos en una sociedad con un sistema de igualdad de oportunidades perfecto. Sin embargo, ¿significa esto, como supone mucha gente, que toda estratificación o desigualdad es perniciosa e injusta?

Por lo menos dos teorías sociológicas abordan esta cuestión desde perspectivas opuestas. Una de ellas se debe entre otros a los autores norteamericanos Kingsley Davis y Wilbert E. Moore, con su artículo titulado "*Some Principles of Stratification*" (1945), y afirma que la estratificación social proporciona importantes resultados positivos para la sociedad en su conjunto. La idea básica puede rastrearse en la obra del pensador escocés ilustrado Adam Smith, por ejemplo, que escribía en *La riqueza de las naciones* que un buen abogado o un buen médico ganan mucho dinero porque hay mucha gente que está dispuesta a pagarle honorarios profesionales muy elevados para que los libren de la cárcel, la horca o para que les salven la vida.

La explicación de Davis y Moore es en esa línea la siguiente. Hay tareas sociales difíciles y muy importantes —como ser cirujano o ingeniero— que precisamente se hacen atractivas por conferir un buen sueldo y un *status* social elevado. Por eso, el hecho de que exista cierta estratificación social incentiva en buena medida a la gente a ocuparse de esas tareas tan importantes para la sociedad. Consideremos por ejemplo el caso de una chica llamada Luisa de diecisiete años. Luisa decide realizar la carrera de Medicina durante seis años, estudiando duramente, y luego presentarse al examen de MIR para seguir tres años más de especialidad, no solo porque le gusta esta carrera, sino también porque aspira a tener un buen trabajo y vivir bien. Por eso, aunque también le gusta pasárselo bien y salir de marcha, estudia y se esfuerza todo lo que puede para sacar adelante su carrera.

Las ideas de Davis y Moore se basan en lo que se llama el **principio meritocrático**, que dice lo siguiente: una sociedad justa debe garantizar la igualdad de oportunidades pero al mismo tiempo ha de procurar que los beneficios y recompensas no se distribuyan indefectiblemente por igual. De hecho, solo debe haber desigualdad en función de los desiguales esfuerzos y méritos de cada cual.

El otro punto de vista antagónico para abordar el valor y la importancia de la desigualdad social se debe a la **sociología del conflicto**, que se inspira en la obra de Karl Marx. Según esta escuela, la estratificación social no beneficia a la sociedad en su conjunto, sino solo a algunos de sus miembros a costa de otros. Como ya hemos visto, Marx pensaba que esto se debía a que buena parte de la riqueza de la clase capitalista procede de la explotación directa a la clase obrera. También Max Weber consideraba que la desigualdad social supone con frecuencia el beneficio de unos a costa del perjuicio de otros. Además, según Weber, la industrialización y el capitalismo implican el aumento de la burocratización y este a su vez implica el aumento del poder de una clase político-funcionarial.

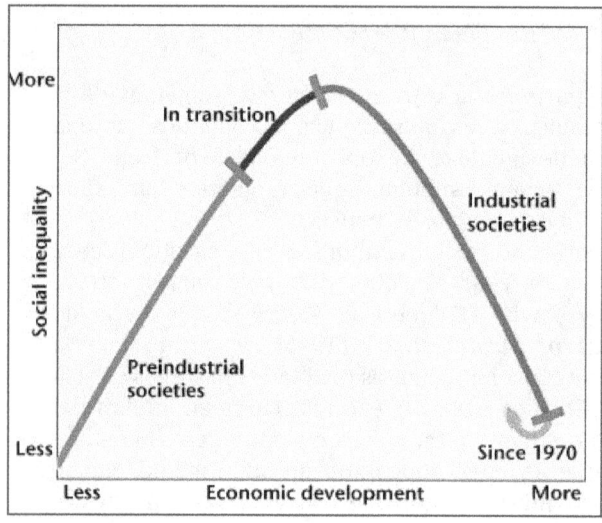

Ahora bien, una diferencia entre ambos teóricos era que Marx pensaba que la diferencia de clases sociales acabaría por desaparecer y Weber consideraba que no. Hasta el momento parece que Weber es quien tiene razón en este asunto, si bien hay que señalar que el premio Nobel de Economía norteamericano de origen ruso Simon Kuznets (1971) realizó unos estudios dignos de tenerse en cuenta. Kuznets estableció empíricamente, en lo que se conoce con el nombre de *curva de Kuznets*, la siguiente relación entre estratificación y desarrollo técnico: las sociedades preindustriales poseían un nivel de desigualdad social escaso, que con el paso del tiempo fue aumentando a lo largo de la historia, pero que sin embargo comenzó a descender en las sociedades industrializadas hasta repuntar algo en la década de los años setenta del siglo XX, que fue cuando publicó sus trabajos[8].

A su vez, en 2013 el economista francés Thomas Piketty llegó a la conclusión, tras un análisis detallado en su obra *El capital en el siglo XXI*, de que la diferencia entre los ingresos de la mayoría de la población y los más ricos está creciendo dentro de los principales países del mundo, lo que supone una revisión de las ideas de Kuznets, aunque a nivel global es un hecho que las diferencias económicas están disminuyendo debido al aumento de la clase media en países emergentes con mucha población como China, Brasil o incluso la India. En todo caso, la idea de que vivimos en una sociedad meritocrática en los países más desarrollados, en la que las grandes fortunas se ganan por los propios medios personales es para Piketty un mito social. Las sociedades occidentales previas a la Primera Guerra Mundial estaban dominadas por una oligarquía cuya riqueza era heredada y Piketty argumenta que actualmente asistimos a una vuelta a ese estado de cosas ya que la *tasa de remuneración del capital* (r) es mayor que la *tasa del crecimiento de la economía* (g): $r > g$.

Entre otras medidas, este economista francés propone crear dentro de la Unión Europea un impuesto para los grandes capitales, para corregir las desigualdades, pasando parte del montante de la remuneración del capital al resto de la economía. Dice Piketty lo siguiente en la obra mencionada:

"Supongamos ahora que ya están en uso la transmisión automática de información bancaria y generalizado el documento borrador previo a la declaración, lo cual acabará por suceder, ¿cuál sería el esquema tributario ideal? Como siempre, no hay una fórmula matemática que permita responder a esta pregunta y que sustituya la deliberación democrática. En cuanto a los patrimonios de menos de un millón de euros, sería coherente integrarlos en el mismo impuesto progresivo sobre el capital, por ejemplo, con una tasa del orden de 0´1% para aquellos por debajo de 200.000 euros de patrimonio neto y una tasa de 0´5% sobre la fracción comprendida entre 200.000 y un millón de euros. Esto vendría a sustituir al impuesto predial (o property tax), que en la mayor parte de los países hace las veces de impuesto sobre la riqueza para la clase media con un patrimonio. El nuevo sistema sería a la vez más justo y más eficaz, pues se referiría a la riqueza en general".

---

[8] Kuznets inventó el método económico para establecer la contabilidad nacional y realizó unas investigaciones estadísticas imprescindibles para cuantificar las magnitudes en las que se basa la actividad macroeconómica del Estado, como el PIB. Él y sus colaboradores lograron traducir durante la Segunda Guerra Mundial el pensamiento keynesiano a un lenguaje estadístico irrefutable, demostrando las ventajas de romper en tiempos de guerra con la situación de equilibrio con desempleo y de producir al máximo de capacidad del sistema.

VIII.- TIPOS BÁSICOS DE SOCIEDADES

Un aspecto fundamental del estudio de la sociedad es el que concierne a la diversidad de sociedades que hay, tema que ha investigado más la antropología que la propia sociología. Vamos a ver con brevedad los principales tipos de sociedades que hay o ha habido a lo largo de la evolución humana. Se trata de las bandas o sociedades cazadoras-recolectoras, las tribus o sociedades agrícolas y ganaderas, las jefaturas, los primeros Estados, las sociedades industriales y las postindustriales. Aquí hablaremos de los cuatro primeros tipos, pues los otros dos son bien conocidos gracias a los estudios históricos y de las distintas ciencias sociales implicadas y son a las que nos dedicaremos de una u otra forma en diversos capítulos de esta obra.

BANDAS O SOCIEDADES CAZADORAS-RECOLECTORAS

Nuestra especie, *Homo sapiens*, tiene unos 200.000 años de antigüedad y su variante moderna, *Homo sapiens*, unos 50.000. Pues bien, solo hasta hace unos 12.000 años, todas las sociedades humanas eran cazadoras-recolectoras o forrajeras, y hasta hace unos 5.000 años lo eran la mayoría. Como su nombre indica, se trata de sociedades cuyo medio principal de subsistencia es la caza, la pesca y la recolección de los frutos que da la naturaleza. Dependen por lo tanto de los ritmos de esta para sobrevivir porque no conocen la agricultura ni la ganadería.

En la actualidad aún quedan algunas sociedades cazadoras-recolectoras en varios lugares apartados del planeta en los que otras actividades de subsistencia ofrecen poco rendimiento. Esto sucede, por ejemplo, en algunas zonas del Ártico, Madagascar, el Sudeste Asiático, Australia, América y África. Es el caso, por ejemplo de los orang asli de Malaisia o los bosquimanos del sur de África. Hace unos 10.000 años se estima que eran unos 7'5 millones de individuos agrupados en puede que unos 150.000 bandas y tribus. A pesar de haber tenido contactos con las sociedades industrializadas y de que cada vez están más arrinconadas por la globalización, a pesar de que sus hábitats son más pobres y están amenazados, y de que su número va en declive —hay solo unos 250.000 individuos—, aún conservan su estructura social y sus modelos culturales básicos, y no cabe duda de que podemos aprender mucho de ellos.

Viven en grupos de tamaño medio, de entre treinta y cincuenta personas, más o menos emparentadas entre sí, en los que no existe una división entre ricos y pobres, aunque sí hay división del trabajo, básicamente con los hombres dedicados a la caza y las mujeres a la recolección. Respetan a los ancianos, comparten el poder, están poco interesados por los bienes materiales aparte de los que necesitan en cada momento para vivir, y en cambio se dedican a la vida social y a las cuestiones ceremoniales y religiosas. Tienen un acusado sentido del arte, como muestran por ejemplo las pinturas rupestres de Altamira (Asturias), que tienen unos 15.000 años de antigüedad (aunque hay muestras artísticas del doble de años), y su vida se basa en la cooperación y no en competir.

En contra de lo que hasta hace poco se pensaba, su existencia no es una lucha constante por la supervivencia, pues disponen de una alimentación rica en calorías y proteínas perfectamente comparable a la que tenemos en las sociedades industrializadas. Además solo necesitan trabajar unas tres o cuatro horas al día, frente a las más de diez o doce que necesitamos nosotros, cuentan con sus propias normas y tradiciones, y en general no son sociedades guerreras. Dicho esto, ¿quién se atreve a llamarlas sociedades primitivas?

Todo esto es posible porque tenían y tienen una tasa demográfica baja y estable que no superaba las posibilidades del entorno. Quizás lo que más las diferencien de nosotros es que dependen más de los ciclos naturales y que su esperanza de vida es considerablemente menor que la nuestra.

TRIBUS O SOCIEDADES AGRÍCOLAS Y GANADERAS

Hace unos 12.000 años, más o menos, aparecieron las primeras sociedades agrícolas y ganaderas —la ganadería y la agricultura surgieron a la vez en contra de lo que se ha pensado hasta hace poco—, parece que de modo simultáneo en diversos lugares de la Tierra como Oriente Medio, el Noreste de África, China y el Sudeste Asiático.

A esto se le conoce como la **Revolución del Neolítico** que contó con descubrimientos como la rueda, el arado, la cerámica, el tejido, el forjado del bronce o luego del hierro. Dichos cambios trajeron consigo la sedentarización, el aumento demográfico y la aparición más tarde de las primeras ciudades. Así, por ejemplo, aunque estas sociedades solían vivir en tribus de entre 100 y 250 individuos, en lugares como Jericó (Palestina), para algunos la ciudad más antigua de la Tierra, podían tener unos 2.000 habitantes hace algo más de 10.000 años.

Para algunos expertos, con los que concordamos, la Revolución del Neolítico es el cambio más trascendental que ha experimentado la humanidad en su historia. Además, convienen destacar que hay estudiosos que consideran que se trata de una revolución eminentemente femenina, ya que se basa en creación de la agricultura y la ganadería, que probablemente se debieran a la acción de las mujeres a juzgar por la división del trabajo por sexos que había en las sociedades cazadoras recolectoras.

Las técnicas del cultivo de la tierra se dividen fundamentalmente en dos y de hecho dan lugar a dos tipos de sociedades diferentes. La primera es la denominada **sociedad horticultora** cuyo sistema de cultivo se conoce como **cultivo por roza o sistema de tala y quema**. Consiste en talar un área del bosque y quemarla. Las cenizas fertilizan el terreno, que luego se siembra. Cuando este deja de ser productivo, se abandona y se procede a hacer lo mismo en otra área, aunque hay veces en las que pasado un tiempo puede volverse al terreno anterior cuando ya se ha recuperado un poco de manera natural.

Aún existen sociedades horticultoras y este sistema de cultivo por roza se utiliza todavía en algunos lugares de América del Sur y del Sudeste Asiático, como Indonesia. Ejemplos actuales de sociedades tribales son los yanomamis amazónicos o los masáis de Kenia. El problema es que con el aumento de la población, estas prácticas, llevadas a cabo incluso por sociedades que no son horticultoras, tienen resultados catastróficos para los bosques, sobre todo los bosques tropicales lluviosos, que son ecosistemas fundamentales para la biodiversidad, y que por sí mismos son muy frágiles y tardan mucho en regenerarse. De hecho, los suelos de los bosques tropicales lluviosos, como la Amazonia, son muy pobres en nutrientes y solo sirven para dos o tres cosechas, tras lo cual quedan yermos después de haber necesitado millones y millones de años para formarse.

El segundo tipo es el de las *sociedades agrícolas y ganaderas* en sentido estricto. La *agricultura* consiste en una utilización más intensiva de la tierra. En ella se utilizan animales de tracción como los bueyes o los mulos para arar y cultivar los campos. También se regula el agua por medio de los sistemas de regadío, de modo que ya no se depende permanentemente de la distribución de las lluvias, y se crean nuevas superficies de cultivo por métodos como el aplanamiento, que tanto terreno permite obtener de las laderas de las montañas. La diferencia fundamental entre la agricultura y la horticultura estriba en que en esta siempre se deja la tierra en barbecho mientras que en aquella no. Además, en la agricultura se invierte más trabajo que en la horticultura pero a cambio el rendimiento a largo plazo aumenta y las cosechas son más regulares.

Por su parte, la *ganadería* puede decirse que surge cuando las especies de caza escasean. Esto conduce a la crianza de animales comestibles, como la oveja, el cerdo o la gallina, aunque la ganadería no se limita a esto y también produce *fuerza de trabajo*, como la tracción animal, o el uso de perros de guarda y defensa, y materiales para vestir como la lana o el cuero.

En comparación con las sociedades cazadoras-recolectoras, las sociedades agrícolas y ganaderas son más sedentarias, populosas y desiguales. Así, en Oriente Medio, se estima que al comienzo de la Revolución del Neolítico había unos 100.000 habitantes. En cambio, unos 4.000 años después, se calcula que el número superaba los tres millones.

Estas sociedades viven en tribus, poseen un jefe, aunque este más que poder o capacidad de coacción lo que tiene es autoridad y capacidad de persuasión basadas en su prestigio y generosidad personales. Si quiere algo tiene que comenzar dando ejemplo y su labor es sobre todo de mediador. Además, debido a la concentración de bienes como el grano o los utensilios agrícolas, y debido al aumento de la densidad demográfica, son sociedades que en ocasiones pelean entre sí (guerras tribales).

JEFATURAS

Las primeras jefaturas se formaron hace unos 6.500 años, y todavía existen en algunos lugares, aunque ya quedan muy pocas con este sistema, como por ejemplo la Polinesia (circunstancia que es una suerte para los antropólogos). Constituyen los sistemas sociales y de gobierno predominantes durante el paso de las sociedades tribales a las estatales.

En las *jefaturas* las relaciones sociales siguen estando reguladas básicamente por el parentesco, el matrimonio, la edad y el sexo. Al contrario de lo que ocurría en bandas y tribus, las jefaturas se caracterizan por un control y regulación permanente del territorio que ocupan, que suele incluir miles de personas repartidos en numerosas aldeas.

El jefe ocupa el cargo de manera exclusiva (no se dedica a otra tarea) y permanente. La economía se basa en la agricultura intensiva y el intercambio comercial, y produce más de lo estrictamente necesario para vivir. Se trata de sociedades estratificadas, es decir, con un reparto desigual de la riqueza, el poder y el prestigio social.

A veces los estudiosos las dividen en jefaturas simples y complejas. En las *jefaturas simples*, el jefe cumple funciones rituales o religiosas, jurídicas o de relaciones exteriores, pero su rol es inestable y se sustenta en las relaciones personales. En cambio, en las *jefaturas complejas*, que puede entenderse como un desarrollo de las anteriores, el jefe posee más autoridad y tiene un mayor poder coercitivo para modificar las relaciones igualitarias hacia los miembros de su grupo.

SOCIEDADES NO INDUSTRIALES O ESTADOS TRADICIONALES

Hace unos 6.500 años aparecen por tanto las primeras comunidades divididas en gobernantes y gobernados, en ricos y pobres, en alfabetizados y analfabetos. Algo después, hace unos 5.500 años, aparecen los primeros Estados o civilizaciones de la humanidad, como las de Mesopotamia (Irán e Irak), Egipto, el valle del Indo (entre Paquistán y la India) y China. Esto representó un gran cambio en la historia de las sociedades humanas.

Las primeras de estas sociedades se denominan *Estados arcaicos* o no industriales. En ellos, la división social entre las elites y las masas es mucho más rígida que en los tipos de sociedades anteriores y aparecen por vez primera diferencias en riqueza, poder y prestigio entre grupos enteros y no solo entre individuos.

El Estado no surgió porque la gente así lo decidiera, sino que se encontraron viviendo en él como resultado del aumento demográfico y las nuevas demandas económicas. Ahí donde hay concentración de recursos, aumento de la población y guerra, puede decirse que aparecerá el Estado. Por lo tanto, a pesar de su importancia histórica y actual, el Estado no es más que una consecuencia no buscada —por usar la terminología de Robert K. Merton— de ciertos cambios sociales que comenzaron en determinadas regiones del planeta hace unos 6.500 años.

A medida que las jefaturas se iban transformando en los primeros Estados arcaicos, la autoridad de los jefes aumentaba y se iba consolidando. También aumentó y se diversificó la actividad económica (agricultura, ganadería, manufactura e intercambio), las ciudades crecieron y aparecieron las primeras grandes capitales. Se creó la casta sacerdotal, con funciones no solo rituales, sino también económicas y políticas, y se construyeron los primeros templos. El militarismo y los conflictos armados también crecieron y algunos Estados surgían a la vez que otros desaparecían. La concentración de poder dio lugar a los primeros imperios y de esta manera entramos en lo que sería el estudio de la historia.

¿POR QUÉ HAY PUEBLOS MÁS DESARROLLADOS QUE OTROS?

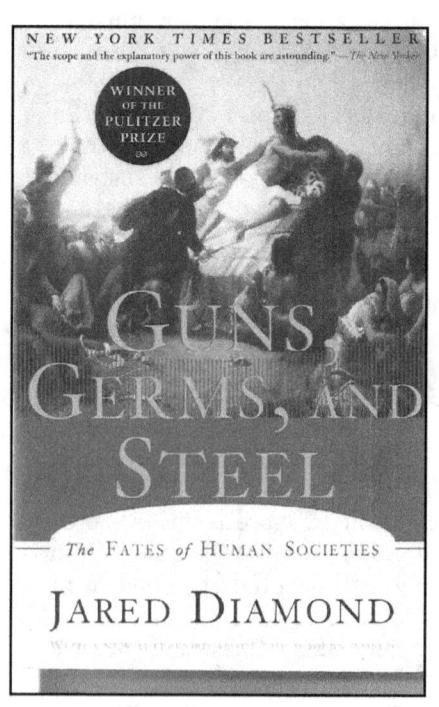

El eminente investigador norteamericano Jared Diamond se ha planteado esta difícil pregunta, que a su vez le hizo un amigo suyo originario de Papúa Nueva Guinea: ¿Por qué hay en los distintos continentes pueblos que están mucho más desarrollados que otros a través de la historia, desde el punto de vista técnico y económico, si las capacidades humanas son equivalentes en todas partes?

Para responder a ella en un sentido amplio, Diamond realiza un estudio que se remonta a la Revolución del Neolítico, hace unos doce mil años, cuando comienzan a desaparecer poco a poco las sociedades cazadoras recolectoras, que eran muy igualitarias y que en principio debían tener un desarrollo muy parejo. Esta revolución da lugar casi a la vez de la creación de la ganadería y de la agricultura en varios lugares de la tierra. Sin embargo, unos sitios se encontraban mejor comunicados que otros con los pueblos de su entorno. Así, por ejemplo, las sociedades de Oriente Próximo, del Fértil Creciente, se encontraban muy relacionadas con los pueblos del noreste de África (Egipto) y en mayor o menor medida con el resto de Asia.

Esto permitía en primer lugar que los descubrimientos culturales de un pueblo se difundiesen mejor entre las poblaciones vecinas, creándose un efecto multiplicador que incrementó el desarrollo técnico y económico. Por eso, parece que en este lugar surgen por primera vez las ciudades, la escritura, los imperios y las viejas civilizaciones. Por eso hace unos cinco mil años ya había algunas civilizaciones importantes en Mesopotamia y Egipto, mientras que en casi todo el resto del mundo los seres humanos vivían como las antiguas bandas cazadoras recolectoras.

Además de tener un contacto intercultural mayor que otros pueblos más aislados, como pudieran ser los del sur de África o los del norte de Europa, este hecho también tuvo importancia desde el punto de vista de la salud. El contacto frecuente entre poblaciones distintas facilita la propagación de enfermedades infecciosas. Esto al principio es perjudicial para dichas poblaciones pero a la larga acaba por fortalecer el sistema inmunitario.

Al considerar el caso de América todo esto queda claro. Las sociedades amerindias habían vivido aisladas prácticamente del resto del mundo durante unos quince o veinte mil años, hasta la llegada de los españoles a finales del siglo XV y principios del XVI. Se habían relacionado más o menos entre sí, pero muy poco con el resto del mundo. Habían llegado incluso en algunas ocasiones a formar auténticos imperios, como el de los aztecas o el de los incas, pero es como si formaran una segunda tierra, independiente del resto del planeta.

El encuentro con los europeos, que para esa época ya habían entrado en contacto con buena parte del resto del mundo (África, Oriente Próximo, Extremo Oriente), supuso un choque de pueblos con un desarrollo técnico y militar muy distinto. Así, lo que más sorprendió a los indígenas fueron las armas de fuego, que los europeos utilizaban gracias a que los chinos habían inventado la pólvora poco antes, y los caballos, que ellos veían al principio junto con el jinete como un ser único, mitad hombre y mitad bestia.

El caballo era desconocido en América, donde no existían grandes animales domésticos de carga. En este sentido, por ejemplo, lo más parecido a un elefante asiático, un camello, un yak o un caballo es la pequeña llama andina, que todo lo más puede cargar con un peso de unos veinticinco kilos. Esta es una circunstancia en buena medida producto del azar, pero el hecho de que algunos pueblos hayan podido domesticar grandes animales de carga y otros no, como observa Diamond, ha tenido una gran influencia en el desarrollo de la humanidad. En Asia existen grandes animales domesticables. Sin embargo, en África los grandes animales de tracción, como el búfalo cafre, el elefante africano o la cebra no son domesticables, y en América los animales de tracción domesticables son pequeños. En tiempos de la conquista americana se vio con claridad lo importante que era esta ventaja desde el punto de vista civil y militar. De hecho solo durante la Primera Guerra Mundial se sustituyó a los caballos con camiones y tanques como principal medio de tracción y de asalto en campaña.

Además, los europeos portaban una serie de enfermedades contagiosas contra las que estaban inmunizados, en el sentido de que en general no eran mortales para ellos, pero que resultaban desconocidas para los indígenas y que por eso diezmaron su población. Un simple resfriado, que era más bien inofensivo para un conquistador español, podía conducir a la muerte a muchos pobladores indígenas cuyo organismo no estaba preparado para combatirlo. De hecho, la mayoría de los indígenas americanos (puede que hasta el 95% del total) murieron a causa de las enfermedades infecciosas.

En definitiva, de esta manera se responde en grandes líneas a la pregunta de por qué a lo largo de la historia de la humanidad unos pueblos se han desarrollado más que otros desde el punto de vista técnico, económico y en buena medida cultural cuando las capacidades humanas son las mismas por todas partes.

IX.- LA CULTURA

EL CONCEPTO DE CULTURA

La cultura en sentido estrecho, que es el más utilizado de modo cotidiano, es un conjunto de conocimientos, actividades o fenómenos relacionados con el arte, la música, la literatura o el saber. En este sentido una persona culta es alguien que posee una amplia y buena formación, así como una sensibilidad, gusto y modales suficientemente educados.

La cultura en sentido antropológico o sociológico, la cultura en sentido lato, es algo sensiblemente distinto que alude más bien al estilo de vida socialmente adquirido de un grupo de personas que incluye los modos pautados y recurrentes de pensar, sentir y actuar. La primera definición en este sentido la dio el antropólogo británico Edward B. Tylor en 1871 cuando afirmó que la cultura es "*este todo complejo que comprende conocimientos, creencias, arte, moral, derecho, costumbres y cualesquiera capacidades y hábitos adquiridos por el hombre en tanto que miembro de la sociedad*".

Como puede verse esta definición es mucho más amplia que la anterior y no lleva implícita una gradación de tener más o menos cultura. Como resulta el concepto más útil de cultura en las ciencias sociales, es el que sobre todo vamos a considerar aquí.

La cultura es por lo tanto el conjunto de soluciones a los problemas que plantea la vida de cada día y la convivencia, lo que define a una sociedad. Diversas sociedades pueden tener distintas culturas aunque puede haber culturas comunes a varias sociedades. Por recurrir a un par de conceptos propios de la informática, se puede decir que la sociedad equivaldría al soporte físico (*hardware*) en tanto que la cultura correspondería al soporte lógico o programa (*software*). A partir de ahí hay quienes definen la cultura en términos de información.

Lo opuesto a la cultura es la **natura** (*naturaleza* en latín), lo que es propio y exclusivo de la naturaleza. Todo lo que un individuo sabe hacer por haberlo aprendido socialmente es cultura. Todo lo que es por propia naturaleza, lo que hace de forma fundamentalmente biológica, lo que ha recibido genéticamente, es *natura*. La cultura incluye, pues, todo aquello que se transmite por aprendizaje y no se hereda genéticamente. Sin embargo, la cultura y la natura, el entorno social y la dotación genética no son realidades excluyentes, ya que la cultura humana necesita de nuestras capacidades genéticas y estas solo alcanzan su plena expresión y desarrollo dentro de la vida social, que en nuestro caso incluye la cultura. Por eso, puede definir el filósofo Jesús Mosterín la cultura como "*la información transmitida (entre animales de la misma especie) por aprendizaje social*".

Cuando una sociedad es lo bastante diversa o dinámica, su cultura puede verse fraccionada por diversas **subculturas**. Estas subculturas pueden formarse por medio de las diferencias generacionales (la moda de las quinceañeras comparada con la de sus madres), económicas (el ocio de los trabajadores frente al de la alta burguesía), étnicas (las costumbres de los inmigrantes respecto a las de los autóctonos), regionales (las tradiciones andaluzas y las valencianas), religiosas (la oración musulmana y la cristiana), etc., o por medio de una combinación de ellas.

En las sociedades modernas y complejas, aparece también un fenómeno conocido como la **contracultura**, que consiste en un conjunto de valores y actitudes que rechazan lo que sus defensores consideran los valores dominantes de la cultura en la que se encuentran. La contracultura apareció en los años sesenta, sobre todo en algunos lugares de Estados Unidos y Francia, como un movimiento social y en parte también político contestatario. Así, pongamos por caso, la contracultura rechaza el capitalismo, el consumismo, el militarismo y demás tendencias.

LA TRANSMISIÓN DE LA CULTURA

La cultura se transmite de una generación a otra por medio del proceso de **socialización o enculturación** (del que ya hemos hablado). Sin este proceso no habría continuidad cultural y cada generación tendría que comenzar de cero, por lo cual aún estaríamos en la prehistoria. Sin embargo, está claro que este proceso de transmisión de pautas culturales de una generación a otra no es un proceso de replicación completamente exacto. Siempre hay algunos cambios al pasar de una generación a otra y siempre existe la posibilidad de innovar. Para entender el proceso recurriremos básicamente a los conceptos de acumulación, innovación y difusión cultural.

Entendemos por **acumulación cultural** el proceso así como el resultado del conocimiento y el repertorio de soluciones culturales que una generación forja a partir del que recibe de las generaciones anteriores.

La **innovación cultural** es el proceso por el cual algunos de los miembros de una generación descubren soluciones culturales desconocidas para las generaciones anteriores, que por lo general son adoptadas por las generaciones posteriores gracias a su utilidad o conveniencia. Algunas sociedades son más innovadoras que otras, pero todos los descubrimientos e inventos de la humanidad, y todas las normas de conducta (aunque pueden tener un sustrato biológico) han sido en su momento productos de la innovación cultural.

En las sociedades modernas, desde los tiempos de la Revolución industrial hasta ahora, asistimos a un proceso creciente de innovación cultural, sobre todo en el ámbito científico-técnico, pero también en otros campos como el de la cultura en sentido estrecho o el de las costumbres. A partir de ahí se produce el fenómeno conocido como **abismo generacional**, que consiste en un distanciamiento de las referencias culturales de las distintas generaciones de una sociedad. Así, por ejemplo, los adolescentes actuales suelen tener unas referencias culturales (como el ordenador, la videoconsola, la *tribu urbana*, etc.) que pueden ser totalmente desconocidas para sus abuelos.

La socialización sirve para transmitir la cultura de una generación a otra dentro de una misma sociedad, pero hay otras veces en que los rasgos culturales se transmiten de una sociedad a otra. A este proceso se le llama **difusión cultural**. Para los antropólogos este fenómeno es tan frecuente que puede afirmarse que la mayoría de los rasgos culturales hallados en una sociedad se han originado en otra. De este modo, en España tenemos que la religión predominante (y las otras) procede del Oriente Próximo, que la lengua viene fundamentalmente de Roma (con importantes aportaciones léxicas del árabe), que el sistema político en última instancia tiene su cuna en Grecia, que una parte importante de nuestros alimentos los trajimos de América (como la patata, el tomate, el maíz o el cacao) o que casi toda la tecnología es importada.

Por lo demás, también hay veces en las que una cultura impone a otra parte de su acervo más o menos por la fuerza basándose en su mayor capacidad militar, política o económica. A este proceso se le denomina **aculturación**. De esta manera la cultura norteamericana lega a casi todo el mundo y desde luego a España, donde tenemos un gran conocimiento de sus marcas, películas, series televisivas, cantantes, deportistas y así sucesivamente.

Señalemos de paso que la terminología de las ciencias sociales no es demasiado uniforme (ya hemos visto algún caso en que hay más de un nombre para un mismo concepto, como el de grupo primario y asociación) ni tampoco demasiado precisa, y en ocasiones un término se utiliza para cosas muy distintas. Así, valga por caso, hay autores que emplean el término aculturación como enculturación.

NIVELES DE LA CULTURA

La cultura es un todo pero también tiene partes. A las unidades básicas en las que puede dividirse la cultura se las denomina **rasgos culturales**. Desde el punto de vista de la información, a veces se llama **memes** (por contraposición a *genes*) a las unidades elementales de información cultural. En cualquier caso, estas unidades culturales pueden ser relativas y muy heterogéneas, y solo tienen sentido si las integramos en configuraciones más amplias llamadas **complejos culturales**. A su vez un **complejo cultural** es un conjunto funcionalmente integrado de rasgos culturales que persiste como unidad en el espacio y en el tiempo. Como se ve, para entender un rasgo hay que saber lo que es un complejo y para entender un complejo hay que saber antes lo que es un rasgo. Por lo tanto, las definiciones anteriores son algo circulares y hay que tomarlas por su posible valor práctico y poco más. Así, si hablamos de comer, un rasgo cultural puede ser un tenedor frente a los palillos chinos, y si hablamos de cazar, puede ser una flecha frente a una bala. Sus respectivos complejos culturales son la cocina occidental frente a la china y la caza primitiva frente a la moderna.

Dicho esto, pueden distinguirse tres grandes niveles de la realidad cultural:

1º/ **Nivel simbólico**: es el conjunto de creencias, conceptos, valores y normas de una cultura. Ejemplos destacados son los preceptos morales, las normas jurídicas, los valores estéticos o las creencias religiosas.

2º/ **Nivel material**: son los productos físicos en los que se plasma una cultura, es decir, son la expresión material de los contenidos del nivel simbólico. Pueden incluir desde los edificios, hasta las obras de arte, pasando por los libros, los electrodomésticos, los automóviles o los ordenadores.

3º/ **Nivel de la acción social**: es el conjunto de comportamientos y hábitos sociales en los que se plasman los contenidos inmateriales del nivel simbólico. Pueden ir desde los rituales de cortejo hasta las normas de urbanidad, pasando por las tradiciones.

PLURALIDAD DE LAS CULTURAS

Nuestra especie procede de algún lugar del oriente del África subsahariana donde surgió hace unos 200.000 años. A su vez, somos la última especie y la única que queda del género *Homo*. Este comenzó su andadura en África hace unos 2'4 millones de años con la aparición de *Homo habilis*, que era una especie morfológicamente semejante a los australopitecinos de los cuales surgió, pero que tenía la capacidad de crear instrumentos hechos con piedras talladas por una sola cara que le servían para cazar y alimentarse. Este hecho, que por lo que sabemos por ahora era la primera vez que ocurría, es lo que hace que consideremos esta especie como la primera del género humano. A *Homo habilis* le sucedió *Homo ergaster*, que surgió hace aproximadamente 1'9 millones de años, también en África, que fue la primera especie de nuestro linaje que salió de este continente y de una de cuyas subespecies descendemos nosotros. Desde allí se extendió y reprodujo por Asia, hace unos 90.000 años, Europa, hace unos 35.000, y América, hace unos 20.000. Esta expansión dio lugar a la adaptación a muy diversos ecosistemas, desde los bosques tropicales monzónicos hasta las heladas tundras siberianas, pasando por los desiertos de Oriente Medio.

Este proceso creó a su vez muchas culturas. No sabemos cuántas han sido y la inmensa mayoría han desaparecido. A principios del siglo XXI se estima que había unas 6.000 o tal vez 7.000 lenguas en toda la Tierra, lo cual puede representar otras tantas culturas, aunque solo 300 de ellas tienen un futuro asegurado en las próximas décadas. Otras tienen muy pocos hablantes y cuando estos cambian de lugar de residencia y pasan a vivir en un lugar donde se habla otra lengua, acaban por dejar de usar la suya, sus hijos no la aprenden y esta termina por perderse. Por las mismas razones que asistimos en los últimos cien años a un proceso exponencial de pérdida de la biodiversidad del planeta, también se está produciendo un fenómeno de desaparición de muchas de las culturas ancestrales o tradicionales.

En este sentido, como señala con acierto el antropólogo norteamericano Wade Davis, el mensaje central de la antropología es *"that this world deserves to exist in a diverse way, that we can find a way to live in a truly multicultural, pluralistic world where all of the wisdom of all peoples can contribute to our collective well-being"*[9].

Dicho esto se plantea la cuestión de cómo se relacionan las culturas entre sí. Entre las culturas que tienen contactos mutuos hay distintas relaciones. Podemos señalar que estas pueden ser *equilibradas* o *desequilibradas*, según se den en términos de reciprocidad o no. También pueden ser cooperativas, neutras o antagónicas, según predomine la colaboración, no haya ningún signo predominante o sean sobre todo conflictivas. Un caso de relación *desequilibrada* y en el fondo profundamente antagónica ha sido el proceso de colonización, occidental y de otros pueblos, por medio del cual una cultura tiene más influencia sobre otra y además se aprovecha de ella.

De todas maneras, aunque las culturas sean muy distintas entre sí, los antropólogos han tratado de identificar elementos comunes a todas ellas, a los que se han denominado **universales culturales**. Entre estos —se han catalogado casi setenta— pueden mencionarse los adornos corporales, los calendarios, la organización social, la cocina, el trabajo en grupo, la cosmología, el cortejo, la danza, la educación, la escatología, la moral, la etiqueta social, el fuego, los ritos funerarios, la higiene, el tabú del incesto, el lenguaje, el matrimonio, la medicina o ritos religiosos. Lo que ocurre es que estos elementos pueden variar mucho de una sociedad a otra y de unas épocas a otras. Así, por ejemplo, no es lo mismo la cosmología de los nativos americanos que la de los científicos modernos, ni la manera de tratar a los muertos de los hinduistas, que los queman, que la de los cristianos o los musulmanes, que los entierran (aunque de manera distinta).

REFLEXIONES SOBRE LO ÉMIC Y LO ÉTIC

Aquí se plantea un serio y fascinante problema de la antropología y la sociología, el problema de lo que podemos llamar lo **émic** y lo **étic** siguiendo al antropólogo norteamericano Marvin Harris. Este caracteriza en su *Introducción a la antropología general* lo émic como el conjunto de *"descripciones o juicios concernientes a la conducta, costumbres, creencias, valores, etc., que mantienen los miembros de un grupo social como válidos y apropiados culturalmente"*. Lo *étic* es en cambio el conjunto de *"técnicas y resultados de hacer generalizaciones sobre los acontecimientos culturales, pautas conductuales, artefactos, pensamientos e ideologías que pretenden ser verificables objetivamente y válidos intraculturalmente"*.

Lo *émic* es la manera que un grupo o una etnia tiene de entenderse a sí mismo, a través de su historia, sus ritos, su religión, etc., y lo *étic* sería la

---

[9] http://www.ted.com/talks/wade_davis_on_endangered_cultures/transcript?language=en#t-599203

supuesta manera científica en que posiblemente otros lo estudiarían y entenderían.

A partir de ahí, solo habría un pequeño paso, que no es científico sino ideológico, para considerar que lo *étic* sería *el* método científico, el método válido, en tanto que lo *émic* podría perfectamente ser el método ingenuo en el mejor de los casos, o el bárbaro en el peor. Los extremos del dilema que se plantea son, pues, por un lado una suerte de *dogmatismo* científico-cultural y por otro el relativismo.

Sin duda es posible cierto grado de objetividad importante en el estudio científico de la cultura, aunque no todas las teorías antropológicas son válidas, pero parece igualmente claro que es errónea la lectura práctica, política, de esta idea que presupone la superioridad de lo *étic* sobre lo *émic*, complementada con la idea de que cierto grupo —la civilización occidental entendida en sentido amplio— posee las claves de lo *étic* en tanto que los otros, los no occidentales, los que aún no está asimilados, se han de contentar en el mejor de los casos con poseer modelos *émic* más o menos pintorescos. La fuerza de esta idea no reside en que se la defienda explícitamente, sino en que forma parte de manera implícita del modo tal vez predominante de ver las

cosas que nosotros profesamos en nuestra vida diaria.

Pretender explicarle a otra cultura —amenazada por el proceso de homogeneización mundial— cómo es ella misma por medio de la misma lógica que seguramente la esté convirtiendo por otro lado, en el mejor de los casos, en una pieza de museo o de reserva, parece algo de una innegable prepotencia intelectual y además peligroso en extremo. Harris no cae desde luego en esa tentación, sino que más bien, como la gran mayoría de los antropólogos, es un defensor de la pluralidad cultural: "*Desde un punto de vista* étic, *el universo de los sentidos, las intenciones, los objetivos, las motivaciones, resulta pues inalcanzable. Mas insistir en la separación de los fenómenos* émic *y* étic, *y las consecuencias estratégicas de la investigación no equivale a afirmar la mayor o menor realidad, o el status científico más elevado o más bajo, de ninguno de ellos*".

Pero hay que recalcar que lo importante no es que algunos antropólogos puedan profesar la idea de la superioridad de lo *étic* sobre lo *émic*, sino el hecho de que una versión de esto sea la coartada teórica de lo que a falta de nombre mejor podemos denominar la lógica de la dominación del complejo técnico y económico occidental.

Se cuenta del gran filósofo austríaco Ludwig Wittgenstein (1889-1951) que una vez asistió a una conferencia en la que se hablaba de cómo había comenzado y cómo se había desarrollado la industria minera en la región inglesa donde se hallaba, de cómo había supuesto un progreso en las condiciones de producción, aunque había dejado la zona llena de montones de chatarra.

En el debate Wittgenstein dijo que, cuando hay un cambio en las condiciones en que vive la gente, podemos llamarlo progreso porque abre nuevas oportunidades, pero en el transcurso del cambio pueden perderse oportunidades que había antaño. En un sentido es desarrollo pero en otro es declive. Un cambio histórico puede ser progreso y también retroceso. No hay un método definitivo para sopesar ambos que justifique hablar del *"progreso en general"*.

El conferenciante no entendía cómo el progreso puede ser también una ruina, a lo que Wittgenstein replicó: *"Precisamente lo ha descrito Ud. cuando habló de que la extracción del hierro y el carbón permitió a la industria desarrollar y a la vez ensuciar el valle con montones de escoria y vieja maquinaria"*. El conferenciante pensaba que eso no era razón para negar que hubiera habido en general un progreso: *"Con todos los aspectos desagradables de nuestra civilización, estoy seguro de que preferiría vivir como lo hacemos ahora a tener que vivir como el hombre de las cavernas"*. A lo que Wittgenstein replicó agudamente: *"Por supuesto que usted sí, pero ¿y el hombre de las cavernas?"*.

Así las cosas, lo que para nosotros puede ser *étic* (y a través de lo cual vemos lo *émic* de los otros), para estos otros puede ser simplemente *émic*. Lo *émic* y lo *étic* plantean en definitiva la cuestión más general del relativismo cultural, de la cual vamos a hablar más tarde.

UN CASO CONCRETO

Un ejemplo de explicación *émic* radicalmente opuesta a la explicación *étic* relacionado con el chamanismo mesoamericano se debe a Carlos Castaneda, uno de los grandes referentes intelectuales del movimiento contracultural de los años sesenta. Este, en su conocida obra *Las enseñanzas de don Juan: un modo yaqui de conocimiento* (1968) y en otras posteriores, recoge su aprendizaje como estudiante de antropología de los conocimientos de un viejo chamán yaqui del Estado de Sonora (México) llamado don Juan. En un determinado momento, el aprendiz está trabajando con ciertas sustancias alucinógenas muy potentes capaces de matar a una persona, en este caso la yerba del diablo (*Datura inoxia o Datura meteloides*), y como consecuencia de esto experimenta que ha volado y le pregunta a su maestro si ha sido efectivamente así. Ello da lugar a un aleccionador diálogo acerca de lo que supone toda una redefinición del sistema conceptual del futuro antropólogo, del concepto mismo de realidad y, por lo que aquí más nos incumbe, de algunas de las pautas del pensamiento racional y, por contraposición, del pensamiento mágico (o viceversa). Castaneda quiere saber si ha volado en realidad con su cuerpo y don Juan responde:

«—*Siempre me preguntas cosas que no puedo responder. Volaste. Para eso sirve la segunda porción de la yerba del diablo. Cuando tomes más, aprenderás a volar perfectamente. No es sencillo. Un hombre vuela con la segunda porción de la yerba. Es todo lo que puedo decirte. Lo que quieres saber no tiene sentido. Los pájaros vuelan como pájaros y el enyerbado vuela como tal.*

—¿Así como los pájaros?

—No, así como los enyerbados.

—Entonces no volé realmente, solo con la imaginación. ¿Dónde estaba mi cuerpo?

—En los arbustos —replicó cortante, pero inmediatamente se echó a reír—. El problema contigo es que solo entiendes las cosas de una manera (...)

—Ve, don Juan, Ud. y yo estamos orientados de distinta forma. Supongamos que uno de mis compañeros de estudios hubiera estado aquí conmigo, ¿me habría visto volar?

—Ya estás otra vez con tus preguntas sobre qué hubiera ocurrido si... Es inútil hablar de esa manera. Si un amigo, o cualquier otro, toma la segunda porción de la yerba del diablo, lo único que puede hacer es volar. Ahora bien, si simplemente te ha observado, puede que te haya visto volar o puede que no. Depende de la persona.

—Pero lo que quiero decir, don Juan, es que si Ud. y yo miramos un pájaro y lo vemos volar, coincidimos en que está volando. Pero si dos amigos míos me han visto volar tal como hice la otra noche, ¿coincidirán en que estaba volando?

—Podrían. Estáis de acuerdo en que los pájaros vuelan porque los habéis visto volar. Pero no coincidís sobre otras cosas que hacen, porque nunca los habéis visto haciéndolas. Si tus amigos supieran acerca del hombre que vuela con la yerba, coincidirían.

—Veámoslo de otra forma, don Juan. Lo que quiero decir es que si me hubiese atado a una roca con una pesada cadena, habría volado igual porque mi cuerpo nada tuvo que ver con ello.

Don Juan me miró con incredulidad: "Si te atas a una roca", dijo, "me temo que volarás levantando la roca con la pesada cadena"».

EVALUACIÓN DE LAS CULTURAS

¿Se pueden evaluar las culturas y comparar entre sí? Algunos autores consideran que no, pero nosotros entendemos que la respuesta es que al menos en algunos casos sí lo es, aunque no resulta una tarea fácil ni en la práctica ni en teoría, sobre todo porque no existe un punto de vista objetivo y neutral por encima de las culturas desde el que se puedan comparar.

Marvin Harris afirmaba en *Nuestra especie* (1991) que "*dado que todas las culturas sirven al mismo conjunto de necesidades, apetitos e impulsos humanos básicos, en todas partes los hombres suelen optar por alternativas similares. Este planteamiento de las diferencias culturales me parece mucho más esperanzador que el radical relativismo de aquellos colegas que creen que en la búsqueda del conocimiento sobre la condición humana es imposible trascender las diferencias culturales*".

Pero el problema reside en que no hay manera de explicar esas necesidades fuera de algún marco cultural, pues como dice el también antropólogo norteamericano Clifford Geertz, "*cualquier otra cosa que afirme la antropología —y parece haber afirmado casi todo en algún que otro momento—, se mantiene firme en la convicción de que el hombre, sin las modificaciones de las costumbres de los sitios concretos no existe, nunca ha existido y, lo que es más importante, no puede existir por la misma naturaleza de las cosas*".

Hay que encontrar entre ambas posturas un espacio que permita la comparación cultural. Hay algo así como la base común de la humanidad, algo no exclusivamente biológico pero invariante ante la diversidad cultural y de formas de vida.

Dicho esto hay dos enfoques límite predominantes a la hora de intentar evaluar una cultura. El primero es el etnocentrismo (*etno* en griego significa grupo, nación, raza), que es el más extendido de todos en la práctica. El **etnocentrismo** es la actitud que considera que la cultura propia (o el grupo de uno) es la correcta, la racional, la útil, la válida, la humana, y que las demás, en mayor o menor medida, no son correctas, ni demasiado útiles, ni muy válidas, e incluso hasta pueden ser irracionales e inhumanas. El etnocentrismo ensalza lo propio por ser propio e incluso rechaza o desprecia a veces lo ajeno por ser ajeno. Se fija pues en lo accidental y no en lo esencial, que es analizar cómo funciona lo propio y cómo funciona lo ajeno pues esto es una tarea mucho más compleja. Casos particulares de etnocentrismo más o menos agudo son el nacionalismo, el racismo, la xenofobia, el fundamentalismo religioso, etc.

El ***relativismo cultural*** fue formulado por primera vez por el filósofo griego Protágoras de Abdera en el siglo V a.C. Esta actitud considera que todas las culturas son igual de válidas. Se trata por tanto del extremo opuesto al etnocentrismo. Su inconveniente es que no nos orienta a la hora de elegir y lo mismo puede aceptar una cultura con determinadas prácticas que otra con las contrarias.

Como dice Jesús Mosterín en su obra *Filosofía de la cultura*: "*Desde el punto de vista filosófico, tanto el etnocentrismo como el relativismo son posturas incoherentes, como se ha señalado repetidamente. Baste aquí recordar que el etnocentrismo de un grupo refuta al de los demás y es incompatible con ellos, por lo que el etnocentrismo, en general, es lógicamente contradictorio. El relativismo pretende dar a su propia tesis relativista una validez no relativa, por lo que se autorrefuta*". Y añade acto seguido: "*En realidad todos los argumentos (que son sutiles y complejos, pero finalmente contundentes) que sirven para refutar el dogmatismo y el relativismo en epistemología son trasladables sin apenas cambios al etnocentrismo y al relativismo*".

Frente al etnocentrismo y al relativismo está el ***pluralismo cultural***. Admite que hay diversas culturas y que muchas de ellas pueden ser igualmente válidas. Por eso rechaza la afirmación de que "*las comparaciones holistas (totales) entre culturas carecen de sentido*" y de que "*la única posible comparación racional entre culturas es una comparación parcial, puntual*" (Mosterín). Siendo esto así, puede que no todas sean comparables, pero muchas sí lo serán. Se trata por tanto de una tarea posible aunque difícil. Sin embargo, no da por sentado que exista una que sea la mejor de todas y menos aún que esa sea precisamente la propia. Considera también que las culturas no tienen por qué ser inconmensurables entre sí y que puede haberlas mejores y peores, bien parcial bien globalmente. De hecho entre la comparación puntual de rasgo cultural a rasgo cultural y la comparación total hay un espacio muy amplio abierto al análisis.

X.- CAMBIO Y PROGRESO

"Esta difusión cultural [occidental] de amplitud mundial nos ha impedido, como nunca le ha ocurrido antes al hombre, tomar seriamente la civilización de otros pueblos; ha dado a nuestra cultura una universalidad compacta que hace tiempo hemos dejado de considerar como histórica, y a la que miramos más bien como necesaria e inevitable", Ruth Benedict: *El hombre y la cultura* (1932).

Es un hecho ampliamente constatado que las sociedades cambian, lo cual induce a plantear la cuestión de si también evolucionan y progresan, y en qué sentido lo hacen. Como dice Salvador Giner, el problema principal en el campo de la evolución humana consiste en aclarar si los procesos que han conducido del estado animal al estado cultural primitivo y de este al estado civilizado obedecen o no a ciertos estadios regulares. La opinión del *sentido común*, que constituye la cosmovisión propia de nuestra época y que también comparten algunos científicos, es que sí evolucionamos, al menos culturalmente, y progresamos.

Analizaremos en qué medida hablar de evolución biológica y cultural supone hablar de progreso y por último en qué sentido cabe hablar de progreso en la sociedad humana, sobre todo en los últimos tres siglos, que es cuando aparece dicha idea en nuestro tiempo.

EVOLUCIÓN Y PROGRESO

El término «evolución» connota la idea de transformación o de desarrollo temporal, y se aplica a los más diversos ámbitos: biológico, histórico, político y demás. El más influyente es el sentido biológico, según el cual —como descubrió Charles Darwin a mediados del siglo XIX— la evolución es el proceso por el cual los individuos que tienen características hereditarias ventajosas dejan (en promedio) más descendientes que los que carecen de ellas. La idea culturalmente recibida es que la evolución es un proceso que va marcando un progreso, un proceso que gracias a la adaptación al medio va creando una escala de complejidad cada vez mayor.

Aunque en cierto sentido haya aumento de la complejidad en muchísimas especies de seres vivos, entre los críticos más destacados a la idea de que la evolución implica progreso se encuentra el paleontólogo Stephen J. Gould, que aduce que la selección natural no es la única causa del cambio evolutivo (también la hay por puro azar) y que este no es más que un proceso de adaptación local y a corto plazo. Para él, la característica más notable de la vida no ha sido la aparición de nuestra especie, que se debe al resultado fortuito de millones de acontecimientos contingentes: *"El hombre no apareció en la Tierra porque la teoría evolutiva*

prediga su presencia fundándose en axiomas de progreso y complejidad neural creciente. Los seres humanos surgieron, por contra, en virtud de un resultado fortuito y contingente de millones de acontecimientos trabados, cada uno de los cuales pudo haber tenido lugar de manera diferente y haber dirigido la historia hacia una senda alternativa que no hubiera conducido a la conciencia".

Somos producto de una larga historia y de un sinfín de contingencias. Como los cambios geológicos y ecológicos que se produjeron en África Oriental, sin los cuales el bipedismo (y lo que vino después) no habría sido una adaptación evolutiva tan exitosa. O mucho antes la extinción que dio paso al predominio de los mamíferos sobre los dinosaurios, o las otras grandes extinciones masivas, etc. Si la historia de la vida comenzase de nuevo, lo más probable es que fuese bastante distinta a como de hecho es y que una especie en concreto, como puede ser la nuestra, con toda su complejidad, no volviese a aparecer. Por lo tanto, no es demasiado fiable suponer que nosotros progresamos por el hecho de que evolucionemos, porque se puede evolucionar sin progresar en absoluto, como hacen miles de millones de cepas de microorganismos cada día: hay bacterias que se reproducen por fisión celular cada veinte minutos, por lo que un día dan lugar a setenta y dos generaciones.

EVOLUCIÓN SOCIAL Y CULTURAL

En el género *Homo* la posición bípeda supuso la liberación de las manos. Esta a su vez permitió la adquisición de una destreza manual muy superior. La misma posibilitó un aumento de la capacidad intelectual por varias razones como la disminución del aparato masticador, desaparición de la cresta sagital y de los músculos adheridos a ella, aumento de la capacidad endocraneal y mayor actividad neuronal.

Nuestra especie no solo evoluciona en sentido biológico, sino que también lo hace en sentido social y cultural. Ser una especie social favorece tener más inteligencia. El sorprendente aumento de la capacidad endocraneal a través de la historia del género *Homo* no se entiende por la simple necesidad de alimentarse, sino de adaptarse a una realidad social muy compleja en la que hay que tener en cuenta las intenciones, los impulsos, el *status* de los demás miembros del clan, etc. La inteligencia de los homínidos se desarrolló en gran medida como inteligencia social.

Además, nuestra especie no solo se adapta al medio, sino que con semejante fuerza (o a veces con más) adapta el medio a sus necesidades. Por eso, valga por caso, construimos puentes para cruzar ríos infranqueables, aviones para elevarnos de la tierra o antibióticos para luchar contra las enfermedades infecciosas. No comprendemos aún del todo las complejas relaciones entre la naturaleza y la cultura, pero en los últimos años se están haciendo grandes progresos en este sentido que la sociología haría bien en estudiar.

A partir de ahí cabe suponer que ha habido progreso y cabe pues preguntarse en qué sentido lo es. A eso trataremos el resto de este tema.

EL IDEAL DEL PROGRESO

El ideal del progreso tal como lo conocemos es una idea ilustrada. El pensamiento ilustrado supone un replanteamiento de la noción de progreso. Los ilustrados, impresionados por los avances de la época, tienen en general una concepción positiva del progreso, aunque hay excepciones como Jean-Jacques Rousseau, que consideraba que la civilización era perjudicial para el ser humano y que este se encontraba mejor en su originario estado de naturaleza.

Los principios fundamentales de los ilustrados acerca del progreso se resumen en tres:

1º/ La humanidad ha avanzado a lo largo de la historia de modo **progresivo** y así seguirá haciéndolo si hace uso de la razón frente a la ignorancia, la superstición y los prejuicios.

2º/ El progreso no siempre ha sido regular y constante, pero a largo plazo siempre ha arrojado un **saldo positivo**, especialmente en el presente. El factor principal de este avance es la educación y el conocimiento. El filósofo francés Helvetius, por ejemplo, consideraba que las diferencias entre los seres humanos se debían exclusivamente a la educación. Pensaba que los seres humanos nacen ignorantes, pero no estúpidos. Se hacen estúpidos por la educación cuando esta es mala.

3º/ El progreso es en general **convergente**, esto es, apunta a una misma dirección. El modelo de este progreso es la sociedad europea de la época, con sus instituciones sociales, políticas, económicas o académicas. La humanidad es una, pero el salvaje y el hombre civilizado se encuentran en estadios de desarrollo muy diferentes, en momentos de progreso distintos.

El filósofo francés Condorcet (1743-1794) es tal vez el pensador ilustrado que tiene una concepción más optimista de la historia y del progreso. Para él, la idea de progreso es la idea principal de la historia humana. Dada nuestra naturaleza y nuestras capacidades, el progreso es ilimitado, ininterrumpido y sin retrocesos. Considera que no solo no hay incompatibilidad entre el progreso científico y el moral, sino que ambos se dan en armonía. La meta del progreso humano está en la consecución de la verdad, la felicidad y la igualdad política de los seres humanos y de los pueblos. Para él, como ya hemos indicado, nuestra capacidad de perfeccionamiento es ilimitada. La base del progreso está en la ciencia y en la técnica, en cuyo centro se encuentra la razón.

En el siglo XIX, Auguste Comte creía en que había una evolución lineal y necesaria en la historia de la humanidad definible en tres estadios (de los que ya hemos hablado). Poco después el influyente antropólogo norteamericano Lewis H. Morgan (1818-1881), fundador de esta disciplina, también expresaba la idea de que la humanidad evolucionaba de manera lineal, pasando del *salvajismo* y la *barbarie* a la *civilización*.

A mediados del siglo XX, Leslie A. White (la figura más destacada y controvertida de la antropología norteamericana del momento), pensaba que cabía hablar inequívocamente del progreso general de la humanidad a partir de la evolución experimentada en el campo de la tecnología. Sin embargo, este progreso no poseía connotaciones morales, pues consideraba que las sociedades más sencillas son mejores para los seres humanos que las sociedades complejas, algo que en cierto modo también creía Durkheim.

Como sugiere esto, hoy se da un replanteamiento crítico acerca de la validez de las ideas ilustradas. El siglo XIX fue por lo general una prolongación efectiva de algunas de estas ideas. Apareció la Revolución industrial, lo que supuso una transformación radical de los modos de producción y el incremento de la riqueza y en el campo de la ciencia hubo un desarrollo constante que parecía dar la razón a los ilustrados acerca de nuestras capacidades intelectuales.

Sin embargo, desde las últimas décadas del siglo XX, nos hemos comenzado a dar cuenta de las limitaciones que tiene este modelo de *desarrollo* económico, técnico, colonizador, etc. Así, tras la Segunda Guerra Mundial, comenzaron los procesos de independencia de las colonias más importantes de las potencias occidentales en Asia y África. Luego apareció en los años setenta el movimiento ecologista, que nos viene a decir que el consumo ilimitado es una peligrosa e innecesaria falacia, ya que estamos agotando los recursos naturales y contaminando el medio ambiente de modo muy peligroso e irreversible.

Una de las obras pioneras en la crítica al proyecto ilustrado, desde posiciones que tratan de asumir sus valores, se debe a Max Horkheimer y Theodor Adorno, filósofos creadores de la Escuela de Frankfurt. En su obra *La dialéctica de la Ilustración* (1947), por ejemplo, muestran cómo la razón ilustrada, que pretendía terminar con todos los mitos, se ha acabado por convertir en el más poderoso de los mitos y, por tanto, en el más peligroso, puesto que ya no hay otras alternativas que le hagan sombra y puesto que se encuentra al servicio de la dominación y no de la emancipación.

Por lo tanto, tras este breve recorrido, para ver en qué sentido hay *progreso* consideraremos las cuatro funciones principales que posee la sociedad (económica, política, cultural y normativa).

PROGRESO TECNOLÓGICO Y ECONÓMICO

Con el desarrollo de la tecnología podemos hablar en un sentido bastante nítido de progreso. En los últimos doscientos cincuenta años, desde la Revolución industrial, ha habido un avance espectacular en los transportes (tren, automóvil, avión), la energía (máquina de vapor, electricidad, motor de combustión, reactores nucleares), las comunicaciones (telégrafo, teléfono, televisión, Internet), la medicina (antisépticos, antibióticos, terapias genéticas) y otros ámbitos.

Sin embargo, ni siquiera en este terreno se está libre de toda duda. Gran parte del desarrollo técnico posee inconvenientes cada vez más manifiestos. El más destacable de todos es la degradación masiva e irreversible del medio ambiente. Vivimos en un mundo más contaminado que nunca en el que algunos recursos naturales comienzan a escasear y en el que se producen fenómenos como el calentamiento global que pueden tener consecuencias negativas difíciles de prever. Pero también en campos como la bioética se plantean graves interrogantes como por ejemplo el de la manipulación genética o el de hasta qué punto se debe prolongar artificialmente la vida.

A esto es a lo que se refería el sociólogo alemán Ulrich Beck (1944-2015) con su teoría sobre la **sociedad del riego**, de acuerdo con la cual el propio desarrollo tecnológico que intenta protegernos de los riesgos naturales, como las inundaciones, las sequías o los terremotos, produce a su vez unos riesgos artificiales que pueden ser tan peligrosos o más que los otros. Un ejemplo es el del accidente de la central japonesa de Fukushima en 2011. La central producía energía nuclear con la cual abastecía a una parte de un país con escasos recursos energéticos y fue dañada por un gran tsunami de 8′9 puntos en la escala Richter que causó la muerte de más de treinta mil personas. Pues bien, el seísmo afectó a la estructura de la central, a pesar de todas sus medidas de seguridad, y puso en peligro a millones de personas que vivían en los alrededores.

Con la economía sucede algo semejante a lo que hemos mencionado sobre la técnica. En términos globales el mundo es ahora más rico que en el pasado y, sin embargo, las diferencias entre ricos y pobres, tanto individual como nacionalmente, hasta hace poco eran mayores que nunca. Cada vez había más pobres (también por el efecto demográfico) y muchos de estos cada vez eran más pobres: en el último cuarto del siglo XX se dobló el número de pobres extremos de la Tierra, entendiendo aquí por tales los que subsisten con un dólar y medio o menos al día. Por otro lado, los ricos cada vez eran más ricos y, sin embargo, en las sociedades opulentas parece que la gente cada vez necesita más bienes materiales y se siente menos satisfecha. Sin embargo, hay que señalar asimismo que esta situación ha cambiado en lo que llevamos de siglo (e incluso antes) debido al fuerte crecimiento económico de países muy poblados, como China, la India o Brasil.

Aparte de esto, al igual que sucede con el desarrollo tecnológico, el desarrollo económico tiene unos costes medioambientales irreparables. Además, en las sociedades opulentas gran parte del consumo es *sobreconsumo*, esto es, **consumo superfluo** o lo que el economista norteamericano Thorstein Veblen (1857-1927) denominaba **consumo ostentoso** en su *Teoría de la clase ociosa* (1899), que es el tipo de consumo cuya función es sobre todo resaltar el *status*. De este modo, el que tiene dos automóviles y se compra un Jaguar no lo hace por necesidad sino para destacar socialmente y al que se compra un reloj de 3000 euros en vez de uno de 150 le ocurre lo mismo.

Por lo tanto, se observa que tampoco el criterio del progreso económico está libre de serias dudas. Por un lado, en la **sociedad de consumo** parece que nunca hay bastante para sentirse satisfechos y, por otra, buena parte de la humanidad, acaso la mayoría, vive aún en la pobreza en un mundo más rico que nunca.

PROGRESO POLÍTICO Y ÉTICO

Se puede decir que ha habido un gran progreso político en las ideas y en parte también en los acontecimientos sociales, políticos y morales desde la Ilustración hasta nuestros días. En esa época ocurren acontecimientos políticos tan importantes como la Revolución inglesa y la Declaración de Derechos (1688-9), que relegan al rey en favor del Parlamento. La Revolución francesa (1789), que acaba con la monarquía e instaura un régimen asambleario, y la Declaración de Derechos del Hombre y el Ciudadano. La Declaración de

Independencia de los Estados Unidos de América (1776) y su Constitución (1789), la más antigua de cuantas hay hoy vigentes.

Estos hechos sientan las bases de buena parte de la democracia actual. Con más o menos imperfecciones, desde entonces hasta ahora hay numerosos países democráticos con un Estado de derecho, como Estados Unidos, Canadá, la mayor parte de Europa, Japón, Australia y Nueva Zelanda, y otros países se incorporan a la democracia como Sudáfrica, La India, Tailandia, o México, Argentina o Chile.

Quedan algunas dictaduras atroces, como China, Birmania, Afganistán, Corea del Norte, Cuba, Libia, Guinea Ecuatorial, Siria, etc. Y hay otros muchos países en los que se celebran elecciones pero de una manera poco imparcial y libre de presiones, como en casi toda África, y partes de Hispanoamérica y Asia.

En 1948 se aprobó la Declaración de Derechos Humanos por la mayoría de los países de la Organización de Naciones Unidas (ONU). Ningún país votó en contra pero algunos se abstuvieron. Desde entonces pocos son los Estados que la rechazan abiertamente, aunque algunos gobiernos la interpretan como quieren. Sin embargo, en el caso de conflictos internacionales no hay organismos supraestatales con suficiente capacidad de intervención y decisión como para hacer que se cumplan las resoluciones de las Naciones Unidas.

Aunque en algunos casos se interviene, como sucedió para tratar de frenar el genocidio del dictador Slodoban Milosevich en la antigua Yugoslavia, la invasión de Kuwait por parte del dictador Sadam Hussein o la represión del líder libio Muamar el Gadafi contra su pueblo, en otros muchos no se hace nada, sobre todo cuando el país es poderoso. Esto ocurre con China y su invasión 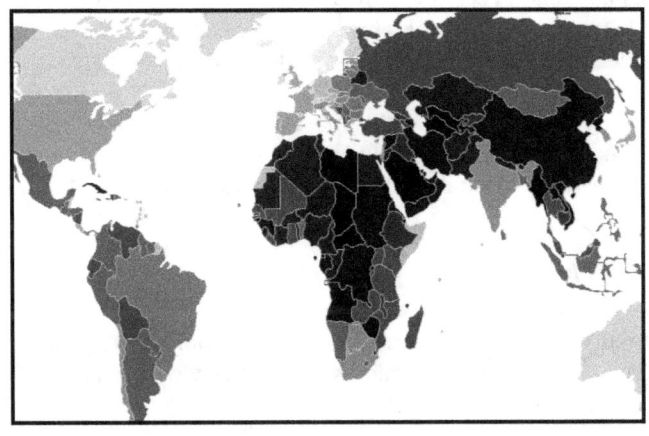 del Tíbet desde 1959, con Israel, que nunca ha respetado las resoluciones de la ONU para la partición de Palestina en un Estado judío y otro árabe-palestino, o con Bashar al-Asad en Siria. Por otra parte, a nivel jurídico, hay una preocupación y una sensibilidad creciente por ampliar los derechos de los ciudadanos. Así, a los derechos políticos (como la libertad de expresión o el voto), se le añaden los derechos sociales (como el derecho al trabajo, a la salud o a la educación), los derechos civiles, que son una extensión de los derechos políticos de primera generación, y los derechos de los pueblos y las generaciones futuras.

Po eso no es de extrañar que el distinguido psicólogo Steven Pinker, de la Universidad de Harvard, afirme en su estudio *Los ángeles que llevamos dentro* (2012) que nuestra época es la menos violenta y cruel de cuantas ha conocido la humanidad a lo largo de su historia en todos los ámbitos imaginables y que nunca ha habido menos guerras, genocidios, represión o terrorismo que en la actualidad.

Por lo tanto ha habido un progreso político importante en términos de derechos humanos en los últimos doscientos años, pero también es cierto que para algunos expertos el siglo XX ha sido el más atroz de toda la historia —entre otras razones por el desarrollo de la tecnología bélica— y que a menudo el reconocimiento de la democracia es puramente nominal. Dicho esto esperemos que el siglo XXI sea mejor.

Por otro lado, puede decirse que ha habido un aumento de la sensibilidad moral a lo largo de la historia y que este ha sido uno de los factores que más han impulsado el cambio político y jurídico. En 1864 se estableció la Convención de Ginebra por la cual se prohibían ciertas acciones en la guerra como disparar a los heridos. La esclavitud ha sido un hecho bastante común en la historia humana, pero en 1926 fue abolida por el Convenio Internacional de Ginebra. Las mujeres han comenzado a poder votar a partir de principios del siglo XX. La pena de muerte se ha abolido en bastantes Estados.

Ahora bien, estos y otros logros se han alcanzado gracias al esfuerzo y al sacrificio de muchos seres humanos, y en muchos casos su situación es muy precaria. Así, por ejemplo, aún se utilizan minas antipersona en muchos países en guerra, aún hay esclavitud en ciertos países (como Sudán), muchísimas mujeres no tienen reconocidos sus derechos y son objeto de prácticas atroces (como la mutilación genital femenina que afecta a unos 140 millones en ciertos países de África) y muchos millones de niños viven privados de los cuidados propios de la infancia.

Dada la importancia del tema de la mujer, le dedicaremos un capítulo íntegro más adelante y desde luego animamos al lector a que se acerque por sí mismo al estudio de cuáles son los problemas globales de la infancia[10].

LA POLÍTICA COMO VOCACIÓN SEGÚN WEBER

¿Cuál es la relación entre la ética y la política? ¿Es igual la moral en la actividad política que en otras esferas de la vida pública? ¿El fin justifica los medios? Esto nos conduce al problema por antonomasia de lo que se conoce con el nombre *razón de Estado* o *Realpolitik*, es decir, al problema de la acción política basada en los intereses propios del poder y en la fuerza, en vez de en consideraciones de tipo moral o idealistas.

Estas son algunas de las cuestiones más complejas que se han planteado en la filosofía política desde al menos los tiempos de Nicolás Maquiavelo, durante el Renacimiento, y en el ámbito de la filosofía clásica alemana, que Weber conocía bien, estas cuestiones las han abordado pensadores como Inmanuel Kant y Georg W. F. Hegel, que adoptaron posiciones contrapuestas

---

[10] http://www.unicef.org/spanish/

pero que en cualquier caso le confirieron un grado de análisis excepcional. Lo que vamos a estudiar en este apartado es la reflexión weberiana sobre el tema, que es uno de los capítulos más profundos y brillantes de su obra y a decir verdad de la historia de la sociología.

Kant cita el lema *"Fiat justitia et pereat mundus"* (*"Hágase justicia y perezca el mundo"*) en su opúsculo *Sobre la paz perpetua* (1796), donde lo considera un excelente principio del derecho capaz de cortar todos los atajos previstos por la perfidia de la violencia. Las máximas políticas no se deben basar en la felicidad que puedan proporcionarle al Estado, sino en la noción pura de *deber del derecho*, cualesquiera que sean las consecuencias que se deriven de ello. Kant estudia la antinomia que se da entre la moral y la política, y analiza varios casos. Supongamos que un Estado llega a un acuerdo con otro, pero que luego se derive una amenaza de su cumplimiento para dicho Estado, entonces ¿qué ocurre si falta a su palabra? Según Kant, que actúa injustamente. Y lo mismo sucede cuando un Estado se rearma excepcional y

amenazadoramente, y sus vecinos se unen y lo atacan de manera preventiva.

En cambio, Hegel adopta en la *Fenomenología del espíritu* (1807) un punto de vista contrario. Distingue entre la *moralidad* sin más, que no rebasa el ámbito restringido de la individualidad y su inefectividad, y la *eticidad*, que es la realización de la moralidad en formas históricas que culminan en la constitución del Estado. El curso del mundo para este autor no puede sino acabar con la derrota de la virtud misma. El curso del mundo siempre tiene razón y el esfuerzo de la persona moral, que en Kant cifraba el límite más alto de la dignidad humana, en Hegel aparece como falto de sentido.

Por su parte, Weber estableció para contestar dichas preguntas una diferencia, que se ha convertido en clásica, en su conferencia *La política como vocación* entre la ética de la convicción y la ética de la responsabilidad. La *ética de la convicción* es la ética evangélica, tal como se expresa por ejemplo en el Sermón de la Montaña. Se trata de un imperativo incondicionado que nos ordena darlo todo a los pobres, no resistir la violencia con la violencia o decir siempre la verdad. En cambio, el político se guía por el imperativo opuesto: resistir el mal con la fuerza, ya que de lo contrario nos haríamos responsables de su triunfo. Sin embargo, la ética absoluta de la convicción ni siquiera se pregunta por las consecuencias de sus acciones.

Cualquier acción éticamente orientada se ajusta a una de estas dos máximas distintas e irreconciliables entre así: la ética de la convicción (*Gesinnungsethik*) y la ética de la responsabilidad (*Verantwortungsethik*). No es que la ética de la convicción sea idéntica a la falta de responsabilidad, o la ética de la responsabilidad a la falta de convicción, pero hay una diferencia abismal entre obrar según la máxima de la *ética de la convicción* —que se centra en obrar bien con independencia de las consecuencias previsibles de las acciones— y obrar según la *ética de la responsabilidad* —que ordena tener en cuenta las consecuencias previsibles de las propias acciones—.

Cuando las consecuencias de una acción realizada conforme a la ética de la convicción son malas, quien las lleva a cabo no se siente responsable, sino que responsabiliza a los demás, a las circunstancias o al mundo. Por el contario, quien actúa conforma a la ética de la responsabilidad, tiene en cuenta todos los defectos de los seres humanos y del mundo. Sin embargo, ninguna ética del mundo puede eludir el hecho de que en muchos casos para conseguir unos fines buenos hay que utilizar medios moralmente dudosos, con consecuencias colaterales negativas, ni tampoco puede decidir cuándo y en qué medida un fin moralmente bueno justifica los medios y las posibles consecuencias colaterales moralmente peligrosas.

La singularidad de los problemas éticos que plantea la acción política está determinada exclusivamente por el uso social de la violencia legítima, pues el medio decisivo de la acción política es la violencia. Weber considera que el problema de la justificación de los medios a través de los fines parece suponer la quiebra de cualquier ética de la convicción, que siempre condena las acciones que utilizan medios moralmente peligrosos. Quienes actúan según la ética de la convicción no soportan la irracionalidad moral del mundo y se convierten en *racionalistas cósmico-éticos*.

No se pueden meter en el mismo saco la ética de la convicción y la ética de la responsabilidad, del mismo modo que no se puede decretar éticamente qué fines justifican qué medios cuando se quiere hacer alguna concesión a ese principio. Weber recuerda que su colega F. W. Forster cree que la solución a este dilema radica en reconocer que del bien solo puede seguirse el bien y del mal solo puede seguirse el mal. Sin embargo, tanto la experiencia cotidiana como la historia universal, incluida la historia de las religiones, desmienten ese supuesto. Lo atestigua *el problema original de la teodicea*: ¿cómo puede un ser infinitamente bueno y poderoso haber construido un mundo donde campan a sus anchas la injusticia y el sufrimiento? O bien ese creador no es todopoderoso o bien no es bondadoso, o bien la vida está regida por unos principios de equilibrio y castigo que solo se pueden interpretar metafísicamente o que se sustraen para siempre al alcance de nuestras interpretaciones.

De acuerdo con Weber, que era experto en historia de las religiones, *el problema de la irracionalidad del mundo* ha sido la fuerza que ha impulsado todo el desarrollo religioso. Es el caso de la doctrina hinduista del *karma*, del antiguo dualismo persa, de la idea cristiana del pecado original, de la teoría protestante de la predestinación o de la idea del *Deus absconditus*.

Weber entra en un nivel nuevo profundidad y nos cuenta que el mundo está regido por demonios y que quien se mete en política, es decir, quien acepta utilizar el poder y la violencia que le es inherente, ha sellado un pacto con el Diablo, de modo que ya no es cierto que de sus acciones se desprende que de lo bueno solo se sigue lo bueno y de lo malo solo se sigue lo malo, sino que con frecuencia ocurre lo contrario: todas las religiones han tenido que enfrentarse con este problema con mayor o menor éxito.

Quien quiera imponer sobre la tierra la justicia absoluta valiéndose del poder, necesita de seguidores y, a partir de un cierto tamaño, de un cierto *aparato* organizativo. Mas para que funcione este aparato, el líder tiene que ofrecerle recompensas apetecibles. En el caso de la lucha de clases, el líder revolucionario tiene que ofrecerle a sus seguidores una satisfacción del deseo de revancha y de conquista del poder. El líder político necesita para poder triunfar del funcionamiento de ese aparato y, por eso, también depende de los *motivos* del mismo y no solo de los suyos propios. En dichas condiciones, el resultado de la acción política no depende únicamente de él, sino que le viene impuesto por los seguidores. En toda jefatura sometida a un aparato (y en todo aparato sometido a una jefatura), el resultado es un empobrecimiento espiritual.

Quien hace política pacta con los poderes diabólicos que acechan en torno al poder. Quien busque la salvación de su alma y la de los demás, que no lo haga por el camino de la política, cuya tarea, que es muy otra, solo puede cumplirse mediante el uso de la fuerza. Todo lo que se persigue a través de la acción política, que se sirve de medios violentos y opera con arreglo a la ética de la responsabilidad, pone en peligro la "*salvación del alma*". Sin embargo, pese a todo lo dicho, Weber admite que nadie puede establecer si hay que actuar conforme a la ética de la responsabilidad o conforme a la ética de la convicción, o cuándo hay que hacerlo de acuerdo con una y cuándo de acuerdo con la otra.

Weber pronunció la conferencia *La política como vocación* a principios de 1919, cuando Alemania acababa de ser derrotada en la Primera Guerra Mundial y se cernían sobre ella las capitulaciones establecidas poco después en el Tratado de Versalles, que le impusieron unas condiciones muy duras al país, y en un momento señala: "*Lo que tenemos ante nosotros no es la alborada del estío, sino una noche polar de una dureza y una oscuridad heladas*".

En ese contexto histórico, Weber valora, más que a quienes se guían por una ética de la convicción y son indiferentes a las consecuencias de sus acciones, a quienes por el contrario son personas responsables que sienten con toda su alma el peso de la responsabilidad y que llegados a cierto punto dicen: "*Ya no puedo más*". Desde este punto de vista, la ética de la convicción y la ética de la responsabilidad, a pesar de lo que había dicho antes Weber, no son completamente opuestas para él y han de estar presentes en el verdadero político.

La política consiste en una dura y prolongada penetración a través de resistencias tenaces para las que se requiere a la vez pasión y mesura, y solo quien está seguro de no quebrase cuando, desde su punto de vista, el mundo se muestra demasiado estúpido o abyecto para lo que él ofrece, solo quien es capaz frente a eso de oponer un *sin embargo*, solo alguien así posee auténtica vocación para la política.

De esta manera cierra Weber su brillante y profundo análisis sobre un tema tan importante y complejo, que como hemos visto tiene tras sí una larga tradición que está lejos de haberse agotado aún.

PROGRESO CULTURAL

En algunos aspectos el progreso cultural de la humanidad también es innegable. El caso paradigmático es el de **la ciencia** desde el siglo XVI hasta

nuestros días. Pero tratar de establecer en qué sentido progresa la cultura en general es muy complicado, porque se trata de una realidad muy diversa.

Con el Renacimiento comienza un desarrollo de la ciencia y del saber que dio lugar algo más de un siglo después a la Revolución científica, cuyas dos grandes figuras fueron Galileo Galilei, que además de un gran astrónomo es el fundador de la física experimental, e Isaac Newton, que supone la culminación de la ciencia moderna. Desde entonces la ciencia no ha hecho más que crecer y esto ha sido especialmente manifiesto en el siglo XX, en el que se han realizado más aportaciones a la ciencia que en el resto de la historia de la humanidad. Se estima que a finales del siglo XX el volumen de conocimientos científicos se doblaba cada década y es de prever que la tendencia siga por ahí a lo largo del siglo XXI.

En otras facetas de la cultura también ha habido progreso, pero no de una manera tan espectacular. En **el arte** se han dado muchos movimientos estéticos, lo que ha contribuido a su riqueza, aunque hay autores que rechazan categóricamente la idea de progreso en el arte. Como Ernst Gombrich, que afirma que "*la historia del arte no es una historia del progreso de los perfeccionamientos técnicos, sino una historia del cambio de ideas y exigencias*".

Por otro lado, no obstante, el arte contemporáneo se encuentra bastante desorientado entre tantas tendencias. Como dice Félix de Azúa en su obra *Baudelaire y el artista de la vida moderna* (1991):

"*Al valorar como algo esencial la originalidad, la expresión de un alma o de una diferencia individuales, la pintura quedaba fundada por la firma del*

114

pintor. Y esa firma era exclusivamente formal, una nueva técnica combinatoria capaz de construir mundos técnicamente inéditos. En unas décadas el proceso se aceleró de modo asombroso. Cien años más tarde solo quedaba un catálogo de iniciativas técnicas (...) Como si la imaginación plástica del siglo XX fuera un museo de posibilidades, de ensayos antes de comenzar a pintar. O, como dice Heidegger, como si se afilara continuamente un lápiz con el que nadie sabe escribir una sola palabra. La pintura ha alcanzado su autonomía, y como a la literatura, la libertad la ha paralizado. Si la literatura es hoy un bostezo de Beckett, la pintura es ese cartel colgado de un marco vacío en donde puede leerse: "esto es una pintura". La literatura, la pintura, la música, reinas de una patria desierta, deben buscar nuevos súbditos o pegarse un tiro. El hombre ha visto su alma hecha objeto y se ha reconocido como un garabato, una tachadura, un arabesco coloreado, algo tan próximo al balbuceo de un recién nacido como para producir escalofríos".

En fin, aunque la cultura tiene otras manifestaciones además de la ciencia y el arte, basten estas para mostrar que en algunos casos cabe hablar claramente progreso y en otros tal vez no tanto, salvo en el caso de un mayor acceso de la población a los bienes culturales, lo que desde luego es mucho, que podemos contemplar bien de manera directa, en exposiciones que llegan cada vez a más público, bien mediante la consulta a través de Internet, que contiene bases de datos excepcionales.

UN CASO DE REGRESIÓN SOCIAL

Hay veces que una sociedad no solo no progresa, sino que de hecho sufre una involución o regresión. Es lo que suele pasar con los grandes imperios cuando desaparecen sin haber sido incluidos o subsumidos dentro de otros. Eso fue lo que le ocurrió al Imperio romano a partir del siglo V. Su parte occidental se desintegró al caer Roma y su parte oriental, cuya capital era Constantinopla, aunque perduró hasta el siglo XV, se fue debilitando poco a poco en un largo proceso de decadencia y del mismo hoy queda muy poco.

Un caso llamativo de lo cruel que puede ser la historia de los pueblos sucedió en la isla de Pascua o Rapa Nui, conocida por sus célebres moáis o gigantescas estatuas de rostros humanos: se trata de las famosas estatuas de la isla de Pascua. Rapa Nui se encuentra en el sur del Pacífico, a más de tres mil kilómetros al oeste de las costas de Chile y a otros dos mil de la isla con seres humanos más próxima.

Rapa Nui fue habitada por primera vez por seres humanos en el siglo V, cuando desembarcó un grupo de navegantes polinesios de algún lugar remoto del océano. El sitio era muy rico en animales y plantas, y esta población de viajeros creció bastante con el paso del tiempo. Es probable que superasen holgadamente los diez mil habitantes, lo cual es mucho para una isla de solo 118 km². Llegaron a alcanzar un gran desarrollo técnico y social, pues fueron capaces de construir seiscientas estatuas de gran belleza y tamaño (cada una pesa del orden de veinte toneladas).

Sin embargo, el lugar era pequeño, la población creció demasiado y acabó con las riquezas naturales (sus principales bosques, especies y demás recursos). Como consecuencia, la sociedad de Rapa Nui se colapsó y desde al menos el siglo XVI se desencadenaron varias luchas internas entre sus pobladores. Los primeros navegantes europeos que visitaron la isla lo hicieron en 1772. Se encontraron con gentes que vivían de cultivar algunas parcelas de tierra y de lo que extraían del mar.

No pasaron mucho tiempo en la isla pero se enteraron de que había habido sangrientas batallas entre clanes rivales que luchaban por el territorio y que habían destruido numerosas estatuas. Medio siglo después arribaron algunos marinos españoles. Se encontraron a los habitantes del lugar desnudos y viviendo en cuevas. Cuatro años más tarde recalaron los ingleses y lo que pudieron contemplar fue a unos cuantos millares de indígenas famélicos que practicaban el canibalismo y estaban en pie de guerra entre sí. Su regresión social, su *desculturación*, era tan grande que ni uno solo sabía que significaban aquellas estatuas tan grandes y llamativas, los moáis, que eran lo más sobresaliente de su civilización, y también ignoraban cómo se encontraban allí.

LA RELATIVIDAD DEL PROGRESO SEGÚN WITTGENSTEIN

Es un buen momento para que consideremos lo parcial y sesgada que es a veces nuestra forma de ver las sociedades y culturas ajenas y a través de esto mostrar algunas de nuestras propias limitaciones. Trataremos de revalorizar lo ajeno, ejercicio tan necesario como saludable habida cuenta de que gran parte de nuestro alto concepto sobre nosotros mismos como civilización se basa a veces en un desdén directamente proporcional de otras culturas.

Para ello nos vamos a referir a los comentarios del filósofo vienés Ludwig Wittgenstein (1889-1951) a la obra del antropólogo británico James Frazer (1854-1941), cuyos supuestos son comunes en buena parte de la visión occidental acerca de los fenómenos culturales y sociales distantes al observador.

La idea central consiste en considerar implícita o explícitamente que otras culturas están en esencia mucho o bastante más atrasadas que la nuestra porque poseen una menor competencia científica, técnica y económica y que, desde una perspectiva amable que es con seguridad la de Frazer (pero que desde luego no es la de todo el mundo), las prácticas rituales, mágicas, culturales y religiosas de estos pueblos son una especie de ciencia, tecnología y organización arcaicas y deficientes por relación a las nuestras.

Pues bien, para Wittgenstein, la representación de Frazer acerca de las concepciones mágicas y religiosas de los hombres es insatisfactoria ya que hace que estas creencias aparezcan como *errores*. Frazer intenta explicar algunas de las extrañas prácticas de una de las "culturas prehistóricas" no como algo absurdo y extravagante, sino como intentos toscos de explicar la realidad, y en parte de poder controlarla, mediante ensayos y errores: "*Al revisar las opiniones y prácticas de épocas más rudas, por tanto, haremos bien en mirar*

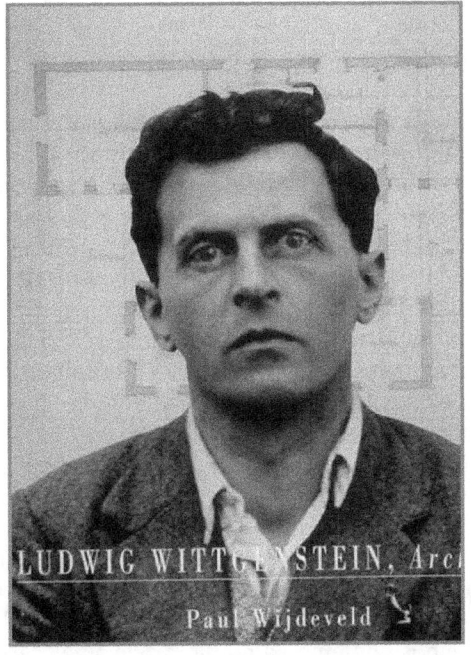

LUDWIG WITTGENSTEIN, Arc

Paul Wijdeveld

condescendientemente sus errores como inevitables eslabones en la búsqueda de la verdad y en concederles el beneficio de la indulgencia que puede que nosotros mismos necesitemos algún día".

Sin embargo, por bien intencionada que pueda ser la idea de Frazer, lo que desde luego no todos comparten, Wittgenstein es categórico en su crítica al mismo: "*Sería muy extraño que todas estas prácticas se presenten finalmente, por así decirlo, como estupideces*". Lo que le molestaba a Wittgenstein era que Frazer considerara no solo que la gente primitiva estaba equivocada con sus prácticas y creencias mágicas, sino que era idiota.

Lo que en definitiva hay implícito en este tipo de enfoque antropológico es el punto de vista de una civilización que con su técnica, su economía y su ideología (manifiesta o tácita) establece una jerarquía histórica que clasifica a las demás civilizaciones en función de los parámetros en los que esta es en apariencia superior.

Pondremos un caso de especial relevancia de los muchos que hay. En una época en la que la información se desplaza a una velocidad prácticamente instantánea, en que puede irse a la gran mayoría de los lugares de la Tierra en casi cuestión de horas, en la que son escasos los lugares en los que no abundan los productos occidentales (y también otros análogos realizados por economías emergentes), en un momento en que la industria turística se ha convertido en la mayor del planeta y ofrece productos que son consumidos, raramente mejor empleada la palabra, por cientos de millones de personas cada año, en casi todo el globo terráqueo, prácticamente a ese mismo ritmo y en esa misma medida, languidecen o desaparecen (o han desaparecido ya) numerosísimas culturas milenarias.

Así, en un reconocido estudio se estima que de las aproximadamente 6.000 lenguas que había a finales del siglo XX, parece que *"solo unas 300 tienen más o menos garantizada su supervivencia"*[11], con lo que eso comporta de amenaza para las formas, palabras y otros elementos lingüísticos en sí, por no hablar a su vez del conjunto de mitos, historias y recetas, de canciones, poemas y refranes, de técnicas, normas y otras mil cosas más, en definitiva de la cosmovisión que eventualmente cada lengua puede conllevar.

Es evidente que siempre ha formado parte de la historia el intercambio y la fusión, el choque y el conflicto, e incluso en numerosísimas ocasiones la propia guerra, entre individuos, grupos, clanes, tribus, etnias, naciones, estados y culturas. Para bien o para mal, así ha *avanzado* la historia del ser humano.

Lo que tiene de especial la situación presente, y nos referimos principalmente a los aspectos menos traumáticos de este tipo de interacciones, es la extraordinaria facilidad que hay para que acaezcan esos fenómenos a una velocidad y con una extensión de consecuencias hasta ahora insospechadas. Lo que tiene de singular este tiempo es la facilidad con la que una cultura técnico-científica, con un modelo económico y financiero desarrollista, que vive significativamente de espaldas a algunos de los principios más básicos del pensamiento económico (como veremos más adelante), puede acabar en dos posibilidades. O bien en borrar del mapa a otras muchas culturas, sin que tan siquiera nos dé tiempo a que nos percatemos de qué es lo que está ocurriendo, sin que nos dé tiempo a ponderar caso por caso cómo debemos proceder, ellos y nosotros, contribuyendo así a que el intercambio sea lo más equilibrado y justo posible. O bien en contribuir de modo inequívoco, aunque no exclusivo, a radicalizar política y socialmente otras culturas con mayor capacidad de resistencia, cual es en el caso de lo que ocurre en buena medida con el creciente auge del fundamentalismo islámico en ciertos países, como Siria, Yemen, Egipto o el autodenominado Estado islámico.

EL PROCESO DE SECULARIZACIÓN SEGÚN WEBER

Max Weber observó de manera lúcida y poco complaciente que la sociedad occidental, y tras ella buena parte del mundo, llevaba varios siglos experimentando un fenómeno de profundas consecuencias que puede denominarse *secularización*. Este proceso comienza a finales de la Edad Media y llega a su culminación en nuestra época. Consiste en que las creencias religiosas dejan de presidir la vida pública y en todo caso pasan a ser

---

[11] Debido a Ken Hale y recogido del excelente artículo de Eugene Linden "Lost Tribes, Lost Knowledge" (*Time* 1991, nº 38, 23/IX). En la página www.ethnologue.com se pueden encontrar datos actualizados que acercan a esta cifra a las siete mil lenguas.

cuestiones íntimas de cada cual, pero se trata de algo que no solo tiene importancia para la conciencia religiosa de cada uno, sino también socialmente.

La secularización supone un proceso creciente de racionalización del mundo y de modo correlativo una progresiva desmagificación del mismo.

De hecho, Weber sostenía que la racionalización es la fuerza revolucionaria más importante del mundo moderno. Veía este mundo moderno como una *jaula de hierro* de sistemas racionales de la que no hay salida.

Los dos sistemas de racionalidad más poderosos del mismo son el capitalismo y la burocratización. El primero, del que ya hemos hablado, se guía por la lógica del beneficio empresarial. Aparte de ser un gran conocedor del tema y de estudiarlo con profundidad y objetividad, Weber es muy crítico frente al capitalismo y de sus protagonistas dice que son especialistas sin espíritu, gozadores sin corazón, nulidades que imaginan haber llevado a la humanidad a una fase nunca antes alcanzada. Sin embargo, no cree que el comunismo sea mejor, porque considera —al igual que Durkheim— que lo único que cabe esperar de él es que empeore las cosas aumentando el nivel de burocratización de la sociedad.

En efecto, el segundo sistema de racionalidad es la burocratización, cuyas últimas consecuencias espantaron a Weber. Se caracteriza por obediencia al reglamento y la despersonalización. Weber descubre y reconoce con suma agudeza las ventajas de la organización burocrática frente a otras formas de organización del poder. Es el caso de la racionalización de las decisiones, de la imparcialidad de criterios, de la gran capacidad de actuación. Sin embargo, las consecuencias de este tipo de organización llevadas al límite pueden ser muy peligrosas, precisamente por su gran fuerza, y llegó a compararlas con el hecho de estar encerrados en una «jaula de hierro».

El funcionario modélico es el que obedece, como si se tratase de sus propias convicciones, las órdenes de la autoridad, incluso si le parecen absurdas, y sobre ella descarga la responsabilidad de sus acciones. Durante la Alemania nazi, que Weber no llegó a conocer, sucedió un caso extremo que confirmaba sus peores temores: muchas personas se dedicaban a exterminar a los judíos cumpliendo órdenes como perfectos burócratas. En la Unión Soviética de Stalin y compañía sucedía más o menos lo mismo con el Gulag.

De hecho, la pensadora alemana de origen judío Hannah Arendt (1906-1975) trató de este tema en su obra *Eichmann en Jerusalén* (1961), que se subtitula *Un estudio sobre la banalidad del mal*. Arendt escribió el libro a propósito del juicio al que fue sometido el alto oficial nazi Adolf Eichmann en el Estado de Israel. Eichmann se dedicó a organizar los campos de concentración donde encerraban a los judíos y luego les daba muerte en cámaras de gas y los hacía desaparecer en hornos crematorios, como ocurría en el campo de exterminio de Auschwitz (Polonia).

Tras la guerra huyó a Argentina con una identidad falsa, pero el Servicio Secreto israelí lo capturó y lo llevó a Jerusalén, donde fue condenado a muerte: de hecho fue el único caso en que Israel condenó a muerte a un nazi. Pues bien, lo que le llamó la atención a Arendt, que asistió al juicio, era que Eichmann llevaba a cabo su tarea en los campos de concentración como si fuera un oficinista que se limitaba a cumplir con una tarea rutinaria. Este declaró en el juicio que no perseguía a los judíos con avidez ni con placer, y que incluso era amigo de algunos, y además acusó a los gobernantes de haber abusado de su obediencia. Arendt quedó sorprendida por la nimiedad y las escasas dotes intelectuales del hombre que pasaba por ser el mayor asesino de Europa y las justificaciones tan endebles y vanas de su atroz comportamiento. Como señalaba Mario Vargas Llosa en su artículo *El hombre sin cualidades* al respecto,"*[l]o terrible de Eichmann es que no era un hombre excepcional, sino uno común y corriente. Lo que significa que todo hombre común y corriente, en ciertas circunstancias (una dictadura hitleriana, por ejemplo), puede convertirse en un Eichmann*"[12].

En esta línea va también la recomendable novela *El lector* (1995), del escritor alemán Bernhard Schlinck, que trata de una enfermera que trabajaba en un campo de concentración nazi y que, solo después de la guerra y años más tarde de haber sido condenada a la cárcel por un tribunal, comienza a darse cuenta de las atrocidades que cometió al cumplir con su deber hasta que al final llega a suicidarse en la prisión por no poder soportarlo más.

En síntesis, Weber duda de que todo el progreso del mundo occidental tenga algún sentido más allá de lo práctico y lo técnico. Incluso en *La ciencia como vocación* llega a afirmar (como hizo años antes el escritor ruso León Tolstói) que esta carece de sentido porque "*no tiene respuesta a las únicas preguntas que nos importan, las de qué debemos hacer y cómo debemos vivir*".

Al final, este gran sociólogo alemán acaba derivando hacia una visión pesimista e implacable de la existencia y añade que "*la vida, en la medida en que descansa sobre sí misma, no conoce sino esa eterna lucha entre dioses*". Weber no era un hombre religioso pero se daba cuenta de que la secularización conllevaba inconvenientes culturales importantes que a cierto pensamiento progresista se le suelen escapar y señala con desazón y contundencia que "*nos ha tocado vivir en un tiempo que carece de profetas y está de espaldas a Dios*".

---

[12] "El hombre sin cualidades", *El País*, 16/VI/2013.

XI.- HACIA UNA SOCIEDAD MUNDIAL

ANTECEDENTES DEL PROCESO ACTUAL DE GLOBALIZACIÓN

Entendemos por **globalización** el creciente proceso de interdependencia económica, tecnología, política y cultural de las distintas sociedades y naciones del planeta. La globalización es un proceso actual que tiene como causas principales el desarrollo científico-técnico, la expansión de la economía y el crecimiento demográfico. Aquí nos vamos a centrar sobre todo en los aspectos económicos, tecnológicos, sociales y culturales, y vamos a dejar para otro momento los aspectos políticos.

Desde luego este proceso cuenta con antecedentes importantes en el **colonialismo** decimonónico (especialmente agudo entre 1875 y 1914) y más a largo plazo en el descubrimiento y conquista de América. La colonización fue un proceso por el cual determinadas potencias europeas, como España, Francia, Alemania, Portugal, Bélgica y sobre todo Gran Bretaña, dominaron política, social y económicamente casi todo el territorio habitable de la Tierra en el siglo XIX: prácticamente toda América, casi toda África y Oceanía y buena parte de Asia.

A finales del siglo XVIII y principios del XIX se independizaron los Estados americanos, aunque dirigidos por elites procedentes de los países colonizadores, y tras la Segunda Guerra Mundial comenzó un rápido proceso de descolonización en Asia y África, en el que el poder pasó a estar en manos de elites autóctonas. El proceso de descolonización ha estado plagado de errores y como consecuencia de ello y de la explotación colonial previa, hay algunos países cuyas fronteras se crearon de modo artificial y en los cuales ha habido o hay importantes conflictos étnicos entre sus habitantes. Así, por ejemplo, las Indias Británicas tuvieron que dividirse tras su independencia en la India, Pakistán y Bangladesh por razones étnico-religiosas (para separar a los hindúes y a los musulmanes), pero los conflictos entre los dos primeros Estados continúan porque la división no satisfizo a ninguno y por ello siguen luchando en Kachemira y dentro de la India a veces hay grandes conflictos étnicos entre musulmanes e hindúes.

El proceso de descolonización también ha dado lugar con mucha frecuencia a regímenes políticos antidemocráticos y a economías atrasadas que no pueden competir a nivel internacional y que son objeto de un nuevo *colonialismo económico*. Así, valga por caso, gran parte de Hispanoamérica ha sido durante el siglo XX una colonia económica de los Estados Unidos, que además llevaba una política exterior partidaria de los frecuentes golpes de Estado de derechas de la región (Uruguay, Chile, Argentina, Nicaragua, etc.) para evitar las insurrecciones populares y la expansión del comunismo.

En fin, en el siglo XX la economía se ha internacionalizado y ha crecido en términos globales más que en ninguna otra época, pero de la misma manera también ha crecido la desigualdad entre países ricos (unos cuantos) y países pobres (la gran mayoría) aunque esa tendencia comenzó a cambiar finales del mismo y comienzos del siglo XXI. Además, la población mundial pasó en ese período de 1.500 a nada menos que 6.500 millones de personas, y esta explosión demográfica es especialmente aguda en los países con menor nivel de renta (la India, China, Indonesia, Brasil, Pakistán o Egipto). Una de las consecuencias más evidentes de esto es el creciente proceso de inmigración, legal o ilegal, de ciudadanos de países pobres a países ricos, al que le dedicaremos un capítulo.

EL DESARROLLO DE LA ECONOMÍA MUNDIAL

La pregunta fundamental que se plantea el estudio de la historia económica es averiguar por qué hay países ricos y países pobres, que se parece a la pregunta que ya hemos visto que formuló Jared Diamond, lo que ocurre es que ahora la escala en la que la consideramos no es de varios miles de años

sino de varios siglos, en concreto desde que comienza la Edad Moderna, que es cuando la economía de algunos países del mundo comienza a despegar. Como vamos a ver, la respuesta podemos encontrarla en dos hitos históricos: el descubrimiento de América y la globalización de buena parte del comercio mundial, por un lado, y la Revolución industrial, por otra.

Hace poco más de quinientos años el mayor país del mundo era China, con algo más de cien millones de habitantes, aunque era una época en la que desde luego no había tanto desarrollo económico ni absoluto ni relativo como en el presente. Con el descubrimiento de América, protagonizado por los españoles y los portugueses y continuado por otros países como Inglaterra, Holanda y Francia, la extensión del comercio con el lejano Oriente, comenzó una primera fase de la *globalización* y el despegue económico de varios países europeos. Así se creó un verdadero comercio mundial a una escala muy considerable para los estándares de la época.

Todos estos viajes e intercambios, que iban desde Filipinas hasta Europa y desde Europa hasta América, o viceversa, presidieron la mayor parte del crecimiento económico desde comienzos del siglo XVI hasta al menos mediados del siglo XVIII. El intercambio comercial no siempre era equilibrado, pero desde el punto de vista económico el comercio supone, *caeteris paribus*, un aumento incuestionable de la riqueza de quienes participaban en él.

Algunos países europeos quedaron algo al margen de esta situación por razones geográficas, como por ejemplo Italia, que tanto había destacado durante la Baja Edad Media, ya que por un lado el comercio mundial había pasado del Mediterráneo al océano Atlántico y por otro lado el Imperio otomano, que acabó por anexionarse Bizancio en 1453, bloqueaba buena parte de las antiguas rutas con Oriente. Otros países, como España, que tuvieron mucha suerte con la lotería geográfica, sin embargo carecían, como ya observó agudamente Adam Smith, de la competencia técnica en economía y finanzas como para entender cuál es la verdadera naturaleza del desarrollo económico. En el siglo XVI España parecía la potencia imperial más poderosa de Europa porque extraía mucha plata de América, pero al importarla aumentó la inflación nacional más que en cualquier otro país europeo y por eso nuestra agricultura y manufacturas dejaron de ser competitivas. En cambio otros países, como Inglaterra y Holanda, aprovecharon mucho mejor las oportunidades de la nueva situación histórica porque entendían mejor la naturaleza de la actividad económica.

La **Revolución industrial**, que va básicamente desde 1760 hasta 1850, supuso un nuevo avance en este proceso de desarrollo económico global. Comenzó en Inglaterra y luego se extendió a otros países del norte de Europa y a los Estados Unidos de América, por razones socioculturales que en parte estableció con precisión Max Weber, como ya hemos visto.

El motor de la Revolución industrial fue el cambio tecnológico, con inventos como la máquina de vapor, la máquina para hilar y tejer, o los nuevos métodos para fundir y refinar el hierro y el acero. La máquina de vapor fue el invento más relevante de esta revolución pues transformó la industria, el comercio marítimo y el transporte por tierra gracias al ferrocarril y por mar gracias a buques con motor.

El cambio tecnológico fue desde luego posible gracias al desarrollo científico que poseía Inglaterra en aquel momento, pero también a la urbanización, la importancia de la enseñanza, el sistema político, que era el de una monarquía parlamentaria democrática y el aumento del comercio (del que fue testigo Adam Smith), aumento que se vio favorecido por el incremento de las personas alfabetizadas que además leían la prensa y seguían los acontecimientos políticos en una medida como no había ocurrido antes.

Gran Bretaña invirtió en tecnología avanzada porque poseía salarios elevados y energía barata, gracias al carbón. Por lo tanto, a las empresas inglesas les compensaba invertir en **capital**, en el sentido técnico del término, es decir en el componente de la producción constituido por inmuebles, maquinaria o instalaciones de cualquier género, que, en colaboración con otros factores, principalmente el trabajo y los bienes intermedios, se destina a la producción de bienes de consumo. De esa manera necesitaba menos mano de obra, que era un factor productivo caro. En ningún otro lugar del mundo era rentable usar tanto capital, pues la mano de obra era más barata, pero en Inglaterra el aumento del capital y una energía barata incrementan la productividad y por tanto era posible fabricar más unidades de producción por trabajador.

A principios del siglo XIX, la Revolución industrial se extendió a otros países del norte de Europa y a los Estados Unidos de América. A partir de la Primera Guerra Mundial, tanto Europa como Estados Unidos sobrepasaban a Gran Bretaña tanto científica como económicamente. Tenemos así que en 1820 Gran Bretaña facturaba el 23% de la producción mundial, Alemania, Francia y Bélgica el 18% y los Estados Unidos el 15%. Un siglo más tarde, en 1913, Norteamérica (que en ese periodo se convirtió en el líder tecnológico mundial) alcanzó el 33%, Alemania, Francia y Bélgica el 23%, y Gran Bretaña el 14%. Estos países impulsaron los avances científicos y tecnológicos mundiales del momento mientras que la verdad es que el resto no hacía casi nada en este terreno. Desde entonces la mayor parte de la I + D (investigación más desarrollo) mundial la siguen realizando los países ricos, que desarrollan tecnologías que resultan rentables en economías con niveles salariales altos, lo que obliga a aumentar el uso del capital para que sean rentables y competitivas.

Esto promueve una espiral ascendente, pues los salarios altos llevan al aumento del capital y este a su vez conduce a un nuevo aumento de los salarios. Sin embargo, esta clase de tecnología no es idónea para las economías en las que la capitalización es escasa y los salarios son bajos por lo que podemos decir con Robert C. Allen en su *Historia económica mundial* (2011) que los países pobres son pobres porque utilizan la tecnología desarrollada por los países ricos, que resulta rentable cuando capitalizarse es barato y los salarios son altos y no cuando los salarios son bajos y capitalizarse es caro: "*Las transformaciones técnicas, mediante las cuales los inventores de las economías avanzadas pretenden ahorrar mano de obra cara, crearon máquinas que aumentaban aún más la ventaja competitiva que tenían los países ricos sin otorgar ninguna ventaja a los países pobres del mundo*".

Convienen señalar que los acontecimientos no fueron consecuencia de una suerte de conspiración por parte de los países ricos (como piensan bastantes), ni se deben exclusivamente al colonialismo, aunque su influencia es importante e innegable, sino que se deben a los procesos de los que hemos hablado así como a uno de los principios fundamentales de la actividad económica, que explica la teoría de la *ventaja comparativa*, que fue desarrollada por David Ricardo (y que ya supo entrever Smith).

En conclusión, podemos decir que así se ha producido en sus líneas principales la gran diferencia económica estructural entre unos países y otros de los últimos quinientos años, de manera que podemos decir que el subdesarrollo fue una consecuencia de los descubrimientos de principios de la Edad Moderna, la globalización decimonónica y del desarrollo industrial occidental.

Mayores empresas de 2014 por capitalización bursátil
(monto en millones de dólares)

1	Apple	Tecnología	USA	647.361'0
2	Exxon Mobil	Energía	USA	391.481'9
3	Microsoft	Tecnología	USA	382.880'3
4	Berkshire Hathaway	Seguros	USA	370.652'6
5	Google	Tecnología	USA	329.768'5
6	PetroChina	Energía	China	305.536'1
7	Johnson & Johnson	Biotecnología	USA	292.702'8
8	Wells Fargo	Banca	USA	284.385'6
9	Wal-Mart	Comercio	USA	276.807'4
10	ICBC	Banca	China	271.146'1

Para actualizar los datos puede verse http://dogsofthedow.com/largest-companies-by-market-cap.htm

CHINA

El fenómeno de mayor crecimiento económico mundial de la actualidad lo protagoniza China, que es especialmente relevante por tratarse del país más poblado de la Tierra con 1.360 millones de habitantes. Esto hace que sea uno de los principales actores de la escena política y económica mundial, con más fuerza aún de la que la tenía en tiempos de Mao Zedong. Cuando el comunismo llegó al poder en China en 1949, el PIB había tocado fondo y era de 488 dólares per cápita. Sin embargo hoy supera los 6.807 dólares y es incluso mayor si se tiene en cuenta la paridad de poder adquisitivo, lo cual sitúa a este país en la parte mediana de la tabla mundial en renta per cápita. En cuanto a su PIB nominal es en 2015 de 10'4 billones de dólares (el año anterior era de 9'24), lo cual lo coloca en tercer lugar tras la Unión Europea (18'5 billones de dólares y Estados Unidos (17'4 billones), de acuerdo con los datos del Banco Mundial.

La historia de ese desarrollo económico se divide en dos grandes etapas. La primera va de 1950 a 1978 y es el período de planificación comunista, en el que adoptó la planificación de la economía, la estatalización de la industria y la comunidad de las granjas. En esta época el crecimiento era del 2'8% anual, por lo cual el PIB se duplicó. La segunda parte va desde 1978 hasta nuestros días y tuvo lugar poco después de la muerte de Mao Zedong en 1976. Aunque desde el punto de vista político China sigue profesando el comunismo, y las libertades y derechos individuales brillan por su ausencia, el país se abrió con el tiempo a la economía de mercado y ha seguido lo que se llama un *modelo dual*. Abandonó la economía planificada y pasó a la economía de mercado, permitió la propiedad privada (con matices) de los medios de producción y la tierra cultivable se parceló y se arrendó a las familias de campesinos, que tenían el compromiso de satisfacer una cuota de la producción y que podían conservar y comerciar con los excedentes.

Con estas medidas, con su inmensa mano de obra, con su ética del trabajo que hunde sus raíces en el confucionismo, con sus bajos salarios y su laboriosidad, el país ha crecido desde 1978 a razón de un 10% anual medio, lo que hace que duplique su PIB cada siete años, con lo cual podría superar a los Estados Unidos de América (cuyo crecimiento anual promedio es escasamente del 5%[13]) en el plazo de una década de seguir esta tendencia.

De este modo, en 1993 el PIB de China superó de manera consistente el de España, que entonces era la octava potencia mundial; en 2005 ya había superado a Francia y Reino Unido y se había convertido en la cuarta potencia mundial en términos económicos. En 2007 rebasó a Alemania y en 2010 a Japón, y es posible que sobrepase a los Estados Unidos para el año 2028.

Por tanto, China es el segundo país más importante del planeta en términos económicos y políticos, tan solo superado por los Estados Unidos, que el país en que más se fija es precisamente en China. A su vez, esta tampoco ve más interlocutor en el panorama internacional que los Estados Unidos. Según el especialista francés Alain Minc, China en el fondo se ríe de la idea occidental de que su sistema es anacrónico y la economía de mercado acabará por superarlo y acercarlo al de Occidente.

China ha crecido más que ningún país en los últimos treinta años y sin embargo afronta también desafíos importantes en su modelo de crecimiento que merece la pena tener en cuenta. Puede decirse que el país comienza a ser víctima de su propio éxito, pues los instrumentos de los que se ha servido para generar su desarrollo económico —apoyo gubernamental, mano de obra barata y financiamiento estatal—, podrían dejar de funcionar en el futuro.

China no puede dedicarse indefinidamente a fabricar bienes de producción, sino que debe también pasar a diseñar, inventar y facturarlos. Para que las compañías chinas puedan competir con las mejores del mundo —de Estados Unidos, Japón, Alemania y algunos países más— tienen que inventar productos propios que resulten atractivos internacionalmente. Eso requiere unas habilidades técnicas y empresariales que aún no posee.

En China, tradicionalmente la mano de obra ha sido abundante y muy barata. Pero a medida que la renta nacional aumenta, dicha mano de obra se

---

[13] http://www.tradingeconomics.com/united-states/gdp-growth

encarece y *caeteris paribus* la competitividad disminuye. En cambio, en la India, con unos 1250 millones de habitantes y un PIB nominal de algo más de 2 billones de dólares, la mano de obra es mucho más barata y por eso parte de la producción china se está instalando en la India y otros países similares. Pero por otro lado China también pierde competitividad con respecto a los Estados Unidos, ya que en estos, aunque la mano de obra es mucho más cara, el capital es también considerablemente mayor. Por eso, es posible que en 2015 no haya diferencia en los costes totales de producción en ambos países. Por eso, se produciría un proceso inverso al de la deslocalización que podríamos llamar *relocalización*.

Aunque algunas compañías chinas son competitivas a nivel mundial, como Huawei o Lenovo, la mayoría están rezagadas en cuanto a lo que es la tecnología punta. En la industria automovilística, por ejemplo, aunque China desearía equipararse a Estados Unidos, Japón, Alemania y Corea del Sur, y ha progresado mucho, lo cierto es que hasta ahora no es capaz de competir con las grandes marcas mundiales. En 2103, de las diez marcas de automóviles que más se vendieron en China, solo una era del propio país y se hallaba en el último puesto y desde entonces la situación no ha cambiado demasiado.

Si China continúa creciendo así en el futuro acabará con el desfase con Occidente y se convertirá en el mayor productor mundial, como ya lo era en tiempos de Cristóbal Colón y Vasco de Gama. Sin embargo, no hace falta ir muy lejos de China para ver que los países que parecen más exitosos económicamente también se atascan. Japón —en la actualidad es el tercer país del mundo con mayor PIB (casi cinco billones de dólares)— ha sido el primer país asiático cuya economía ha alcanzado a Occidente. En 1872 estableció la obligatoriedad de la enseñanza elemental y en 1900 el 90% de los niños estaban escolarizados. A escala más reducida se crearon institutos y universidades, y muchos japoneses fueron a ampliar estudios al extranjero. Así comenzó a despegar su economía y, cuando el país se encontró con el problema de que la tecnología occidental no se adaptaba a sus características y sus necesidades, decidió adaptarla de manera que fuera rentable con el nivel de sus salarios, que eran más bajos.

Tras la derrota de la Segunda Guerra Mundial, el país se volcó en la producción industrial para progresar y en cierto modo para compensar la afrenta de haber perdido. De este modo creció al 5′9% anual promedio entre 1950 y 1990, lo que casi equivale a duplicar el PIB cada década, y así consiguió alcanzar a Occidente, incorporando masivamente la tecnología más moderna e intensiva en capital en vez de adaptarla a sus salarios. En los años sesenta el índice de inversión llegó a suponer una tercera parte del PIB. Las reservas de capital crecieron tanto que en una generación Japón pasó a ser una economía de salarios altos. Así, por ejemplo, en el caso de la importante industria automovilística, las compañías japonesas invertían más capital por trabajador que las empresas norteamericanas y su sistema además es más eficiente ya que producen prácticamente bajo demanda. La industria automovilística japonesa (Toyota, Mazda, Honda) se convirtió en la más competitiva del mundo mediante la adopción de modelos muy intensivos de capital que le permitían seguir pagando salarios muy altos.

Sin embargo este crecimiento acelerado no podía durar eternamente y el pinchazo de la burbuja inmobiliaria y financiera de 1991 supuso el final del milagro económico japonés, aunque hay especialistas, como Robert C. Allen, que entienden que la verdadera causa fue la desaparición de las condiciones que permitieron en su momento dicho crecimiento. Llegados a ese punto, Japón comenzó a comportarse como cualquier otro país avanzado y su capacidad de crecimiento se limitó al que marca la frontera tecnológica mundial, que es del uno o dos por ciento anual.

Países con más PIB nominal del mundo en millones de dólares

1º	Estados Unidos	18.558.130	América
2º	China	11.383.030	Asia
3º	Japón	4.412.600	Asia
4º	Alemania	3.467.780	Europa
5º	Reino Unido	2.760.960	Europa
6º	Francia	2.464.790	Europa
7º	India	2.288.720	Asia
8º	Italia	1.848.690	Europa
9º	Brasil	1.534.780	América
10º	Canada	1.462.330	América

El monto mundial total es de unos 75 billones de dólares. Por tanto Estados Unidos representa casi el 25% de la economía mundial y Chica algo más del 15%. Obsérvese también la posición de Brasil, que superó a España en 2008, y de la India, que la superó en 2010, y que lleva una gran proyección que podría hacer que rebasase a Francia y al Reino Unido en el plazo de una década.

España se halla actualmente en el puesto decimosegundo, con un PIB de 1.242.360 millones de dólares, y está situada entre Corea del Sur y luego Australia, Rusia, México (que superan el billón de dólares) e Indonesia (que se acerca a esa cifra).

http://statisticstimes.com/economy/countries-by-projected-gdp.php

LA GLOBALIZACIÓN ECONÓMICA

La globalización económica es el rasgo principal del capitalismo (y el postcapitalismo) actual. Se trata de un proceso por el cual las economías nacionales pasan a ser cada vez menos autónomas y más dependientes de la economía internacional. Aunque el proceso viene de atrás, de al menos después de la Segunda Guerra Mundial con la hegemonía de los Estados Unidos, se ha acelerado tras la caída del Muro de Berlín (1989), esto es, tras la caída del bloque comunista, y la emergencia de los países asiáticos, con China a la cabeza.

A partir de esta situación, las características principales de esta **nueva economía** son la aceleración del intercambio de bienes y servicios y la apertura de los mercados económicos, la liberalización de los mercados de capitales y la revolución de las comunicaciones y la informática. Entidades como el Banco Mundial, el Fondo Monetario Internacional o la Organización Mundial de Comercio se encargan de velar por esta nueva ortodoxia a veces con políticas acertadas y otras con políticas muy cuestionables.

La actividad económica clásica se centraba en la producción de bienes y servicios tangibles, como los automóviles o los electrodomésticos, que desde luego siguen teniendo mucha importancia, pero esto pasa a un segundo plano en la nueva economía, excepto aquello que está relacionado con las nuevas tecnologías, en favor de la **actividad financiera** cuyo objetivo es el aumento del valor de las acciones y otros productos financieros con independencia a veces de la marcha de las propias compañías.

Un caso entre otros es el de la compañía Movistar —antes llamada Telefónica—, que en el año 2011 anunciaba el despido de seis mil trabajadores en el plazo de tres años, lo que supone el 20% de su plantilla, mientras que se planteaba repartir dividendos entres sus directivos por valor de 300 millones de euros y sus beneficios del año anterior habían sido de más de 10.000 millones. Este es un ejemplo perfecto de cómo es posible en sectores con un elevado factor de capital, aumentar la productividad y los beneficios reduciendo a la vez el número de trabajadores. Las industrias del sector tecnológico, como Apple, Microsoft o Google, son de esta índole.

En la actualidad los movimientos de capitales en los mercados de valores del mundo, cuyas plazas principales son Nueva York, Londres, Frankfurt, París y Tokio, son continuos (cuando cierran unos abren otros), instantáneos y carecen virtualmente de controles sociales y políticos (solo están sometidos a las leyes del mercado). La nueva economía no crece tanto por el aumento de la producción, sino por el incremento de la circulación de capitales. Esto supone la hegemonía de los mercados financieros y a su vez dentro de estos la hegemonía de la especulación. Como decía el periodista Joaquín Estefanía, experto en asuntos económicos de *El País*, en *La nueva economía* (1996): "*Menos del 5 por 100 de los intercambios monetarios corresponden a la cobertura del comercio de mercancías o servicios; los mercados financieros tienen un único y exclusivo fin: el beneficio, lo que sería normal en una economía de mercado si no se tratase de un beneficio especial: aquel que no tiene contrapartida alguna*".

Un caso claro de esto fue la compañía Terra Lycos, un mero portal de Internet de la compañía Telefónica, que salió a Bolsa a finales de 1999 con un precio de 300 millones de euros. La operación consistió en hacer mucha publicidad y sacar pocas acciones a Bolsa, para recalentar las expectativas artificialmente, con lo cual las acciones subieron como la espuma en cuestión de días, llegando a superar los 213 euros. Meses después, las acciones cayeron de la misma manera, aunque algunos ya se habían hecho ricos. En un año la acción de esta compañía pasó de costar 11′80 euros inicialmente a costar 157′65 (lo que supone una subida del 1300%), para luego caer a precios similares a los del comienzo de su cotización bursátil. Por cierto, hoy en día no valen casi nada si es que aún existen. Otro caso fue el de la compañía AOL Time Warner creada en 2001 cuando American on Line (AOL), una compañía de Internet de 15.000 empleados y 4.674 millones de euros de ingresos, compra al gigante Time Warner, una empresa con 70.000 trabajadores y 26.000 millones, ya que pese a ser más pequeña sus acciones valían en ese momento más en la Bolsa. Y es que, como decía en un sentido claramente crítico John K. Galbraith en su *Historia de la economía* (1989), hay lecciones que nunca terminan de aprenderse, como la necesidad de mirar con la más profunda suspicacia cualquier innovación en materia monetaria y en general financiera: "*Sin excepción, los ingeniosos instrumentos monetarios y financieros o son inocuos o constituyen fraudes al público y, frecuentemente, a sus propios impulsores*".

Por lo demás, el nuevo orden económico sigue pautas liberales y a veces ultraliberales que afectan a las condiciones laborales y salariales, como poner lo económico por encima de lo político, quitar trabas al intercambio, desregular el empleo (que cada vez es más precario), colocar la producción allí donde sus costes son menores (con lo cual disminuyen los salarios), o desentenderse de los costes medioambientales.

Por lo tanto mientras unos pocos se han instalado en la economía de la especulación (del *pelotazo* dicho vulgarmente), otros muchos ven una situación cada vez más complicada. Por eso no es de extrañar que los informes sobre el desarrollo humano del Programa de las Naciones Unidas para el Desarrollo (PNUD) mostraran hasta hace poco que la tendencia económica tendía hacia el aumento de la diferencia entre los ricos y los pobres, que además cada vez son más por efecto del crecimiento demográfico. Sin embargo, en lo que llevamos de siglo, hemos de decir que se ha invertido la tendencia gracias al gran crecimiento de las economías emergentes como China y la India, que juntas suman casi el 40% de la población mundial, y hoy parece que disminuye la diferencia entre la clase alta y la clase baja y aumenta la clase media a nivel global.

EL ESTILO EMPRESARIAL DE GOOGLE

Las nuevas tecnologías están dando lugar a grandes cambios en el mundo empresarial. Hay grandes firmas que han desaparecido, como por ejemplo el gigante Eastman Kodak, creado en 1889, que fue puntero durante muchos años y que se dedicaba a fabricar carretes para cine y fotografía, así como cámaras, y que a principios de 2012 quebró porque la tecnología digital había desplazado los productos fotográficos basados en películas de emulsión, entre los que destacaba Kodak.

Pero las nuevas tecnologías también han dado lugar a nuevas compañías, que hacen cosas nuevas o las hacen de manera distinta a como era tradicional, y que en algunos casos se hallan entre las mayores del mundo. Consideremos el caso de una de las más nuevas, innovadoras y reconocidas: Google.

La compañía norteamericana Google era en 2013 la más importante del sector de Internet y la segunda del sector informático, por detrás de Apple pero por delante de Microsoft, que hasta hace unos años era la empresa líder indiscutible. Google fue fundada por Larry Page y Sergey Brin en 1998, cuando eran estudiantes de doctorado en Ciencias de la Computación de la Universidad de Stanford, en un garaje de Menlo Park (California). La primera empresa tecnológica que se fundó de una manera similar en la zona de Silicon Valley (y probablemente en todo el mundo) fue la compañía Hewlett-Packard, que crearon con un modesto capital inicial en un garaje de Palo Alto en 1939 Bill Hewlett y Dave Packard, que eran ingenieros eléctricos titulados también por Stanford.

Page y Brin se asociaron con Eric Schmidt, que tenía la experiencia empresarial de la que ellos carecían y que fue director ejecutivo desde 2001 hasta 2011, cuando pasó a ser presidente ejecutivo (que es un cargo comparativamente menor), y así dieron lugar en poco tiempo a esta exitosa firma. En menos de diez años la compañía ya se había convertido en la más importante de Internet y había alcanzado un valor de más de cien mil dólares en la Bolsa. En 2015 ha pasado a llamarse Alphabet, en 2016 su valor bursátil es de 500 mil millones de dólares. La firma está ubicada en el célebre Silicon Valley, cerca de la ciudad de San Francisco, y en la actualidad cuenta con más de cincuenta y cinco mil empleados a tiempo completo.

Google es una compañía que se dedica sobre todo a buscar información en Internet y cuya ambición sería la de organizar toda la información mundial. No se trata de algo que han inventado ellos, sino que fue Altavista, unos cuantos años antes, aunque no había comparación entre las prestaciones de ambas empresas.

El buscador funciona con un potente motor que rastrea y almacena información de miles de servidores y que está implementado por un algoritmo matemático de búsqueda de términos y de emparejamiento de los mismos. Esa fue la idea que tuvieron originalmente Larry Page y Sergey Brin cuando estudiaban en Stanford. Su algoritmo escrutaba la red y además de buscar el emparejamiento de palabras, como por ejemplo "tintorerías" y "Madrid", también cuenta y clasifica muchos más factores clave, como el modo en que se relacionan unas páginas *web* con otras. Page y Brin trataron de vender su algoritmo a varias compañías que tenían motores de búsqueda, pero no encontraron ninguna dispuesta a pagarles lo que pedían y por eso decidieron crear su propia empresa.

La segunda gran idea de Page y Brin surgió en el año 2000, cuando trataron de descubrir cómo ganar dinero con su compañía. En ese momento ya tenían muchos usuarios en todo el mundo, pero casi ninguno pagaba por utilizar sus servicios. Google desarrolló una tecnología llamada Adsense, que puede analizar el texto de cualquier sitio de Internet y agregarle los anuncios relevantes que pagan las firmas y que generan la mayor parte de sus ingresos. Con posterioridad han ampliado su negocio y han creado o comprado a otras empresas nuevas aplicaciones, como por ejemplo Gmail, Google Maps, Google Chrome, Blogger, Youtube (por 1.650 millones de euros) o Android.

Para innovar continuamente, Google necesita a los mejores profesionales del momento y poder competir así con Apple, Microsoft, Yahoo! y otras compañías semejantes. Frente a Microsoft, que crea *software* para ordenadores personales, Google diseña aplicaciones accesibles gratuitamente a través de Internet costeadas gracias a la publicidad. Por otro lado, con respecto a Yahoo!, comparte el hecho de que ambos poseen un buscador, pero difieren en que Yahoo! ofrece contenidos propios sobre temas de actualidad, moda, deportes y demás, mientras que Google nunca ha querido ofrecer contenidos suyos para no comprometer su neutralidad como buscador de información.

Google paga mucho dinero por atraer a los mejores talentos del ámbito de la programación informática y otros campos afines, y para eso sigue unos criterios de selección muy exigentes, como ocurre con otras grandes compañías parecidas como Apple, Microsoft, Facebook o Amazon, que en parte pueden verse en Internet buscando en el Google Labs Aptitude Test. En primer lugar estudian los currículos de los candidatos. Después les hacen un par de entrevistas telefónicas. La primera es para conocer a los aspirantes y la segunda es de tipo técnico. Luego, para los que han pasado las fases previas, hay otras dos entrevistas presenciales, en las que no les preguntan a los candidatos cuáles son sus conocimientos y habilidades, sino que les piden que los demuestren. Les plantean complejos problemas matemáticos o de programación. A veces también les formulan preguntas que se salen del currículum, como por ejemplo que digan cuántos coches rojos hay en España o que le expliquen a un niño de ocho años en tres frases qué es una base de datos. La compañía se fija en tres elementos de las respuestas de los candidatos: que sepan estructurar los problemas, que tengan en cuenta todas las variables pertinentes y que formulen soluciones creativas. Como dice el escritor de divulgación científica William Poundstone en su libro *¿Eres lo bastante inteligente para trabajar en Google?*, en estas pruebas por lo general no hay una única respuesta correcta, pues se trata de preguntas abiertas, que intentan evaluar la creatividad de los aspirantes.

Una vez dentro de la compañía, los empleados dividen su trabajo en tres bloques temporales. El 70% del tiempo lo dedican a trabajar en las partes centrales del negocio, que son la búsqueda de información y la financiación mediante la publicidad; el 20% se destina a trabajar en temas afines a dicho núcleo; y el 10% restante cada uno lo ocupa estudiando ideas distintas que quizá algún día sean un gran éxito.

El *dress code* es totalmente informal, no hay demasiadas jerarquías, disponen de piscinas climatizadas, salas de recreo, cafeterías, peluquerías y restaurantes. Hay salas de juegos para los hijos de los empleados y se pueden llevar perros. El ambiente se parece más al de un campus universitario que al de una gran multinacional, pues a Page y a Brin les gustaba mucho el ambiente de Stanford, aunque con una cocina mejor.

DESARROLLO SOSTENIBLE

La economía tradicional, tanto capitalista como socialista, se basa en el supuesto del crecimiento de la actividad económica, entendido como aumento de la producción, de la productividad, del producto interior bruto (PIB) nacional, etc. En el siglo XVIII, en el XIX y durante parte del XX, esta idea no

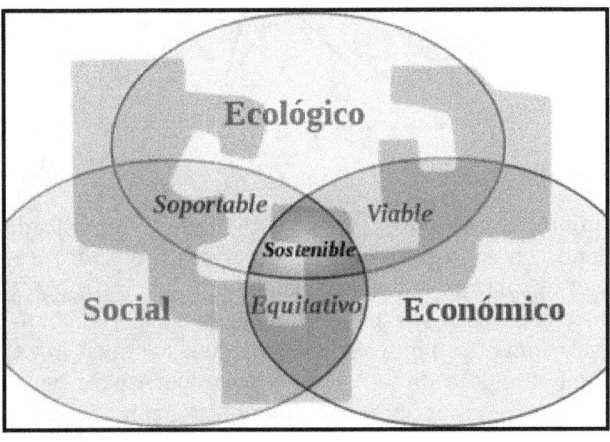

presentaba demasiados problemas y prácticamente todo el mundo la daba por sentada, pero a partir de la segunda mitad del siglo XX se ha puesto cada vez más de manifiesto que dicha tendencia al crecimiento económico indefinido no es viable.

La justificación teórica de esto en realidad es bastante simple e incontrovertible, y se sabía desde mucho tiempo antes, lo que sucede es que no se había manifestado aún en la práctica. Se conoce con el nombre de la **ley de los rendimientos decrecientes**, que dice que cuando el crecimiento económico depende de varios factores y alguno de ellos ya ha llegado a su límite máximo de utilización, llega un momento en que el crecimiento global comienza a disminuir paulatinamente.

Pongamos un ejemplo y supongamos que hablamos de agricultura. La producción de un país depende del área de terreno cultivable así como de la aplicación de mano de obra y de los avances técnicos. Pues bien, cuando se ocupa toda la superficie cultivable, el aumento de los otros factores incrementa la producción, pero llega un momento en que estos aumentos son cada vez un poco más pequeños y de ahí el nombre de rendimientos decrecientes.

Ley de los rendimientos decrecientes

Consideremos el siguiente escenario económico:

Factores variables
(tecnología)

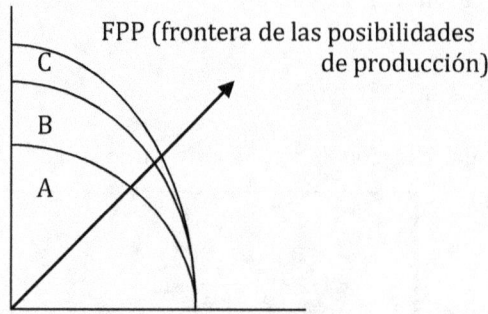

FPP (frontera de las posibilidades de producción)

Factor fijo (tierra)

Como se puede observar en este modelo simplificado, la producción sigue creciendo en el caso de que un factor sea fijo y otro u otros sean crecientes, pero el desplazamiento hacia la derecha de la frontera de posibilidades de producción es cada vez menor y de ahí que el crecimiento sea decreciente. Esto se ve claramente en que la superficie de las áreas A, B y C es cada vez menor y en que la longitud de la parte del vector que pasa por ellas cada vez es más corto. Consideremos ahora la siguiente situación:

Factores variables
(tecnología)

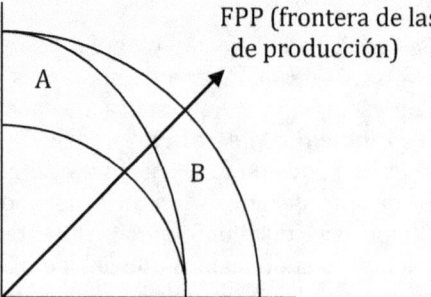

FPP (frontera de las posibilidades de producción)

Factor fijo (tierra)

De hecho en este segundo gráfico puede apreciarse visualmente la cuantía de la disminución del crecimiento cuando el factor tierra se estanca. Si ambos factores aumentasen por igual el resultado sería el área A + B. Sin embargo, cuando uno deja de crecer, el resultado solo es A, por lo que B indica la magnitud de la disminución, que en este caso es aproximadamente del 40% del que podría ser.

Por consiguiente, puesto que los recursos naturales son limitados, es imposible que el crecimiento económico sea indefinido. No querer reconocer esto supone además a la larga —y en esta situación hace tiempo que hemos entrado— esquilmar y degradar los recursos naturales de manera irreversible. Así, por ejemplo, de acuerdo con el Millenium Ecosystem Assessment, que es un informe realizado en 2005 por un equipo de cerca de mil cuatrocientos expertos comisionados por las Naciones Unidas, para el año 2050 habrá desaparecido hasta un 35% de especies tropicales en África, el 20% en Asia, el 15% en América y en torno al 10% en el resto del planeta.

Frente a esta situación, hay una nueva corriente dentro del pensamiento económico y social, inspirada en las aportaciones del ecologismo, que habla de desarrollo sostenible. Por **desarrollo sostenible** entendemos un desarrollo económico que no degrade de manera irreversible el medio ambiente y que sea capaz de reponer los recursos naturales utilizados o, en el caso de que no sea posible, que estudie la viabilidad de recursos alternativos. Así, por ejemplo, siempre que utilice madera, reforestará, o antes de agotar una  fuente energética, como el carbón o el petróleo, buscará formas renovables de energía como la energía eólica o hidroeléctrica.

Esto es importante porque, sin ir más lejos, aproximadamente el 85% de la energía que consumimos actualmente en todo el planeta es de origen no renobable, como hemos estudiado en el curso del profesor Andrew J. Friedland *Introduction to Environmental Science*. Por eso, desde la perspectiva de las ciencias del medio ambiente, a la hora de elegir entre las diversas fuentes de energía, lo primero que resulta esencial tener en cuenta es qué opciones son renovables y cuáles no renovables.

Además, este tipo de desarrollo tendrá en cuenta, dentro de los costes económicos o de producción, los propios costes medioambientales y los pagará escrupulosamente, cosa que ahora no es demasiado común a menos que la legislación de cada país lo tenga en cuenta, dándose por supuesto que resultan gratuitos.

Un verdadero líder a nivel internacional en esta manera de abordar los problemas es Jeffrey Sachs, que es entre otras cosas profesor de la Universidad de Columbia y asesor del secretario general de la Naciones Unidas. El profesor Sachs —que también imparte el MOOC titulado *The Age of Sustainable Development*— entiende que los seres humanos nos encontramos hoy en día por necesidad en la era del desarrollo sostenible, ya que nuestra generación tiene por un lado la capacidad de destruir el sistema que soporta la vida en la Tierra y, por otro, la de acabar con el flagelo que supone la pobreza extrema, porque ciertamente dispone de medios globales para ello.

Sachs subraya que el desarrollo sostenible consta de una dimensión teórica y de otra práctica. La primera estudia las interacciones entre la economía, el medioambiente, la política y la cultura, y explica cómo influyen en la prosperidad, la inclusión social, y la sostenibilidad medioambiental. La parte práctica intenta solucionar esos problemas y fomenta una aproximación global al desarrollo sostenible que abarca el proceso económico, el cuidado de los lazos sociales y la sostenibilidad medioambiental.

Para este autor, el desarrollo sostenible se va a convertir en el principio rector de la política, la economía y la acción ética de los próximos años a través del Programa de los Objetivos del Desarrollo Sostenible (ODS), que abordará los desafíos generales que tenemos por delante en sectores como la energía, el cambio climático y el empleo. De esta manera completará los Objetivos del Desarrollo del Milenio (ODM), adoptados a principios de este siglo por la ONU, que han resultado ser muy efectivos para combatir la pobreza y la enfermedad y que han ayudado a cientos de millones de seres humanos.

Países con más población del mundo			
1º	China	1.382.324.000	Asia
2º	La India	1.285.953.000	Asia
3º	Estados Unidos	324.119.000	América
4º	Indonesia	260.582.000	Asia
5º	Brasil	209.569.000	América
6º	Pakistán	192.827.000	Asia
7º	Nigeria	186.988.000	África
8º	Bangladesh	162.910.000	Asia
9º	Rusia	143.440.000	Europa
10º	Japón	126.960.000	Asia

Actualmente el país más poblado es China, pero es probable que la India lo supere antes del año 2030. Otros países que rebasan los cien millones de habitantes son México, que superará a Japón en cuestión de dos o tres años (y que según algunas fuentes ya lo ha hecho) y Filipinas.

España (que posee un serio problema demográfico) se encuentra en el puesto 30º, con algo más de 46 millones de habitantes, y está situada entre Colombia y Kenia por un lado y Argentina y Ucrania por otro.

Varias fuentes y en especial
http://www.worldometers.info/world-population/population-by-country/

LA SOCIEDAD DE MASAS

La globalización también afecta a la cultura. Por una parte, pone en manos de los individuos más información y más posibilidades de acceso y de expresión cultural. Pero por otra esa mayor facilidad no siempre se traduce en una mejora cultural sino en todo lo contrario.

El fenómeno cultural que explica más adecuadamente esta situación es el de los **medios de comunicación de masas.** Los principales son la prensa, la radio, la televisión e Internet. Gracias a ellos disponemos de más información y más rápida que nunca. Pero a veces pasamos más tiempo frente al televisor o frente al ordenador del que pasamos relacionándonos en persona. Por eso vamos paradójicamente, entre otras causas, hacia una sociedad donde aumenta la incomunicación personal.

Además, poseemos tanta información que una gran parte de los acontecimientos pasan desapercibidos simplemente porque es imposible estar informado de todo. Así, lo difícil no es obtener información a través de Internet, sino discriminar cuál es buena y cuál no, cuál relevante y cuál irrelevante. Sin embargo, en ocasiones la variedad es un tanto ficticia porque hay una gran concentración de medios que hace que estos estén en unas pocas manos. Por ejemplo, en España los grandes medios de comunicación se concentran en unos cuantos grupos (el estatal, los autonómicos, Prisa, Recoletos, Vocento).

Por otro lado, en lo que a la cultura se refiere, podemos recordar el análisis de José Ortega y Gasset (1881-1955) en *La rebelión de las masas* (1930). Para él, la sociedad es siempre una unidad dinámica de dos factores: minorías y masas. Ahora bien esto no es una división de clases sociales, sino de clases de individuos y quienes piensan que se limita a ser una distinción entre clases sociales se equivocan. Ortega dividía a las personas en "*las que se exigen mucho y acumulan sobre sí dificultades y deberes, y las que no se exigen nada especial, sino que para ellas vivir es ser en cada instante lo que ya son, sin esfuerzo de perfección sobre sí mismas, boyas que van a la deriva*".

Lo propio de nuestra época es para Ortega la ascensión de las masas al poder. A su vez, lo específico del hombre-masa era que "*cree que tiene solo derechos y no cree que tiene obligaciones*". La masa no solo vota sino que impone sus gustos: "*arrolla todo lo diferente, egregio, individual, calificado, selecto*". Sabiéndose vulgar, tiene el denuedo de afirmar su derecho a la vulgaridad y lo impone por todas partes. Por el contrario, "*el hombre esforzado o excelente está constituido por una íntima necesidad de apelar de sí mismo a una norma más allá de él, superior a él, a cuyo servicio libremente se pone*".

Así, a pesar de tanta oferta cultural, lo que más prevalece es con frecuencia lo peor. En la televisión, por ejemplo, desde que aparecieron las cadenas privadas, más que asistir a un pluralismo informativo y cultural, lo que observamos es una dura competencia por ganar cuota de pantalla a base de ofrecer programas soeces, que comercian con la intimidad de las personas y que halagan instintos tan bajos como el chismorreo, la vulgaridad, etc.

Ortega criticaba que las elites se hayan vuelto también vulgares y, en vez de aspirar a la excelencia en sus respectivas áreas, se dediquen a seguir los dictados de la masa. Y los que no van por ahí, lo más probable es que pasen a un segundo plano o incluso al ostracismo social. Como dice el pensador francés Alain Finkielkraut: "*No hay duda de que el no-pensamiento siempre ha coexistido con la vida del espíritu, pero es la primera vez en la historia europea que se aloja en el mismo vocablo y que disfruta del mismo estatuto; la primera vez que a quienes, en nombre de la «alta» cultura, se atreven todavía a llamarlo por su nombre se les tacha de racistas y reaccionarios*".

En el caso de nuestro país, iconos actuales de esta modernidad o postmodernidad de masas son, por ejemplo, hijas de tonadilleras que no han trabajado en la vida, ex-parejas de las susodichas hijas, nuevas novias de los ex-maridos, abogados sin escrúpulos de estos, *periodistas* especializados en tales asuntos, concursantes de programas de televisión de cotilleo o de puro exhibicionismo, etc. Y mientras tanto, no hay puestos de trabajo para muchos de los jóvenes que han adquirido una formación científica de elite y que se ven obligados a emigrar o a dedicarse a otro tipo de tareas.

LA CULTURA MUNDIAL

Una variante moderna de esta idea de globalización cultural, aunque más sofisticada, podemos encontrarla en el libro *Filosofía de la cultura* de Jesús Mosterín (y en otras obras posteriores). De acuerdo con este, el proceso actual de difusión cultural se caracteriza por su universalización: "*En estos momentos estamos asistiendo a la construcción de una única cultura mundial, en la que se funden y hacia la que convergen las diversas culturas étnicas tradicionales. El proceso puede ser momentáneamente frenado aquí o allá, pero en conjunto es irreversible (a menos que una improbable guerra mundial destruya las mismas bases técnicas que lo sustentan y lo hacen inevitable)*".

Se trataría de una cultura con una máxima variabilidad individual, es decir, en la que la oferta cultural a disposición de los individuos fuera máxima, y con una mínima variabilidad social, esto es, en la que las diversas culturas que ahora hay darían paso a una cultura sincrética global: "*El proceso de difusión cultural parece conducir a una situación caracterizada tanto por una mayor variación intracultural como por una mayor homogeneidad intercultural*".

Sin embargo, la situación resultante no nos parece tan encomiable como supone Mosterín. A este filósofo, aunque reconoce que hay en tal proceso problemas y conflictos, el resultado general le parece muy bien: "*Este proceso casi inevitable de universalización de la cultura conlleva tanto oportunidades de mayor felicidad (porque la probabilidad de que cada humán en cada rincón del planeta encuentre el meme que resuelva sus problemas a su gusto se verá obviamente incrementada con el enriquecimiento ecuménico de la oferta cultural) como peligros de un empobrecimiento del acervo cultural humano total, si memes valiosos de los grupos culturales periféricos desaparecen del todo y son meramente sustituidos por memes homólogos exógenos, de tal manera que disminuya la variabilidad cultural total de la humanidad*".

Por lo que respecta a la parte negativa del planteamiento, Mosterín acierta, solo que lo que ahí parece considerarse en potencia, ocurre dramáticamente en acto. Por lo que respecta a la parte positiva de la tesitura, la de un mayor incremento de la oferta cultural general, hay un sentido en que esto es cierto, pero hay otro en que se sustenta sobre una sutil falacia: la del ser humano autosuficiente, perfectamente formado al margen de su medio cultural, en esencia *trasparente* a sí mismo, esto es, plenamente consciente de lo que es y lo que quiere: unos rasgos estos que no se sabe muy bien de dónde proceden ni en virtud de qué supuesto criterio uniforme se consideran valiosos. En definitiva, se trataría de proponer el hipotético agente racional de la moderna teoría económica como último modelo humano, cosa que es muy discutible.

A esa situación de fusión cultural podría llamársela en cierto sentido la *newyorkinización* global, no porque en Nueva York no haya mucho sincretismo, que lo hay, aunque también hay muchas subculturas aisladas, sino porque la oferta cultural es en verdad formidable. Sin embargo no parece una situación ideal. Nueva York es sin duda una ciudad fascinante, pero un mundo hecho a su imagen sería muy extraño y probablemente mucho más pobre.

PROBLEMAS DE UNA CULTURA MUNDIAL

Una *supercultura* no es superior a la suma de la totalidad de las culturas. De hecho puede que sea incluso inferior a algunas de ellas. Además, tarde o temprano estaría abocada a la fragmentación (posiblemente en forma de *guetos*), por un lado, y por otro, a la larga a un empobrecimiento por efecto de la endogamia. Además, respecto de esta cultura, en cuanto está basada fundamentalmente en el género de vida occidental, cabe decir como observara con suma agudeza Claude Lévi-Strauss en *Raza e historia* (1952) lo siguiente: "*Esta adhesión al género de vida occidental, o a ciertos aspectos suyos, dista de ser tan espontánea como gustan de creer los occidentales. Es menos el resultado de una decisión libre que de una ausencia de elección*".

Habida cuenta de cuáles son las culturas (y dentro de estas los aspectos con mayor predicamento) hoy con más probabilidades de configurar la matriz de esa supercultura, nos vemos todos comprando las mismas cosas en inmensos hipermercados, viendo los mismos programas por la televisión, oyendo (y padeciendo) los mismos discursos políticos y, eso sí, en algunos casos visitando —los pocos que aún se interesen por esas cosas— de vez en cuando estupendos museos o asistiendo a magníficos conciertos.

Hablando de los Estados Unidos de América, como dice el periodista Vicente Verdú en su ensayo *El planeta americano* (1996), "*la extensión del concepto americano de vida conlleva la perturbación de más de media humanidad y el empobrecimiento cultural de casi cualquier mundo [...] No importa si se trata de la civilización europea o la oriental, la americanización va deglutiendo los estilos de vida, los valores, los mitos, la manera de vestir o de cenar*".

Además, hay que tener en cuenta el efecto de saturación que acaba por producir una cantidad masiva de información, muy superior a la cantidad potencial de asimilación del receptor. Los ejemplos que cabe aducirse son muchos, pero puede bastar con uno, el de Internet. Pues bien, casi desde que se popularizó hay una corriente de usuarios que se están dando cuenta de que, a pesar de sus inmensas ventajas, como decía Joshua Quittner allá por 1995: "*Hay demasiada información y no la suficiente sustancia. Millones de personas y ninguna comunicación que merezca la pena*".

Frente a ello, cabe recordar y desear con Claude Lévi-Strauss en *Raza e historia* —para quien en definitiva "*no puede haber una civilización mundial en el sentido absoluto que se da a menudo a tal expresión, ya que la civilización implica la coexistencia de culturas que ofrecen entre sí el máximo de diversidad y consiste propiamente en tal coexistencia*"— que "*la civilización mundial no será sino la coalición a escala mundial de culturas que preservan cada una su originalidad*".

En nuestra sociedad el rol principal de las personas viene definido por lo general por su puesto de trabajo. Sin embargo, en las últimas décadas se ha producido un gran cambio social y las condiciones laborales se han hecho más mudables, cortas y precarias de lo que habían sido hasta entonces, durante décadas e incluso siglos, lo cual rompe con el sentido narrativo y de continuidad que a lo largo del tiempo nos iba definiendo ante los demás e incluso ante nosotros mismos.

En *La corrosión del carácter*, el eminente sociólogo norteamericano Richard Sennett analiza cómo han ido afectando los cambios en las condiciones laborales del sistema capitalista al carácter de las personas, sobre todo de los trabajadores, concepto este del *carácter* que entiende como el valor moral que le confieren a sus aspiraciones y a sus relaciones con los demás.

Sennett posee el inmenso talento de acercarse a estos fenómenos combinando magistralmente el análisis de casos individuales con un adecuado uso de los datos estadísticos y un excelente dominio de las teorías sociales pertinentes, y utiliza así muy bien lo que hemos denominado la imaginación sociológica siguiendo Mills.

LOS COMIENZOS DEL TRABAJO INDUSTRIALIZADO

Hasta el siglo XVIII la mayor parte del trabajo se realizaba cerca del entorno familiar, cuando no en la propia casa. Los agricultores y granjeros cultivaban frutas y verduras o criaban animales junto a la casa donde vivían; los artesanos, como los panaderos, los carpinteros o los alfareros, tenían tus talleres junto al hogar, y así sucesivamente. De esta manera se definía buena parte del orden laboral y urbano.

A mediado del siglo XVIII se creó la fábrica de papel de L´Anglée, en los alrededores de París, que estudió el gran filósofo ilustrado Diderot y que constituye uno de los primeros ejemplos de separación del lugar de trabajo y de la casa.

En los grabados que acompañan al texto, que Diderot publicó en el tomo V de la *Enciclopédie*, aparece un espacio diáfano, limpio y ordenado, bastante idealizado respecto de lo que era de veras el trabajo en una fábrica de papel.

El secreto de ese nuevo orden industrial que representaba la fábrica de L´Anglée era para Diderot su organización y a su vez la base de esta era la *rutina*. En la fábrica cada cosa tenía su sitio y cada cual sabía lo que tenía que hacer en todo momento. Diderot creía que dominado la rutina y el ritmo de trabajo los obreros llegarían a controlarlo y a desenvolverse de manera relajada. En los grabados de la *Enciclopédie*, los trabajadores —niños, mujeres y hombres— se ven contentos, tranquilos y en buena armonía, y de esta manera sirven para visualizar muy bien los ideales de igualdad y fraternidad de la época ilustrada.

Sin embargo, en *La riqueza de las naciones* (1776), Adam Smith veía la realidad de la fábrica de una manera muy distinta. Adam Smith se considera el apóstol del liberalismo, pero como señala Sennett es mucho más que eso, pues se dio muy bien cuenta del lado oscuro del mercado y para eso lo mejor es acercarse directamente a su obra.

En efecto, Smith considera en el libro I de *La riqueza de las naciones* que el mayor progreso de la capacidad productiva del trabajo parece ser una consecuencia de la división del trabajo. Al economista escocés le llamó mucho la atención una fábrica de tachuelas que visitó cierta vez. Un trabajador no cualificado podía hacer poco más de una tachuela al día. En cambio en la fábrica que vio Smith había diez obreros que habían dividió la producción en varias operaciones concretas, de las que se encargaba específicamente cada uno, y eran capaces de producir cuarenta y ocho mil tachuelas diarias. Smith se quedó impresionado con esta mejora y no es para menos. Pero conforme el libro avanza, reconoce que dividir el trabajo en tareas minúsculas y repetitivas condena a los obreros a jornadas mortalmente aburridas. A partir de cierto nivel, la rutina se convierte en una fuerza destructiva porque las personas hacen siempre lo mismo, por lo general tareas muy simples, y pierden el control de su esfuerzo, lo que conduce a que con el tiempo se atrofien mentalmente, a que se hagan estúpidos e ignorantes.

A su vez, a mediados del siglo XIX, el joven Karl Marx entendía en sus *Manuscritos económico-filosóficos* (1844) que en las condiciones de la sociedad industrial el producto del trabajo se convierte en algo *extraño* para el propio trabajador que lo ha realizado. Se convierte en un producto más del mercado, en una simple mercancía, sin valor en sí misma, y no en el resultado de su capacidad y talento, como podría ocurrir, por ejemplo, en el caso de la producción artesanal, que es preindustrial. Además, puesto que para Marx, el trabajo es la máxima expresión en la que se puede realizar el ser humano, lo que hace que progrese históricamente, cuando un obrero pierde toda relación con el producto de su trabajo, acaba por deshumanizarse y alienarse.

Consideremos el caso de la industria automovilística, que tan importante ha sido desde su aparición a finales del siglo XIX, a título de ejemplo. Hasta principios del siglo XX los automóviles se fabricaban de manera casi artesanal, por un personal muy cualificado que hacía casi de todo. A partir de los años diez de dicho siglo, Henry Ford introdujo el modelo de montaje en cadena en su compañía. Ford, que pagaba muy bien a sus obreros, organizó la producción como una cadena de trabajo en la que cada empleado se limitaba a realizar unas cuantas operaciones sencillas, una y otra vez, sobre el automóvil, como colocar el motor o ajustar las ruedas, que después pasaba al siguiente puesto de dicha cadena de montaje para que otros trabajadores continúen con el proceso. Esto se conocería luego como el **fordismo**.

En esta misma línea el psicólogo industrial Frederick Taylor —que dio nombre al **taylorismo**— se dedicó a cronometrar el tiempo de trabajo necesario para colocar un faro o un guardabarros, llevando así la imagen de la fábrica de tachuelas de Smith a un extremo prácticamente sádico en donde trataba a los obreros como cobayas. Taylor consideraba que no era necesario que los obreros comprendieran la complejidad del proceso de producción del que formaban parte, más bien al contrario, sino solo que hiciesen pronto y bien su parte del trabajo.

Los trabajadores ignorantes y estúpidos de los que hablaba Smith se aburrían y se deprimían en las fábricas que habían adoptado el modelo fordista o taylorista, y al cabo de un tiempo disminuían su productividad. Otros psicólogos industriales posteriores a Taylor, como Elton Mayo a principios de los años treinta, recomendaban en cambio a los empresarios que mostraran más consideración por los trabajadores porque la desmotivación es muy contraproducente.

Daniell Bell en su obra *The End of Ideology* (1960) estudió a mediados del siglo XX la producción industrial en una planta gigante, de más de un kilómetro de longitud, de la General Motors, en la que había todo lo que se necesitaba para producir automóviles, desde el acero y el cristal hasta las máquinas para construir motores. El trabajo estaba organizado mediante los principios de la ingeniería industrial sobre el tamaño, el tiempo y la jerarquía. El tamaño de la fábrica era muy grande porque, a mayor tamaño, mayor producción y eficacia (economía de escala). El tiempo para realizar cualquier operación estaba minuciosamente calculado tal como proponía Taylor, de manera que un jefe sabía en todo momento lo que tenía que estar realizando un obrero. En cuanto a la jerarquía, el trabajo organizativo estaba separado del trabajo del taller. De esa manera los jefes podían controlar siempre a los trabajadores sin ser observados por ellos ni estar sometidos al ruido de la fábrica.

Bell pensaba que este sistema haría que los empleados se rebelaran, pero no fue así, pues, como señala Sennett, la rutina puede resultar degradante y descomponer el trabajo, pero también puede componer —en la línea de Diderot— el relato sobre el que se desarrolla la vida ya que sirve para definir muy bien el rol principal de una persona.

Volvemos así a la contraposición entre Diderot y Smith de la mano de Sennett. Diderot no creía que el trabajo rutinario fuera degradante, sino que consideraba por el contrario que puede componer el relato vital, según las reglas y los ritmos van cambiando gradualmente. En cambio Smith pensaba que una experiencia más variada y diversa resultaba más estimulante en el ámbito laboral, y para él el modelo por antonomasia lo representaba el pequeño agricultor o el pequeño empresario que conocían muy bien las diversas facetas de sus negocios y sabían llevarlos adelante, para lo cual requerían un gran talento y dedicación.

LA ERA DE LA FLEXIBILIDAD

En la actualidad asistimos a un cambio de modelo en muchos sectores de la actividad económica —incluidos los que se consideran más dinámicos y punteros, como los relacionados con Internet y las nuevas tecnologías—, en el que predomina una organización flexible del trabajo. De acuerdo con Sennett, este nuevo modelo se basa en tres principios: 1º) la reinvención discontinua de las organizaciones, 2º) la especialización flexible de la producción y 3º) la concentración del poder descentralizado.

La *reinvención discontinua* de las organizaciones consiste en lo siguiente: el supuesto fundamental de los modernos modelos empresariales es la idea de que las redes de trabajo flexibles son mejores frente a los cambios de los mercados que las estructuras jerarquizadas. La razón de este cambio de modelo se debe a la considerable volatilidad de la demanda de consumo, que impone un modelo de producción muy cambiante. Un ejemplo es el de la telefonía móvil. Hace unos años el sector lo dominaba Nokia, luego pasó a Samsung (con permiso de Apple, que también fabrica ordenadores, tabletas y programas) y así sucesivamente.

Sin embargo, la flexibilización de las plantillas, que se suele sustanciar en el despido fácil y barato de los trabajadores, no siempre es buena porque disminuye la motivación de los trabajadores, que en vez de pensar en lo afortunados que son por haber evitado el despido están preocupados ante la posibilidad de ser los próximos en irse a la calle. A causa del hecho de que las empresas deben demostrar ante los mercados que son flexibles y capaces de reestructurarse con facilidad, ocurre que se abandonan negocios viables y que muchos trabajadores competentes se encuentran en la cuerda floja en vez de verse reconocidos debidamente. En 1994 la multinacional norteamericana de maquinillas de afeitar Gillette decidió cerrar su fábrica de Sevilla, con cerca de

250 trabajadores, no porque no fuera rentable, pues de hecho tenía unos beneficios considerables, sino porque pensaba llevarse la producción a otros países con costes laborales menores como Polonia o Turquía.

La *especialización flexible* consiste en intentar suministrar al mercado productos más diferenciados lo más pronto posible. Es el modelo que observamos en las telecomunicaciones y en la economía de la globalización, cuyo ejemplo más claro es el de Apple, cuyo fundador, Steve Jobs, decía que iba a crear nuevos productos que la gente ni siquiera sabía que necesitaba, como por ejemplo la tableta, que es un aparato intermedio entre el ordenador personal y el teléfono móvil.

La *concentración descentralizada* puede observarse en cómo se producen muchos bienes de consumo actualmente. Consideremos un ordenador de una marca norteamericana. Sus partes están construidas en China o puede que en otros países emergentes y en Estados Unidos lo más probable es que, al margen de diseñar el modelo, solo manufacturen su montaje final. Volviendo a Apple, a principios de 2012, el presidente norteamericano Barak Obama le preguntó a Steve Jobs cuánto costaría fabricar el iPhone en los Estados Unidos y este le respondió que eso ya no era una opción viable para la mayoría de sus productos.

UNA PANADERÍA DE BOSTON

Sennett cuenta que para preparar uno de sus libros había estudiado veinticinco años antes cómo funcionaba una panadería de Boston. Se trataba de un local italiano aunque los operarios eran por aquel entonces —a mediados de los años setenta— de origen griego. El trabajo era duro y no le gustaba demasiado a los empleados, pero les hacía sentirte orgullosos de sí mismos porque además de esfuerzo requería de una considerable pericia laboral. A menudo se quemaban con el horno, amasar a mano precisaba mucha fuerza y encima trabajaban de noche, por lo que veían poco a sus esposas e hijos, pero no era un trabajo que hiciera bien cualquiera y eso hacía subir su autoestima.

Cuando Sennett volvió a la panadería veinticinco años más tarde, el negocio había pasado a formar parte de una cadena y, aunque seguían haciendo buenos productos, el panorama había cambiado radicalmente. Los panaderos ya no eran griegos, sino unos cuantos italianos, un par de vietnamitas y algunos más difíciles de identificar en términos étnicos. Los trabadores iban y venían en distintos turnos, los horarios eran flexibles y la producción se había automatizado de manera que había una gran máquina controlada por un programa informático que se dirigía pulsando unos iconos que representaban los distintos tipos de pan. Hasta los vietnamitas, que apenas sabían inglés, podían manejarlo. Como señala Sennett, el pan se había convertido en una imagen de la pantalla.

El encargado era un jamaicano negro llamado Rodney que había empezado en el negocio desde abajo y que había ido progresando a base de esfuerzo y dedicación. Era el único que estaba comprometido de verdad con el trabajo y tenía una perspectiva general del mismo. Los demás eran conscientes de que no hacían más que tareas muy simples y que estaban de paso, pues al cabo de un par de años solían cambiar de empleo en busca de otro mejor.

Pero aunque la máquina se suponía que estaba para facilitar las cosas, lo cierto es que fallaba con cierta frecuencia y el pan que producía estaba poco hecho, quemado o salía mal, así que tiraban mucho a la basura, cosa que antes no ocurría. Cuando se estropeaba, los empleados podían rectificar algunas veces el proceso pero lo que no podían hacer era arreglar ellos mismos la máquina o incluso hacer el pan a mano, porque no sabían. Cuando la máquina funcionaba mal, simplemente tiraban el pan y esperaban a que el técnico fuera a repararla sin poder hacer nada mientras tanto. Su trabajo se había hecho *ilegible* para ellos mismos, en el sentido de que no entendían qué es lo que estaban haciendo. Sabían que el trabajo bien hecho es importante, querían ayudar cuando las cosas iban mal, pero no podían. Además, tenían otras obligaciones al margen de la panadería, como otros empleos o una familia a la que dedicarse, y por tanto el trabajo en la panadería no era demasiado importante para definir su rol social.

Los viejos trabajadores griegos de la panadería de Boston tenían un fuerte *êthos* del trabajo y se consideraban buenos representantes de la clase media americana. Se valoraban a sí mismos positivamente y se respetaban entre sí como buenos padres de familia y como buenos trabajadores, pero esto último ya no era posible para los nuevos empleados.

En aquella panadería de horarios a tiempo parcial, de turnos de día y de noche, de contratos cortos y de personal multilingüe, el único criterio de orden lo establecía la máquina, pero la terrible paradoja consistía en que, al disminuir la dificultad y la resistencia que suponía el nuevo modo de realizar el trabajo, se creaban unas condiciones para que los operarios tuviesen una actitud acrítica e indiferente respecto a él porque, ya no les servía para confirmar su propia valía.

LOS DESEMPLEADOS DE IBM

La primera gran compañía de ordenadores que ha habido fue la norteamericana IBM (International Business Machines), ubicada en Nueva York, que tenía además una larga tradición previa con otro tipo de máquinas dedicadas al almacenamiento y tratamiento de datos de grandes negocios y bancos. IBM contribuyó mucho al desarrollo de la informática durante los primeros tiempos de esta y en 1953 creó el primer gran computador basado en válvulas de vacío, tecnología que substituyó a los antiguos interruptores electromecánicos. En 1957, desarrolló el primer sistema de almacenamiento informático de disco. En 1959, los transistores empezaron a substituir a las válvulas de vacío. Antes los ordenadores se utilizaron principalmente en centros de investigación y del gobierno, y apenas eran usados por empresas privadas, pro IBM ayudó a cambiar ese panorama.

IBM tuvo por aquella época una posición dominante en el mercado y llegó a contar con 400.000 empleados, que además gozaban de unas excelentes condiciones laborales: contratos laborales vitalicios, seguros médicos, becas para los hijos, clubes sociales, ayudas para las hipotecas y pensiones. En cambio Apple tiene en la actualidad unos cien mil empleados solamente. Pero IBM no se adaptó a los cambios que transformaron el sector desde finales de la década de los ochenta y no supo calibrar bien la importancia que iban a tener los ordenadores personales y más tarde Internet. Mientras que en 1986 IBM había registrado los mayores beneficios recaudados por una empresa norteamericana, seis años después, en 1992, acumuló pérdidas de 8.000 millones de dólares. Su compleja burocracia había resultado ser paralizante cuando la compañía Microsoft de Bill Gates la sobrepasó. En la primera mitad de 1993 IBM despidió a un tercio de sus empleados de la central en Hudson Valley (Nueva York) y un año más tarde se había quedado con poco más de la mitad de la plantilla.

Un grupo de seis o siete programadores y analistas de sistema de IBM despedidos se reunían de vez en cuando en el café neoyorkino de River Winds para hablar de sus cosas, y allí los conoció Sennett, que se unió a ellos y fue testigo de sus conversaciones. Sennett observó que asimilar lo que les había ocurrido fue un proceso que pasó por tres grandes etapas.

En la primera le echaron la culpa de sus despidos a los directivos de la empresa y se sentían traicionados, víctimas impotentes de las decisiones de la compañía. Luego comprendieron que no se trataba de una explicación muy coherente porque a muchos directivos también los habían echado a la calle.

En la segunda fase culparon a la economía global, como al hecho por ejemplo de que IBM había comenzado a encargarle parte de su trabajo a programadores y analistas indios, que eran muy buenos pero que cobraban salarios mucho más bajos. Así estuvieron varios meses, pero los ex-trabajadores de la compañía comprendieron, como buenos ingenieros que eran, que esa explicación tampoco se sostenía.

En la tercera fase se produjo una novedad muy importante al centrarse en los cambios que se habían producido en el campo de la programación y la ingeniería informática. Entonces pasaron a hablar de lo que podían y debían haber hecho ellos mismos para anticiparse a la situación que se les venía encima. Comenzaron a quejarse de haber dependido tanto de la compañía y pensaban que lo que tenían que haber hecho era haber explorado las posibilidades del sector de los ordenadores personales y de las *star-ups* tecnológicas, como hacían los chicos del entonces incipiente Silicon Valley en California.

Sennett observó además que estos antiguos empleados de IBM (compañía que luego se ha recuperado y ha vuelto a ser una de las mayores empresas del mundo y está entre las cincuenta primeras) también habían cambiado socialmente. Antes eran miembros de los consejos escolares o incluso ediles municipales, pero habían abandonado esos cargos porque ya no les interesaban los asuntos públicos. Lo que habían hecho en cambio era dedicarle más tiempo a la vida parroquial.

Pero, para los antiguos analistas y programadores de IBM, dejar el análisis aquí sería no abordar la verdadera tarea que se traían entre manos, que no era otra que la de hacerle frente a su fracaso laboral y explicarlo en términos de su propia forma de ser. El momento decisivo fue cuando pasaron de verse como víctimas de la situación a reconocer que tenían un papel más activo en la misma y a sentirse responsables de lo que les había ocurrido.

Al final, los programadores hablaban con un tono más resignado que irritado y, como dice Sennett, cualquier persona que haya experimentado un fracaso profundo a lo largo de su vida puede reconocer la tendencia a que lo único que hace soportable el fracaso, una vez destruidas las esperanzas y los anhelos, es mantener en activo la propia voz.

Pero enfrentarse al fracaso y dilucidar la propia responsabilidad es una cosa y otra es hallar la manera de salir adelante. Podemos admirar la fuerza personal de estos programadores, dice Sennett, pero la vuelta hacia sí mismos y la limitación de sus relaciones personales señala los límites de la coherencia que han alcanzado. En el mundo actual se necesita aún un sentido comunitario más amplio y un sentido del carácter más completo para tratar con el fracaso.

CONSIDERACIONES FINALES

Las grandes empresas actuales dan la impresión de ser meros nódulos de una red global y los países temen que, si ejercen su autoridad aumentando los impuestos o limitando el despido libre, las empresas se marchen a otro lugar. Sin embargo Sennett entiende que hay indicios que sugieren que la economía no es tan indiferente al lugar donde se localiza como a veces se da por supuesto. Incluso en los mercados del Sudeste Asiático, que pasan por ser los más flexibles que hay, la ubicación geográfica es importante desde el punto de vista cultural y social en muchas de las decisiones económicas.

Un lugar se convierte en una comunidad cuando la gente utiliza el pronombre *nosotros*. Una nación es una comunidad cuando sus gentes transforman sus creencias y sus prácticas comunes en valores y prácticas cotidianas concretos.

Sin embargo, las condiciones del capitalismo actual, con todo lo que supone de flexible, fluido, deslocalizado e individualista, han conducido como reacción a que la gente busque un nuevo sentido de pertenencia a la comunidad. Para Sennett este deseo de pertenencia a una comunidad es un movimiento defensivo (cosa con la que disentimos) y lo más importante de la estructura comunal son los muros que erige contra un orden económico hostil y no lo que hay dentro.

Los vínculos sociales surgen sobre todo de la sensación de dependencia. Todas las consignas del nuevo orden consideran la dependencia como una condición vergonzosa, desde los ataques contra la burocracia a los elogios por el emprendimiento, y ninguna ayuda a promover unos vínculos fuertes que faciliten la posibilidad de compartir.

Los ataques al Estado de Bienestar, desde los tiempos del presidente norteamericano Ronald Reagan y la primera ministra británica Margaret Thatcher en los años ochenta, tratan a las personas dependientes como si fueran parásitos en vez de seres humanos necesitados. La destrucción de las redes de solidaridad social se justifica por la liberalización de la economía para que sea más flexible, como si esos *parásitos* estuvieran hundiendo a los miembros más dinámicos de la sociedad. Pero avergonzarse por necesitar a otros tiene como consecuencia la erosión de la confianza interpersonal y la capacidad de compromiso. Esto puede conducir a la pérdida de confianza: "*Bonds of trust are tested when things go wrong and the need for help becomes acute*".

XIII.-RACISMO, XENOFOBIA Y PLURICULTURALIDAD

"El racismo es sin duda la peor de las abominaciones colectivas. [...] Lo más siniestro del racismo es que no permite ninguna reconciliación con el «otro», con el «diferente»: en efecto, uno puede educarse mejor, cambiar sus costumbres, sus ideas, su religión... pero nadie puede modificar su patrimonio genético".
Fernando Savater: *Política para Amador.*

En las sociedades occidentales modernas asistimos desde hace algún tiempo a un fenómeno social y cultural bastante novedoso. Se trata del fenómeno de la inmigración. La desigualdad de la riqueza entre países ricos y países pobres, así como el aumento de la población en estos últimos, hace que, desde que se asentó el período de descolonización, las sociedades occidentales vayan recibiendo un flujo de inmigrantes de distintas nacionalidades, razas y culturas.

Los fenómenos migratorios no son nuevos. Lo nuevo es la forma, la rapidez y el tamaño que poseen en las sociedades occidentales modernas, como los Estados Unidos, Europa Occidental, Japón o Australia, debido a las diferencias económicas y de nivel de vida entre unos lugares y otros así como a las facilidades para desplazarse de unos países a otros.

Ante esta situación se suscitan importantes y graves problemas de rechazo como el racismo y la xenofobia, por una parte, y nuevas posibilidades de crecimiento económico y de integración pluricultural e interracial, por otra. Se trata de cuestiones muy complejas, por lo cual lo que vamos a contar tentativamente aquí es solo una parte reducida de las mismas. Sin embargo, son muy importantes porque gran parte de los mayores cambios que esperan a nuestra sociedad en el futuro inmediato van por ese camino y hay que saber cómo abordarlos.

INMIGRACIÓN

La **migración** consiste en el desplazamiento de individuos o poblaciones de un lugar para asentarse en otro. Es un fenómeno que siempre ha existido en la historia de la humanidad. De hecho, nuestra especie surgió en algún lugar del África Oriental, probablemente en Etiopía, hace unos 200.000 años y desde allí se ha extendido por el resto de la Tierra. La migración se llama **inmigración** cuando se refiere al proceso por el que personas extranjeras vienen al país desde el que se considera el fenómeno, y se denomina **emigración** cuando alude a la marcha hacia otros países.

En la actualidad las migraciones son un fenómeno que está cobrando un auge especial en sociedades como la nuestra y que conlleva aspectos económicos, culturales, legales y políticos, aunque es cierto que con la crisis económica que vivimos desde el año 2007 ha disminuido en países como el nuestro, del que en cambio se está marchando una proporción significativa de jóvenes, a menudo con una gran formación, en busca de destinos donde encontrar un trabajo, como es el caso de Alemania.

Trataremos con brevedad cada uno de sus aspectos principales.

Aspectos económicos: En la actualidad hay un notable flujo migratorio hacia determinados países como España, Francia, Gran Bretaña, etc., de ciudadanos del denominado Tercer Mundo (El Magreb, Europa del Este, Sudamérica, Asia) debido a que en las últimas décadas ha aumentado la diferencia económica entre países ricos y países pobres y también a que la población ha crecido mucho en estos países. De hecho, entre 1970 y 2000 la población mundial ha pasado de 3.000 millones de habitantes a algo más del doble y actualmente supera los 7.300 millones.

La mayoría de los emigrantes se van de su país por razones económicas, pues buscan fuera el trabajo y los recursos para subsistir que no encuentran en su tierra. Otros también lo hacen por motivos políticos, porque son perseguidos por regímenes dictatoriales y demás. Pero desde luego casi nadie lo hace por gusto.

En ocasiones los inmigrantes poseen una gran formación académica y profesional, pese a lo cual lo común es que comiencen a trabajar en los países a los que emigran en las tareas más duras, peor remuneradas o menos reconocidas socialmente, es decir, en las tareas que no quieren los habitantes del lugar. Por eso se explica que España tenga casi 5 millones de parados y sin embargo necesite aún mucha mano de obra extranjera en sectores como la construcción, el servicio doméstico o el campo, aunque desde luego menos que hace algunos años (antes de la crisis). Por esa razón no es cierto que los inmigrantes vengan a llevarse nuestro trabajo. Más bien se quedan por lo general con el que nadie quiere desde mucho antes de que lleguen.

Al igual que cuanto más pobre es un país, mayor es su tasa demográfica, cuanto más rico es, menor suele ser el crecimiento de su población. De hecho, en muchos países europeos dicha tasa es negativa. El caso de España es muy grave porque tiene junto a Italia la tasa demográfica más baja del Mundo en estos momentos, con 1´2 niños por cada dos habitantes adultos. Por eso se estima que la población española, que actualmente es de 42 millones y cuenta con poco más de 5 millones de inmigrantes de acuerdo con los datos del INE (en 2009 llegó a un pico de casi 6 millones), pasará a 30 millones en el año 2050 de mantenerse esta tendencia. Se precisará —además de aumentar la tasa de natalidad— entre unos siete u ocho millones más de inmigrantes para mantener nuestra estructura productiva. Las razones de ese fenómeno son complejas pero entre ellas hay que tener en cuenta el aumento del nivel de vida (criar a un hijo es mucho más caro que hace unas décadas), el doble trabajo en las jóvenes parejas, así como su tardía incorporación al mundo laboral y la dificultad de lograr de cierta estabilidad económica y vital.

Puesto que esto es así, se llega a la conclusión de que los inmigrantes que vienen aquí no solo mejoran su propia situación laboral, sino que contribuyen a mejorar la economía del país que los acoge. El caso paradigmático es el de los Estados Unidos, la nación más rica de la Tierra, que es un país de inmigrantes.

Aspectos culturales: La inmigración no es solo un fenómeno económico, sino también cultural, porque cada inmigrante trae consigo su propia lengua, religión, costumbres y cultura, lo cual puede dar lugar a problemas de adaptación y de aceptación en el país de acogida.

No tiene sentido ocultar o minimizar estas posibles dificultades, pues lo que conviene es abordarlas buscando la integración cultural desde el respeto a la diferencia y al país de acogida. Por una parte, es sin duda recomendable que los inmigrantes hagan un esfuerzo de adaptación a la cultura del país que los acoge, sin que ello implique renunciar a la suya. En este sentido, el politólogo italiano Giovanni Sartori ha manifestado que *"si entras a un país que no es el tuyo y te beneficias de ello, considerando que no se te ha obligado a acudir al mismo, entonces debes atenerte a los valores básicos de la sociedad que te acoge".*

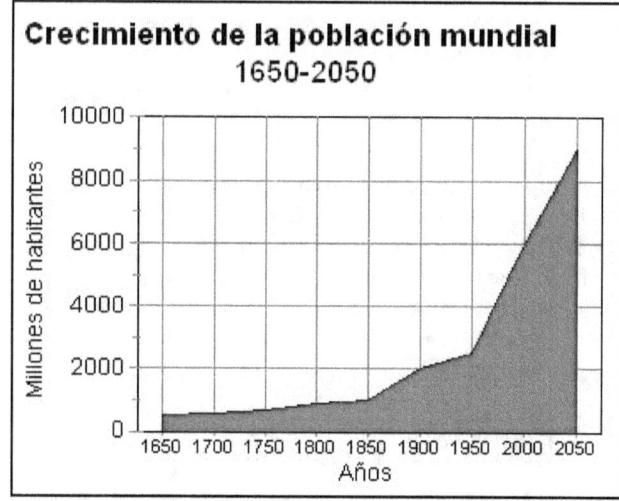

Crecimiento de la población mundial 1650-2050

Se trata de algo difícil porque si un inmigrante viene a España, no es porque conozca bien o le guste mucho la cultura española, que lo más probable es que no le diga gran cosa, sino porque tendrá contacto con alguien de su tierra que trabaje aquí y que le cuente que puede encontrar una oportunidad. Dicha integración se dará más bien en la segunda generación de inmigrantes, es decir, en la de aquellos que nazcan en el nuevo país y se formen en su sistema educativo, aunque el proceso no está exento de dificultades.

Por otra parte, los habitantes del país de acogida también deben hacer un esfuerzo de respeto y comprensión de la diversidad que los inmigrantes traen consigo, que además puede ser una importante fuente de riqueza cultural. Lo que no se puede pretender es, como hacían algunos políticos del Poniente almeriense hace años, que los inmigrantes que acogen en su tierra, y que han contribuido a hacer de ella una región muy próspera, se vuelvan *invisibles* cuando acaban la jornada laboral.

En cualquier caso, hay que saber distinguir lo esencial de lo accidental, a pesar de que no siempre es fácil. No es lo mismo el respeto a la ley, que se le exige a todo el mundo (sea nacional o extranjero), que las costumbres o usos distintos, que gozan de una gran libertad en las sociedades democrática.

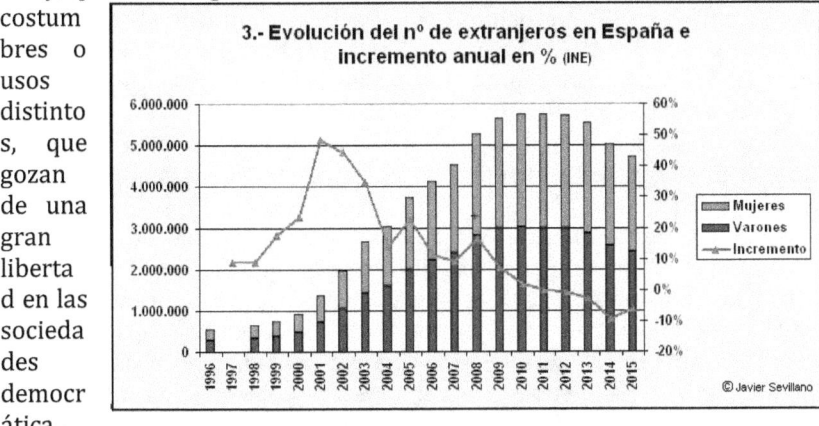

Así, por ejemplo, en algunos países africanos se practica la mutilación genital femenina y, como consecuencia de la inmigración africana, en países como Gran Bretaña o Francia se detectan varias decenas de miles de casos al año (en España hace años que se detectaron los primeros) de esta práctica que repugna a la conciencia moral occidental y que atenta contra los derechos humanos fundamentales. Pero, por otro lado, que los inmigrantes hablen otras lenguas, que vistan de una u otra manera o que coman otros platos, es un asunto que debe ser visto con respeto y que en todo caso puede también verse con curiosidad e interés.

Aquí conviene hacer una mención específica, aunque sea breve, a ciertos sectores del islam, porque, de todas las culturas con las que la globalización y la inmigración nos han puesto en contacto, virtualmente la única de donde proceden los problemas es de estos. Dentro del islam hay tendencias fundamentalistas, integristas, teocráticas, radicales, anti ilustradas, anti occidentales, subvencionadas a veces con dinero de Arabia Saudí, como explica por ejemplo Juan Goytisolo en su artículo "El caldo de cultivo del fanatismo", desde los tiempos en que se hicieron ricos gracias a la subida de los precios del petróleo en 1973. No es que el islam sea eso sin más, lo señalo una vez, pero dentro del mismo hay esas tendencias. Y desde las mismas también hay quienes justifican la violencia y la guerra, y pretenden vivir de acuerdo con la *sharía*, o con cierta interpretación radical de la misma, y justifican la *yihad*, entendida no en el noble sentido de superación personal sino como guerra contra el infiel. Repito, por segunda, vez que no son todos, sino que más bien se trata de una minoría importante, pero la hay. Es el caso de grupos como los talibanes en Afganistán, Boko Haram en Nigeria o el denominado Estado islámico (que ni es Estado ni es islámico) en tierras de Irak y Siria. Así de claro. Conviene señalarlo porque durante mucho tiempo cierto pensamiento *progresista* ha cerrado los ojos a esta realidad por no saber distinguir bien entre las partes y el todo (esta es la tercera vez que aludo a ello) o por mor de cierto redentorismo extraño.

Aspectos legales: Los inmigrantes, como seres humanos que son, poseen unos derechos inalienables recogidos por la Declaración Universal de Derechos Humanos aprobada por la Asamblea General de las Naciones Unidas de 10 de diciembre de 1948. Esto es evidente. Ahora bien, lo que no parece tan evidente es qué significa eso con exactitud[14].

Conviene distinguir, cuando se piden cosas como papeles para todos, qué se quiere decir, pues no es lo mismo si se piden para todos los inmigrantes que hay trabajando en España, aunque sea en situación irregular, o si se piden para todos los inmigrantes que vengan, aunque sea de manera ilegal. Lo primero es una cuestión que merece la pena considerarse, pues posiblemente se trate de regularizar la situación de personas que ya han encontrado un puesto en la sociedad. Lo segundo es un error pues ningún país aislado tiene capacidad para acoger toda la inmigración posible, pues esta depende en el lugar de origen de dos factores que se alimentan mutuamente: la pobreza y el crecimiento demográfico. Además, tampoco soluciona el problema de los países pobres, aunque desde luego ayuda, por el importe y la forma de distribución de las divisas así generadas. Por este procedimiento de papeles para *todos* a un país como España (al margen de la crisis) podrían *en teoría* acudir en unos cuantos años unos 10 millones de magrebíes, 5 millones de sudamericanos, 5 millones de europeos del Este y 10 millones de asiáticos, lo cual no parece que sea a lo que se aspira. El límite se alcanzaría cuando el nivel de vida esperado por los inmigrantes sea en promedio parecido al que entienden que poseen en sus países de origen o en otros destinos alternativos.

Para tratar de resolver la desigualdad entre países ricos y pobres, distintos organismos especializados calcularon en los años setenta, auspiciados por la ONU, que bastaría con que los países desarrollados destinaran el 0´7% de su producto interior bruto (PIB) en concepto de ayuda a los países en vías de desarrollo para que las condiciones de este mejorasen radicalmente. La mayoría de los países ricos, inscritos en la OCDE, están lejos de alcanzar este compromiso. Solo cinco naciones superan dicho porcentaje (Dinamarca, Holanda, Suecia, Noruega y Luxemburgo). España dedica solo el 0´16%, Estados Unidos solo el 0´19% (la media es del 0´30% de acuerdo con los datos de 2013[15].

Por otro lado, se dice asimismo en ocasiones que la legislación sobre inmigración —al distinguir entre inmigrantes legales e ilegales— atenta contra los derechos humanos. También esto suele basarse en un error al no considerar los distintos tipos de derechos humanos que hay. En efecto, se suelen distinguir tres tipos de derechos humanos: los civiles y políticos, los sociales económicos y culturales, y los colectivos y de los pueblos (que aquí no tocan).

---

[14] Debido ello, por ejemplo, la Ley de Extranjería de 2000 (o sus modificaciones posteriores) es considerada por algunos expertos y grupos sociales como inconstitucional por atentar contra los Derechos Humanos.

[15] http://www.oecd.org/newsroom/aid-to-developing-countries-rebounds-in-2013-to-reach-an-all-time-high.htm

Los **derechos civiles y políticos** son, por ejemplo, el derecho a la vida, a la libertad, a la propiedad privada y a la igualdad ante la ley, a la no discriminación, al no sometimiento a torturas y tratos degradantes, etc. Su cumplimiento es exigible de manera coactiva, esto es, están amparados por los tribunales de justicia nacionales y/o internacionales. Su reconocimiento y ejercicio tienen prioridad y por eso se consideran **derechos fundamentales.** Permiten la vida digna en sociedad y marcan la barrera entre la civilización y la barbarie. De ahí que se puedan exigir coactivamente a todo Estado —aunque muchos los violan a su antojo—. Por eso son derechos en sentido estricto, cosa que no ocurre al resto de los derechos humanos. Por lo tanto, eso quiere decir que esos derechos los  poseen tanto los ciudadanos de un país como los emigrantes, sean o no sean ilegales, que se encuentran en él.

Los **derechos sociales, económicos y culturales** se formulan a comienzos del siglo XX a raíz de las revoluciones comunistas y nacionalistas de la época. Los principales derechos sociales, económicos y culturales son el derecho a un trabajo digno y en condiciones, a la seguridad social, a la calidad de vida, a la salud, a la educación, y a la cultura, el arte y la ciencia (Declaración Universal de los Derechos Humanos, artículos 22-27; y Constitución española, 27, 34-44, 46-52).

La promulgación de derechos sociales, económicos y culturales supone la existencia de un Estado benefactor con obligaciones económicas para los ciudadanos en general y para ciertos grupos en particular. Sin embargo, su cumplimiento en principio no puede ser exigido por vía judicial y por lo tanto, más que de los tribunales, es objeto del ejercicio de la voluntad política del gobierno y de los recursos económicos disponibles (Declaración, art. 22).

Por esa razón esos derechos no son fundamentales en sentido jurídico. Si se pueden aplicar a los ciudadanos y a los inmigrantes, estupendo, pero si materialmente no se pueden aplicar, eso no significa que se esté atentando contra los derechos humanos de estos. De no tener en cuenta esta distinción surge gran parte de la polémica que hay en torno a la violación de los derechos humanos por parte de algunas leyes que tratan de regular este proceso. Si un Gobierno no cumple, la solución reside en que los ciudadanos voten otras opciones.

Aspectos políticos: Estamos pasando de una **sociedad tradicional** a una **sociedad postradicional** (aunque es posible que nunca se acabe de pasar del todo), lo cual no es fácil. Esto quiere decir, entre otras cosas, que estamos pasando de una forma de identificación y definición ciudadana basada en las tradiciones a otra forma de identificación y definición basada en el establecimiento de una serie de normas jurídicas de convivencia. Por ejemplo, antes se consideraba español al que era de origen español y ahora es también español el que adquiere la nacionalidad española, aunque sea de origen filipino, marroquí o búlgaro.

Para que este proceso se tome con naturalidad y sin problemas es preciso que haya una voluntad política por parte de los dirigentes encaminada a asumir dicho cambio desde el punto de vista educativo, de la convivencia, etc., lo mismo que se precisa que los ciudadanos superen prejuicios, piensen con sensatez y actúen con comprensión y generosidad y que los inmigrantes tengan una genuina voluntad de integración y comprendan su importancia.

RACISMO

El *racismo* consiste en afirmar que hay rasgos biológicos dados de ciertas poblaciones de individuos (como el color de la piel, la forma de la nariz o el grupo sanguíneo) determinan la posesión de determinados rasgos mentales, morales o intelectuales mejores o peores. Se trata, pues, de una discriminación de las personas según su raza.

Cuántas veces se oye algo tan lamentable como, por ejemplo, "*Yo no soy racista pero los gitanos son...*". Se supone que por el hecho de que alguien sea gitano (o negro o *moro*) ya va a ser vago, poco digno de fiar, etc. Sin duda que hay gitanos (y no gitanos) así, pero esto no justifica suponer que *todos* o la *mayoría* de los gitanos son así, y menos aún suponer que lo sean *precisamente* por el hecho de ser gitanos.

El concepto de raza humana: En biología una *raza* es una población aislada dentro de una especie que ha tenido poco intercambio o flujo de genes con otras poblaciones durante un largo período de tiempo como consecuencia de lo cual muestra algunos rasgos peculiares. En biología humana, sin embargo, la mayoría de las razas que distinguimos no son científicamente válidas y los rasgos que nos sirven para hablar de ellas son de escasa importancia.

Por lo tanto, la idea de raza humana es un concepto cultural más bien que biológico. Hay algunas diferencias raciales pero, en comparación con las semejanzas, son pocas y además de escasa importancia. Desde el punto de vista científico, el concepto de raza humana tiene poco sentido. Como hemos visto, el concepto científico de raza se fija en la distribución de la dotación genética (**genotipo**), pero el concepto social que solemos utilizar se refiere a una serie de rasgos externos de su expresión concreta (**fenotipo**). Además, esos rasgos, como el color de la piel, el tipo de pelo, la forma del cráneo, la clase de sangre, etc., son muy superficiales y no hay modo de encajarlos en un modelo coherente que sirva para definir el concepto de raza humana.

Se suele hablar de tres grandes «razas» humanas —la blanca, la negra y la amarilla—. Sin embargo, muchas poblaciones humanas no encajan bien dentro de ese esquema, como es el caso de los indios, los polinesios o los árabes. Pero aún si incluimos a estas *razas*, el esquema no será completo porque se pueden añadir otras (los melanesios, los esquimales, etc.) y porque al observar una muestra lo suficiente amplia y variada de la especie humana lo que constatamos es una continuidad entre unas poblaciones y otras, entre unos individuos y otros, que hace imposible decir que aquí comienza una raza y termina otra.

Esto no se debe a la casualidad sino a la homogeneidad genética de la especie humana. La genética ha descubierto hace tiempo que, cuando se toman dos individuos cualesquiera al azar, la probabilidad de que un gen dado coincida en ambos es del 86% y la de que difiera es un 14%. Si ambos individuos son de la misma raza, esa probabilidad es mayor pero solo aumenta hasta el 86'5% (solo un 0'6% más). Significa pues que casi toda la variación genética humana se da dentro de los grupos raciales y no entre ellos.

Esto no es de extrañar porque el género humano (*Homo*), que tiene unos 2'5 millones de antigüedad, ha vivido en África durante la mayor parte de su historia y solo a partir de hace 90 mil años nuestra especie (*Homo sapiens*) ha comenzado a extenderse por el resto del planeta por lo que sus poblaciones están muy relacionadas entre sí. Por ello tampoco debe extrañar que sean las poblaciones negras las que presentan más variabilidad genética que las demás poblaciones humanas juntas.

Por otro lado, los rasgos en los que más se basan las clasificaciones raciales tradicionales tienen una explicación adaptativa y, además, influyen muy poco en la forma de ser de los individuos. Así, por ejemplo, el color de la piel es resultado de una adaptación al medio. Es bien sabido que una piel rica es melanina es oscura y que la melanina en una sustancia que protege contra los rayos solares y contra las quemaduras y el cáncer de piel[16].

El racismo autodenominado «científico»: A veces se piensa —e incluso se trata de justificar "científicamente"— que las razas poseen peculiaridades físicas e intelectuales que de hecho no poseen. Ya en el siglo XIX, el conde de Gobineau lo intentó en su *Ensayo sobre la desigualdad* (1855). En el siglo XX, el caso más significativo es el de los estudios sobre la correlación entre raza e inteligencia.

En Estados Unidos el psicólogo Lewis Terman estaba preocupado en la década de los años veinte por la menor inteligencia que en su opinión manifestaban los inmigrantes y a finales de los años sesenta ha habido psicólogos como Arthur Jensen que consideran que los afroamericanos tienen un cociente intelectual (CI) promedio menor que los blancos anglosajones. Los resultados recogidos por Jensen daban una diferencia media de 15 puntos entre blancos y negros americanos —lo cual equivale estadísticamente a menos una desviación típica ($-s_{CI}$) en una distribución normal—.

Lo que se olvidaron es de analizar por qué se daban estas posibles diferencias (el propio Jensen consideraba que se debían al *reclutamiento* forzoso de esclavos durante el siglo XVIII, del cual escaparían los más *aptos*). Se trata de un tema complejo que ha estudiado por ejemplo el biólogo Stephen J. Gould en *La falsa medida del hombre* (1996), que es entre otras cosas una crítica muy rigurosa a la tesis de que hay una inteligencia innata, unitaria y medible linealmente.

Digamos, en primer lugar, que las posibles diferencias de inteligencia pueden darse porque los negros viven en promedio en peores condiciones socioeconómicas que los blancos y por lo tanto tienen un nivel de escolarización y formación medio menor que estos. En segundo lugar, puede que los *tests* clásicos de inteligencia no estén libres de influencias culturales, a pesar de que sus creadores crean que lo están, y que se basen en supuestos más adaptados a los valores y usos de los blancos que a los de los negros. Es más, puede que midan un concepto demasiado estrecho y parcial de lo que en realidad es la inteligencia, que desde hace unos años va por la teoría de las inteligencias múltiples, que valora mucho más la diversidad.

Por ello no resulta correcto utilizar estos resultados, como hacen el sociólogo Charles Murray y el psicólogo Richard Herrnstein en *La curva de campana* (1994), apoyando las políticas ultraderechistas y resucitando la ideología del darwinismo social, para afirmar que, puesto que los

---

16 Además, a finales de los años 60 se descubrió que tener la piel clara aumenta la producción de vitamina D —que entre otras causas se ve estimulada por la radiación ultravioleta— y que tenerla oscura la disminuye. La vitamina D es importante para que el organismo absorba calcio y la persona crezca con unos huesos fuertes y no desarrolle enfermedades como el raquitismo. Sin embargo, el exceso de vitamina D es perjudicial porque hace que el organismo acumule calcio en los tejidos blandos y que a la larga desarrolle fallos circulatorios, problemas en los riñones, etc. Por lo tanto, donde hay mucho sol una piel oscura evita la hipervitaminosis D y donde hay poca luz la piel clara evita la hipovitaminosis D.

afroamericanos son genéticamente menos inteligentes que los blancos, no tiene demasiado sentido utilizar recursos públicos para compensar su deficiente educación porque en el fondo es tirar el dinero. No se les ocurre pensar que si los negros puntúan en promedio peor que los blancos en determinadas pruebas psicométricas es porque su educación escolar y familiar es en promedio peor.

Resumen de la situación. En fin, tengamos en cuenta que, aunque los prejuicios racistas no conducen necesariamente a la acción, y menos aún a la acción criminal, desde luego pueden *justificarla*, predisponerla y prepararla. Por ello, porque desde el punto de vista científico son erróneos y porque desde el punto de vista humanitario son abominables, hay que combatirlos.

XENOFOBIA

La *xenofobia* es un concepto que procede del griego y que significa en sentido literal miedo u odio (*fobéo*) al extraño o extranjero (*xenós*). Se trata de un fenómeno muy ligado al racismo, ya que por lo general el extraño o extranjero es de otra raza, y el de otra raza suele ser extranjero, pero no es exactamente lo mismo.

La xenofobia es pues una reacción más o menos virulenta de desprecio y odio al extraño o extranjero, pero que también implica cierto miedo. Según dice el filósofo Fernando Savater en su *Diccionario filosófico* (1995), "*consiste en atribuir a los representantes de cualquier grupo humano, como signo distintivo e irremediable, algunos de los defectos o crímenes que se dan con lamentable imparcialidad entre todos los seres humanos*".

Es cierto que no hay unanimidad acerca de si la xenofobia es una cualidad innata o adquirida. Según algunos científicos, como Edward O Wilson, se trata de una predisposición innata de los seres humanos. Pertenecemos a un grupo, con el que nos sentimos identificados y seguros, y por contraposición tenemos tendencia a rechazar y temer a los que no pertenecen a él. Según otros científicos, más numerosos, la xenofobia es una actitud adquirida y por lo tanto se puede corregir sustancialmente por medio de la educación. Sin embargo, hay psicólogos, entre los que se encontraría Paul Bloom, que reconocen que poseemos una predisposición a diferenciar entre grupos a los que pertenecemos (*in-groups*) y grupos a los que no pertenecemos (*out-groups*), pero que esto no significa que las políticas educativas contra la xenofobia sean inútiles, sino que por el contrario quiere decir que son necesarias.

Causas sociales de la xenofobia. En cualquier caso, la xenofobia no es un fenómeno aislado sino que se da junto a otros fenómenos sociales. Por una parte hay extranjeros que por su *status* social no suelen suscitar xenofobia ni racismo. Así, por ejemplo, es difícil (aunque no imposible) que se tenga xenofobia hacia la gran estrella de fútbol que procede del extranjero (como Neymar) o a la bella *top model* aunque sea negra (como por ejemplo Jessica White). Por otro lado, ahí donde hay problemas como el paro, la droga, la inseguridad ciudadana, la pobreza, la marginación o la falta de educación, es muy fácil que surjan el racismo y la xenofobia como supuestos *causantes* de los mismos.

De este modo, la actitud xenófoba culpa de buena parte de esos males a los extranjeros en general. *Ellos* vienen a quitarnos los puestos de trabajo, *ellos* propagan la delincuencia, *ellos* introducen la droga, etc., y suele buscar como chivo expiatorio a los más débiles: los inmigrantes en busca de trabajo o los exiliados políticos. Qué duda cabe que hay extranjeros metidos en el mundo de la delincuencia, máxime cuando están relacionados con el mundo de la marginalidad, pero hay que tener mucho cuidado y no extrapolar.

Como hemos visto, no se suele ser xenófobo con el turista adinerado que viene a pasar sus vacaciones aquí, como el jeque saudí que veranea en Marbella con un séquito de más de cien personas, sino con el *pobre* africano, sudamericano o asiático que viene en busca de un trabajo, por modesto que sea, y eso a pesar de que en Europa en general y en España en particular necesitamos mano de obra extranjera debido al descenso de la tasa de natalidad.

Ahora bien, reconocer esta realidad y rechazar la discriminación xenófoba no es lo mismo que, me excuso por insistir, acoger a todos los extranjeros que quieren venir a España, pues en este caso hay que tener en cuenta la capacidad efectiva de asimilación que poseemos. La solución de los problemas de desigualdades entre los países no pasa solo por ahí, sino también por implementar políticas de ayuda al desarrollo en esos mismos países, pues la gente no suele emigrar por gusto, sino por necesidad.

Racismo y xenofobia en España: Por último, digamos que el racismo y la xenofobia no son problemas ajenos a la sociedad española, sino que aquí también se manifiestan, a pesar ser un fenómeno más reciente que en otras naciones de nuestro entorno, de haber sido un país de emigrantes durante los años 60 y 70 o de que históricamente somos una mezcla de pueblos hispánicos (de la Hispania romana), de pueblos del norte (alanos, vándalos y godos) y de pueblos de Oriente (musulmanes y judíos).

Como dice el antropólogo Tomás Calvo, un especialista en estos temas, "*el tratamiento reiterativo contra el racismo en otras partes del mundo, al ser escasa las referencias a los prejuicios étnico-raciales de los españoles, puede producir en los niños y adolescentes una peligrosa ensoñación de que* en España no existe el racismo, *siendo «nosotros» los buenos y los «otros» los malos, los racistas, los discriminadores*" (Kottak 2000, 106).

MULTICULTURALIDAD

Entendemos por *multiculturalidad* la coexistencia de varias culturas de distinta procedencia étnica o geográfica en un mismo espacio social. Un ejemplo paradigmático de multiculturalidad es el de los Estados Unidos de América. Se trata de una nación de inmigrantes, en la que la población aborigen, los indios, son una minoría como consecuencia del desgraciado genocidio al que fueron sometidos por los colonos norte europeos desde principios del siglo XVIII hasta finales del XIX.

El filósofo canadiense Charles Taylor, que es especialista en esos temas, detecta en el pensador alemán Herder (1744-1803) una de las fuentes de esta exigencia, ya que este propugnaba que cada pueblo debía ser fiel a sí mismo, y añade que el discurso del multiculturalismo da por sobrentendido que "*la negación del reconocimiento puede ser una forma de opresión*".

En la actual sociedad norteamericana coexiste una mayoría blanca, anglosajona y protestante de origen inglés, que a mediados de siglo dejará de ser mayoritaria, junto a inmigrantes italianos, irlandeses, polacos, judíos, alemanes, holandeses, nórdicos, asiáticos, descendientes de los esclavos negros, hispanos y demás. Configuran lo que se denomina un crisol o *melting pot* (olla caliente). Cada uno de ellos posee su propio idioma, cultura, creencias, costumbres o historia.

Durante buena parte de la historia americana el estándar cultural venía impuesto por los blancos, anglosajones y protestantes (*waps*), pero en las últimas décadas, las minorías han tomado conciencia de sus singularidades y han reivindicado su identidad social y cultural. Los primeros en hacer esto fueron los negros, que ahora prefieren denominarse afroamericanos, en los años sesenta, cuando luchaban contra la segregación racial que predominaba en los Estados del sur del país. Hoy este país de más de 330 millones de habitantes cuenta con su primer presidente negro: Barak Obama. Después le han seguido otras minorías como los hispanos (con más cincuenta millones), los asiamericanos y demás

A veces esto da lugar a situaciones chocantes cuando se liga al influyente movimiento de lo *políticamente correcto*, que surgió a finales de los ochenta en las universidades. De acuerdo con esto se ha llegado incluso a defender que algunas expresiones verbales inocuas son en verdad inicuas (por ejemplo, hablar de *history* en vez de *herstory* sería un caso de dominación machista).

Hablar de norteamericanos sin más también sería incorrecto. Lo que hay son nativo, afro, italo, latino, asiamericanos y restantes minorías. Con tanta variedad no es extraño que sea difícil no herir alguna susceptibilidad. Además, ya está bien de estudiar la cultura y la historia tradicionales, la de los *waps*. Lo que hay que hacer es estudiar cada cual la de su etnia, su sexo o su minoría. Para que no haya injusticias, conviene discriminar *positivamente*, y estudiar así en los cursos de literatura no a Shakespeare sino en ocasiones a autores mediocres que son no obstante políticamente correctos. No es broma. Puede leerse en un artículo de John Elson en la revista *Time* que en una guía nacional costeada con fondos federales y realizada por un comité de expertos para establecer el temario de la historia americana en las escuelas ya no están de moda los hermanos Wright, Edison o Lincoln, sino otros personajes más oscuros aunque más políticamente correctos.

Como esto sugiere, a lo que se aspira en el multiculturalismo es a una coexistencia en la que las culturas se mezclan poco entre sí. Por eso en las grandes metrópolis norteamericanas puede haber barrios como Chinatown, La Pequeña Habana, Harlem o Little Italy, en los que vive cada comunidad sin mezclarse con las demás. Por eso los matrimonios *interraciales* son muy escasos y por eso cada vez más se carece de unas costumbres sociales y normas de convivencia comunes.

En efecto, por un lado se da una atomización de los valores tradicionales, que cada vez son menos comunes y más específicos de la etnia o la minoría a la que cada cual pertenezca, y por otro se da un ámbito común más anómico en el que el último horizonte de valores viene dado por el mercado y por la ley (lo que sorprendentemente parece generar una notable uniformidad de segundo grado).

Como señala el profesor Michael Sandel, de la Universidad de Harvard, en su libro y en su curso *Justice* (que pude seguir *on line* a través de la plataforma EdX), si entendemos que somos sujetos libres e independientes, sin compromisos que no hayamos adquirido libremente, no podemos dotar se sentido a toda una serie de obligaciones morales y políticas que comúnmente reconocemos e incluso apreciamos, de obligaciones de solidaridad y compromiso que surgen de las comunidades y tradiciones que configuran nuestra identidad (cap. IX).

De ahí, por ejemplo, dos fenómenos tan llamativos como la mercantilización sistemática del ocio (por disfrutar de este se entiende sobre todo consumir) y como la judicialización de las relaciones morales. En este último caso, llama la atención el que cada vez se acuda a los tribunales por las causas más nimias y extravagantes. Como botón de muestra cabe mencionar el caso de la señora que denunció a una compañía tabaquera porque su marido, empedernido fumador de la marca, murió de cáncer, o el de otra señora que demandó a una compañía de electrodomésticos porque metió a su gato en el microondas y se murió, posibilidad de la que no advertía el folleto (esta historia parece que no es más una leyenda urbana pero mucha gente la da por buena).

A la base de esto se halla lo que se ha denominado *la cultura de la queja*, como hacía por ejemplo el escritor y crítico australiano Robert Hughes, y que nos recuerda a la sociedad de masas descrita por José Ortega y Gasset, caracterizada por el nivelamiento intelectual y de valores por abajo y por la idea de que se poseen más derechos que deberes.

Además, esta situación tampoco ha arreglado los conflictos étnicos y sigue habiendo una gran fractura social entre razas distintas, sobre todo entre la mayoría blanca y la minoría negra, que sigue estando por lo general en lo más bajo de la escala social como sugieren los diversos conflictos que suscitó por ejemplo la muerte en el verano de 2014 a manos de un agente de policía de un adolescente desarmado en Ferguson (Missouri) y que denotan una gran tensión social por motivos raciales.

INTERCULTURALIDAD

La *interculturalidad* por su parte pretende corregir los inconvenientes de la multiculturalidad —como la falta de cohesión social o la anomia— y aspira a ser algo más que una simple yuxtaposición de culturas. Su principal objetivo es ir hacia una nueva sociedad que incluya en su seno y que surja de las aportaciones, tal vez de la fusión, de las distintas culturas que convergen en la sociedad de que se trate.

Esto en parte se ha hecho en determinados aspectos de la cultura (entendida en sentido estricto) como por ejemplo el arte. Ahí, hay nuevas tendencias artísticas que surgen a partir de la fusión de tradiciones diversas. Por ejemplo, el jazz tiene raíces en la música negra, y hay corrientes que mezclan la música árabe con el flamenco, etc. Y algo parecido sucede en literatura, pintura y demás.

Esta perspectiva abre sin duda grandes posibilidades para el futuro, como las ha abierto en el pasado, pues tampoco se trata de algo nuevo. La idea es buena pero compleja. En efecto, aunque las culturas no son entidades inmutables, hay que señalar que poseen cierta resistencia al cambio por el cambio, que no todas se pueden combinar entre sí, que una cultura mezcla de todas las que convergen en un determinado lugar y momento no tiene porqué ser mejor que las partes (de hecho puede ser *indigerible*) y que la diversidad cultural también es importante.

Por otro lado, en la sociedad de consumo el valor económico de un producto suele imponerse sobre los demás y vemos así que muchas empresas dedicadas al mundo de la cultura lo que procuran no es ofrecer los mejores productos culturales (desde programas de televisión hasta libros), sino los que más se vendan. Es propio de la **cultura de masas** (que no debe confundirse con la interculturalidad) la tendencia a privilegiar en numerosas ocasiones las manifestaciones más discretas o incluso mediocres, pero que exigen poco esfuerzo y a veces halagan la vulgaridad, frente a las manifestaciones más elevadas, pero también más rigurosas.

Además, hay cierto pensamiento postmoderno que va por esta línea del sincretismo blando, del todo vale, del que lo bueno y lo malo son relativos, que muchas veces lo que hace es encubrir verdaderas mediocridades. Así, por hablar del arte, hay quienes creen que el arte popular (que acaban por identificar con el comercial) es lo mismo que el arte culto, que un *best-seller* es una obra literaria, o que una pieza de *pop* puede compararse con una sinfonía de Beethoven. Cabe decir que lo mismo, *mutatis mutandis*, puede suceder y de hecho sucede con otras propuestas de la interculturalidad relativas a la religión, las ideologías, etc.

La interculturalidad es posible y a la larga necesaria, qué duda cabe, lo que ocurre es que se trata de un proceso mucho más dilatado, sinuoso y complejo de lo que algunos piensan, en el que hay que evitar no solo el etnocentrismo, sino también el relativismo, y no es fácil. Por eso hemos querido dejar aquí estas reflexiones.

INTRODUCCIÓN

En la sociedad moderna hay diversas ideologías políticas que surgen por lo general a partir de la Ilustración y de la Revolución francesa (1789), aunque algunas de ellas cuentan con antecedentes previos importantes.

La *ideología* es un sistema de creencias — necesariamente limitado— acerca de la sociedad y del gobierno que posee una parte analítica y descriptiva y otra valorativa y prescriptiva.

Dicho sistema de creencias sirve de base para tratar de justificar la sociedad y el gobierno, para transformarlos o incluso para intentar eliminarlos en algunos casos. Aunque las ideologías no son un saber científico, suponen cierto conocimiento de la realidad. Por otro lado, las ideologías conllevan juicios de valores e intereses de aquellos que las sustentan, y por eso implican un proyecto de acción social y una serie de recomendaciones para cambiar las cosas. Debido a esta naturaleza dual son un instrumento social y político intermedio entre la teoría, que es más genérica e imparcial, y la práctica política, que es más concreta y partidista.

Aquí vamos a estudiar las principales ideologías actuales —excepto el nacionalismo que por cuestiones de actualidad y no otras merece un capítulo aparte— y su configuración como sistemas políticos desde la superación del llamado *Ancien Régime* monárquico absolutista del siglo XVIII hasta nuestros días. A la hora de explicar las ideologías hay que procurar evitar el sectarismo y también hay que tener en cuenta que casi todas son en buena medida *ambivalentes*, pues poseen una cara más favorable que otra, ya que de otro modo no serían objeto de debates y polémicas. Como pretendemos hacer una exposición de las mismas objetiva e imparcial —tarea difícil y, según algunos, imposible— puede que salga un poco ecléctica. Además, las ideologías van evolucionando con el tiempo y en la actualidad, sobre todo desde la caída del Muro de Berlín en 1989, asistimos a una fase en la que parece que tienden a aproximarse y entremezclarse, aunque también es cierto que en muchos países europeos, (como España) la crisis económica ha espoleado el auge de movimientos populistas, tanto de izquierdas como de derechas, que tienden a distanciarse de esa convergencia hacia el centro.

Las ideologías aquí estudiadas se distribuyen a lo largo de un *eje derecha-izquierda*, que desde luego no es tan nítido como antes, pero que sin embargo la actual situación social, económica y política en nuestro país ha vuelto a situar en un primer plano en los últimos tiempos a raíz del movimiento ciudadano del 15-M de 2011 y todo lo que lo suscitó. Desde luego hay otras ideologías que no encajarían bien en esta clasificación, como el nacionalismo, el ecologismo o el feminismo, pero que también son movimientos sociales y políticos muy importantes de nuestro tiempo.

LIBERALISMO

Orígenes: su fundador fue el filósofo inglés John Locke (1632-1704) y su

influjo ha sido y es muy grande en las sociedades occidentales capitalistas. Lo que distingue al liberalismo es su defensa y reivindicación del individuo y de sus derechos y libertades, por un lado, y su esfuerzo por poner límites precisos a la intervención del Estado, por otra. En la ideología liberal, el valor político más importante es la libertad (de ahí su nombre).

John Locke reaccionó frente a las ideas de Thomas Hobbes (1588-1679), que pensaba que la sociedad se había formado de acuerdo con lo que los especialistas llaman un *contrato de sumisión*. Mediante el mismo, un grupo de individuos renuncia a su libertad y se somete al poder del Estado a cambio de que este les proporcione protección frente a las agresiones de los demás, pues no en vano Hobbes pensaba, siguiendo con el dicho de Terencio, que *"Homo homini lupus est"* y que los seres humanos se encuentran en su estado de naturaleza en una situación de lucha perpetua.

En cambio, Locke considera que los seres humanos son libres e iguales y están sometidos a la ley natural, que establece que la vida, la libertad y la propiedad privada son derechos inalienables. Por naturaleza los seres humanos son sociales y cooperativos, y distan de vivir en el estado de lucha permanente del que hablaba Hobbes, pero deciden unirse y formar una sociedad para que haya un árbitro imparcial de los conflictos que puedan surgir entre unos y otros, ya que nadie puede ser juez de su propia causa. El pacto mediante el que se constituyen en una sociedad civil se conoce como el *contrato liberal*. Mediante el mismo, cada individuo cede provisionalmente parte de su libertad, pero no su propia libertad, a cambio de justicia. Por eso, al menos en teoría, el Estado está al servicio de los ciudadanos y no al revés, y los poderes ejecutivos y judiciales son revocables.

Los objetivos principales de un sistema político liberal son, pues, la protección del individuo y la defensa de sus bienes y su libertad para hacer de su vida lo que quiera. Cuando esta ideología comienza su andadura, a lo que se enfrenta es a las monarquías absolutistas y lo que hace Locke en su momento es apoyar lo que significaría la Gloriosa Revolución inglesa de 1688, que acabó por limitar el poder absoluto de la monarquía a favor del Parlamento. Los liberales consideran que el Estado existe porque es producto de un pacto entre los seres humanos y que, por lo tanto, no puede imponerse sobre estos. Por ello, aunque según algunos estudiosos, el liberalismo por sí solo puede que no implique la democracia, esta es seguramente la mejor garantía de que perduren los sistemas liberales.

Desde el punto de vista liberal, la sociedad es un conjunto de individuos libres e iguales ante la ley que persiguen los intereses propios en su quehacer diario y que se asocian entre sí en la medida en que esto favorece dicho objetivo. Puede haber concordancia entre los intereses de distintos individuos, puede haber desde luego lazos de solidaridad, que son muy importantes en la tradición liberal, pero tampoco tiene por qué haberlos. Así, por ejemplo, el filósofo Adam Smith (1723-1790), fundador de la ciencia económica y del liberalismo económico, hablaba en su magna obra *La riqueza de las naciones* de la denominada **teoría de la mano invisible**, uno de los principios fundamentales del liberalismo económico. Según esta, la sociedad funciona bien cuando cada uno de sus miembros se encarga de sus propios asuntos —el empresario de su negocio, el obrero de su trabajo, el banquero de sus préstamos, etc.—. A partir de ahí la actividad económica se va organizando a sí misma (como si hubiera una mano invisible que lo hiciera) a través de la oferta y la demanda y de las demás leyes básicas del mercado.

Adam Smith rechaza las teorías económicas anteriores como el *mercantilismo*, que considera que la riqueza se logra cambiando bienes por oro, o la *fisiocracia*, para la cual la verdadera riqueza es la de la naturaleza, y considera que el incentivo fundamental de la actividad económica, lo que de verdad crea riqueza, es el interés y el esfuerzo individual a través de mecanismos como la división del trabajo, tema que le fascinó, y la ampliación de los mercados. Esto facilita el comercio y este a su vez genera el aumento de la riqueza.

Desarrollo: el liberalismo político encuentra su expresión natural dentro del orden económico en el capitalismo, aunque el *êthos* del capitalismo es anterior al liberalismo. Este sistema se basa en la libre empresa, en la propiedad privada, en la acumulación de capitales y en una intervención limitada del Estado. La *libre empresa* quiere decir que cada cual tiene derecho a emprender las actividades que quiera salvo cuando limitan la libertad de otros. La *propiedad privada* consiste en que cada cual será dueño de aquellos bienes que adquiera o aquellas empresas que cree. La *acumulación de capitales* significa que los beneficios corresponden al dueño de la empresa. Y la *intervención limitada* del Estado viene a sustanciarse en que el Estado se dedique a dirimir los conflictos o litigios entre los individuos, proteger la propiedad privada, defender los derechos individuales y preservar el orden público y la soberanía nacional, pero no intervenir en el funcionamiento del mercado. De hecho, algunos liberales extremos (como Robert Nozick) defienden el llamado modelo del *Estado mínimo*.

De todas maneras, el liberalismo y el capitalismo no son exactamente lo mismo, ya que la defensa de la libertad individual es una aspiración mucho más amplia que la defensa del capital privado. Por lo tanto, se puede ser liberal sin defender necesariamente el capitalismo. Y, por otro lado, hay capitalistas —como ya criticó el propio Smith— que cuando adquieren una posición de dominio del mercado procuran boicotear la libre competencia y convertirse en un oligopolio o si pueden en un monopolio.

El liberalismo posee sin duda importantes aportaciones históricas en su haber, como la defensa del individuo, la tolerancia en asuntos religiosos, la reivindicación de la libertad, el dinamismo social y el progreso económico. Antes de su aparición, el individuo estaba demasiado sometido a la fuerza de la costumbre, la tolerancia religiosa era escasa, la libertad política apenas existía y el progreso económico era muy limitado. Como señaló el eminente pensador liberal británico John Stuart Mill en su obra *Sobre la libertad* (1859), "*la única finalidad por la cual el poder puede, con pleno derecho, ser ejercitado sobre un miembro de una comunidad civilizada contra su voluntad, es evitar que perjudique a los demás. Su propio bien, físico o moral, no es justificación suficiente*".

Críticas: pero el liberalismo también posee algunos inconvenientes graves. En primer lugar, aunque el liberalismo en general y el capitalismo aceptan la idea de igualdad ante la ley de todos los ciudadanos, no tienen en cuenta que las desigualdades sociales y económicas pueden hacer que dicha igualdad quede vacía de contenido y que la idea misma de libertad sea de hecho una quimera pues el que no posee gran cosa puede elegir poco. El liberalismo se ocupa en principio poco de los más desfavorecidos y cree que basta solo la libertad para que cada cual progrese según sus capacidades naturales y su fuerza de voluntad, pero hay mucha gente con grandes capacidades y voluntad que no pueden progresar por proceder de clases desfavorecidas.

En segundo lugar, el liberalismo tiende a suponer que el individuo es un ser autónomo, racional y reflexivo, pero este planteamiento es en realidad bastante ficticio, pues las personas no somos completamente autónomas, sino que a través del proceso de socialización nos vinculamos a una sociedad y en gran medida dependemos de ella. Tampoco actuamos siempre de manera racional y reflexiva, sino que en muchas ocasiones nos guiamos por sentimientos, emociones, tradiciones o incluso modas. Esto lo tienen cada vez más claro los psicólogos, pero en el mundo de la teoría económica ya hablaba Keynes en su *Teoría general de la ocupación, el interés y el dinero* de los *espíritus animales*: "*Incluso al margen de la inestabilidad debida a la especulación, hay otra inestabilidad debida a las características de la naturaleza humana: gran parte de nuestras actividades positivas dependen más del optimismo espontáneo que de una expectativa matemática, ya sea moral, hedonista o económica. Quizá la mayor parte de nuestras decisiones de hacer algo positivo, cuyas consecuencias completas se irán presentando en muchos días por venir, solo pueden considerarse como el resultado de los espíritus animales —de un impulso espontáneo hacia la acción en vez de a la quietud, y no como consecuencia de un promedio ponderado de los beneficios cuantitativos multiplicados por las probabilidades cuantitativas*". Por lo tanto, lo que podríamos llamar los supuestos antropológicos del liberalismo, su imagen del ser humano, son en gran medida incompletos e incluso incorrectos.

En tercer lugar la ausencia de intervención —que siempre habría que realizar con cuidado— unas veces produce ineficacia y otras es causa de ventajas indebidas de que quienes poseen una posición dominante en el mercado o cuentan información privilegiada. Jeffrey Sachs menciona en su curso *The Age of Sustainable Development* dos casos destacables: el de la sanidad y el de la educación en Estados Unidos. En este país la sanidad pública dista de tener la importancia que en los países europeos de nuestro entorno y en cambio la sanidad privada es mucho más relevante, a pesar de los esfuerzos realizados por el presidente Barak Obama para extender la cobertura sanitaria de la población. Hay una excelente sanidad privada, pero es carísima, de manera que un mismo tratamiento que en Europa vale tanto dinero en la sanidad pública norteamericana puede llegar costar varias veces más. La razón estriba en que las compañías médicas son empresas con un interés evidente por mejorar sus beneficios. Por eso los actos médicos (pruebas, cultivos, resonancias, etc.) se multiplican *liberalmente* y, claro, con un tema tan importante como la salud y en una situación tan desequilibrada de información como la que existe entre el doctor y el paciente, este no va a cuestionar si aquel está mandando muchas o pocas pruebas. El resultado es que las facturas tienden a alcanzar cifras verdaderamente asombrosas. Algo parecido ocurre con la educación superior. En los últimos años las tasas de las grandes universidades privadas (Harvard, Stanford, MIT, Yale, etc.) han crecido considerablemente, mucho más desde luego que el IPC, debido a que las grandes universidades públicas (como la Universidad de California) han sujetado o recortado su oferta de plazas.

En los Estados Unidos de América, que es la sociedad donde más prevalece el ideario liberal, estas críticas han sido recogidas de una u otra manera en el movimiento **comunitarista** (no se confunda con el comunismo) de las últimas décadas, que aboga por una sociedad menos individualista y una actividad política más participativa.

La teoría de juegos y el dilema del prisionero

La teoría de juegos es el estudio de los modelos matemáticos de las  relaciones estratégicas entre agentes racionales y fue creado en los años cuarenta por John von Neumann y otros investigadores para estudiar una serie de situaciones estratégicas en que las decisiones de unos individuos dependían de las decisiones de otros individuos que intervenían en el juego, razón por la cual resulta evidente su relevancia para estudiar un importante y amplio tipo de fenómenos sociales.

Dicha teoría se desarrolló para analizar la actividad económica y otros tipos de acción social, llegado a cosechar once premios Nobel de Economía, y su utilidad es mucha en los cursos de microeconomía intermedia, cuando se estudian las estrategias comerciales de empresas competidoras en mercados duopolistas u oligopólicos. La teoría de juegos fue también muy importante durante la época de la Guerra Fría, en la que los Estados Unidos y Rusia se disputaban la supremacía militar del mundo, ya que buena parte de sus estrategias políticas parecían seguir un modelo de juegos de **suma cero** (en el que lo que gana un participante lo pierde el otro).

En este sentido, un **juego** se define por sus participantes, por las estrategias que siguen para desarrollar su juego y por los resultados que pueden obtener mediante las mismas. Aunque luego se ha extendido a otros campos, la teoría de juegos asume en principio que los jugadores son personas racionales en sus elecciones y buscan alcanzar sus objetivos dentro del juego.

Consideremos un juego denominado el dilema del prisionero, que fue creado en los años cincuenta. Dos individuos A y B se alían para delinquir pero son detenidos y luego apartados en la comisaría por la policía, que sospecha que han intentado cometer un importante robo. La policía decide interrogarles por separado y entonces a estos se les presentan respectivamente dos alternativas, cooperar entre sí y no declarar o bien hablar y confesar. Por tanto hay cuatro alternativas en total. Que ambos cooperen entre sí y callen, que ambos hablen y confiesen o que hable el primero y calle el segundo o al contrario.

Ahora bien, de acuerdo con el planteamiento del problema, si ambos callan solo pasarán en la cárcel un año por allanamiento de morada y efracción, pero si ambos hablan y confiesan que intentaban robar le caerán cinco años a cada uno. En cambio, si A confiesa y B calla, la policía dejará libre a A por colaborar con la ley y condenará a B a diez años y, por otro lado, si es B el que calla y A el que confiesa, le caerán diez años a A y dejará libre a B.

La situación puede representarse mediante la siguiente tabla de resultados o **matriz de pagos** (como suele hacerse en los problemas de la teoría de juegos):

A \ B	Coopera y calla	Habla y delata
Coopera y calla	-1, -1	-10, 0
Habla y delata	0, -10	-5, -5

única situación de equilibrio de Nash

Donde cada par (x, y) de la matriz indica respectivamente el resultado x que obtiene A e y que obtiene B. Por tanto, en el juego del dilema del prisionero cada individuo tiene a solas que decidir en una sala de la comisaría qué hacer ante la policía teniendo en cuenta que su futuro depende, de acuerdo con lo que hemos explicado, no solo de lo que haga él mismo sino también de cómo actúe su compañero.

El sujeto A primero llega a la conclusión que lo mejor es callar y que su compañero B pensará lo mismo porque así los dos obtienen un castigo moderado, en comparación con el que les puede caer si confiesan. Hasta ahí la situación va bien. Sin embargo, luego se lo piensa mejor y se dice que si él calla y a su compañero se le ocurre hablar y delatarse, este se libra y a él le caen diez años de cárcel. A su vez, en la otra habitación, el atracador B está pensado lo mismo y como consecuencia de eso —máxime si ambos no son amigos, temen las represalias o algo por el estilo—, al final los dos confiesan y les caen cinco años de prisión a cada uno, resultado que es mucho peor que el que obtendrían si ambos cooperasen entre sí y no dijeran nada.

De ahí el interés de este juego, que plantea la paradoja de que a los más espabilados les irá peor y el hecho de que pensar que mientras que tú estás

dispuesto a cooperar, si el otro te traiciona, él gana y tú pierdes, resulta demoledor. Además si el planteamiento se amplía a varios sujetos y no solo a dos, el resultado es aún más sólido porque es más fácil que unos desconfíen de otros.

Desde el punto de vista de la teoría de juegos los jugadores elegirán la estrategia de delatar, con un resultado de cinco años de cárcel para cada uno, porque este resultado se encuentra en lo que se denomina *equilibrio de Nash*, llamado así porque su descubridor fue el matemático norteamericano John Nash, que obtuvo por sus estudios sobre la teoría de juegos el premio Nobel de Economía en 1994. De acuerdo con esta situación de equilibrio de Nash, esa es la mejor opción para cada uno de los dos jugadores y es lo que la teoría de juegos predice que harán. En una situación de equilibrio de Nash cada jugador intenta jugar lo mejor posible pero ninguno puede apartarse de esa situación sin empeorar su juego y de ahí la fuerza de esta posición y la importancia de los descubrimientos de Nash.

Desde el punto de vista sociológico, lo interesante de este caso, a pesar de su artificiosidad, estriba en que lo que es mejor para cada uno de los jugadores individualmente es peor que lo que es mejor para ambos juntos, y esto tiene importantes repercusiones sociales y filosóficas.

Por ese motivo, dicho sea de paso, en la película *Una mente maravillosa* (2001) sobre John Nash se veía cómo su supervisor en Princeton de su tesis doctoral (precisamente Albert Tucker, que le dio su forma al dilema del prisionero), donde avanzaba estos resultados, le decía que si era consciente de que ponía en cuestión las tesis que Adam Smith había propuesto más de ciento cincuenta años antes sobre la teoría de la mano invisible y el funcionamiento de la economía de mercado.

Como se ve no es precisamente una cuestión menor la que se plantea por tanto aquí ya que queda claro que la cooperación es mejor que la competencia en una amplia variedad de situaciones, aunque esta acabe por imponerse debido a la fuerza de las circunstancias.

Orígenes: el marxismo es una crítica radical al capitalismo y una propuesta revolucionaria de transformación de la sociedad. La consecuencia de esa transformación es el ***comunismo***. Gran parte de la obra de su fundador, Karl Marx (1818-1883), es una crítica al capitalismo. Para Marx la lucha de clases es una constante de la historia de la humanidad. Siempre ha habido una división de clases sociales salvo al principio de la propia historia. Como resultado de los diversos modos de producción existentes, siempre ha habido explotadores y explotados, y estos siempre han estado en conflicto. Esta es la teoría marxista de la ***lucha de clases***. Solo el comunismo

puede superar esa situación de conflicto de clases al acabar con la división de clases sociales.

Las clases sociales más importantes en el capitalismo son la burguesía y el proletariado. La ***burguesía*** es en un principio, y así lo reconoce Marx, un agente social e histórico revolucionario, pues es el motor del cambio social y de la superación de las estructuras feudales, enriqueciendo con su trabajo, de manera hasta entonces insospechada, la sociedad humana. Esta fase ascendente de la burguesía va desde su aparición a finales de la Edad Media hasta la Revolución francesa, en la que liquida a la monarquía y a la aristocracia. Durante todo este tiempo la burguesía es una clase social revolucionaria pues encarna los intereses generales de la humanidad y hace que toda esta progrese.

Sin embargo, desde el siglo XIX, con el auge de la Revolución industrial, los intereses generales de la humanidad pasan a estar representados por el ***proletariado***, que es la nueva clase ascendente. La burguesía pierde este papel desde el momento en que se apropia de la riqueza que producen tanto ella como el proletariado y desde el instante en que su principal objetivo es la acumulación de capital para sí misma. Como dice Marx en sus *Manuscritos*, "*con el desarrollo de la burguesía, es decir, del capital, se desarrolla el proletariado, la clase de los obreros* *modernos, que viven únicamente a condición de encontrar trabajo y que lo encuentran únicamente a condición de que el trabajo aumente el capital"*.

En la Revolución industrial, con la maquinización, los patrones necesitan *caeteris paribus* menos mano de obra por unidad de producción. Esto implica un incremento de las masas desempleadas y, por tanto, el abaratamiento de los salarios. Si un obrero no acepta la reducción del salario que le impone el patrón, este puede despedirlo y contratar a un parado. Así aumenta el capital a costa de la explotación de proletariado.

Desarrollo: en el siglo XX, han aumentado las diferencias sociales que se han producido entre los países ricos (aproximadamente una quinta parte de la humanidad) y los países subdesarrollados o en vías de desarrollo (alrededor de tres quintas partes del total). Así, por ejemplo, tenemos que hay países que pasan de los 100.000 dólares de renta per cápita anual, como Catar o Luxemburgo y otros que no llegan a los 400, como Liberia, Burundi o República Democrática del Congo.

Según el Informe Mundial sobre el Desarrollo Humano de 1997, por ejemplo, en 1960 la diferencia entre el 20% más pobre de la humanidad y el 20% más rico era de 1 a 30. En 1997 había pasado a ser de 1 a 84[17]. Más aún, a finales del siglo XX se estimaba que las 150 personas más ricas del planeta tenían más ingresos que la mitad más pobre de la humanidad: hoy en día no se trata de ciento cincuenta, sino de la mitad. A principios del siglo XXI, había 1.200 millones de personas que subsistían con menos de un dólar al día y otros 1.600 que lo hacen con menos de dos. Sin embargo, hay que tener en cuenta que parte de la actividad económica de los países más pobres no se recoge en su correspondiente PIB y que el poder adquisitivo por dólar no es igual en todos los países.

En cambio, en el Informe de la Naciones Unidas de 2013 titulado *El ascenso del Sur: Progreso humano en un mundo diverso*, puede leerse que el ascenso del Sur está cambiando radicalmente el mundo del siglo XXI, con naciones en desarrollo que impulsan el crecimiento económico, sacan a

---

[17] El patrimonio de las diez personas más ricas del mundo representa más de 1´5 veces la renta nacional conjunta de los 50 países menos desarrollados. Y según el informe del año siguiente, "[l]as 225 personas más ricas del mundo poseen tanto como un 47% de la humanidad" (*El País*, 10/IX/1998).

En el Informe de 2002 se dice que, aunque los cálculos disponibles más recientes son de 1993, el estancamiento de los países más pobres y el firme crecimiento de muchos de los países más ricos implican que es improbable que la situación haya mejorado desde entonces. El capital del 1% más rico de la población mundial equivale al del 57% más pobre. El 10% más rico de la población de los Estados Unidos tiene tantos ingresos como el 43% más pobre de la población mundial. Dicho de otra manera, los ingresos de los 25 millones de estadounidenses más ricos equivalen a los ingresos de casi 2.000 millones de personas. La relación entre los ingresos del 5% más rico del mundo y los del 5% más pobres es de 114 a 1.

Con datos de 2012, los diez hombres más ricos del mundo tienen tanto dinero como por ejemplo Venezuela, que cuenta con casi 30 millones de habitantes.

millones de personas de la pobreza y conducen a otros miles de millones hacia una nueva clase media mundial[18]

Para los marxistas estas diferencias entre ricos y pobres no suceden casualmente sino porque la afluencia de los primeros está basada en la explotación de los segundos. Los países en vías de desarrollo basan su economía en la exportación de materias primas a bajo coste y en la importación de bienes manufacturados a precios altos, por lo cual tienen que endeudarse, lo cual aumenta la *plusvalía* (o diferencia entre la producción y los salarios de los trabajadores) de los países ricos a costa de los países más pobres.

En el siglo XX hemos asistido a la *internacionalización de la lucha de clases*, a lo que a veces se ha llamado la fase tardía del capitalismo. En efecto, Marx predijo, pero lo cierto es que erró, que la superación del capitalismo se produciría en los países más avanzados (ni Rusia ni China lo eran), como consecuencia de la agudización de las diferencias sociales. Por el contrario, lo que ha sucedido en los países desarrollados es la aparición de una amplia clase media y del llamado *Estado de bienestar*, bien es cierto que gran medida gracias a los esfuerzos de los movimientos obreros.

Dentro de estos Estados, apareció el denominado *eurocomunismo*, que consiste en la aceptación de las reglas de juego de las elecciones democráticas, dentro de las cuales participan como un partido más, y el distanciamiento de los planteamientos de la Unión Soviética. Este movimiento data de los años setenta del siglo pasado y se inició en países como Italia, Francia y luego España. Aunque ha sido muy importante, sin embargo no trataremos de él aquí (pues su impacto ha sido escaso) sino del comunismo que más repercusión ha tenido mundialmente.

Paralelamente se da una *internacionalización del capitalismo*. Las grandes empresas son hoy las multinacionales y han superado hace tiempo las fronteras nacionales en las que hasta hace medio siglo por lo general se situaban. Esto ocurre con las industrias petroleras, las

---

[18] http://hdr.undp.org/

automovilísticas o tecnológicas, que buscan la mano de obra barata y las condiciones laborales y legales más laxas de los países en vías de desarrollo. También ocurre lo mismo con los mercados financieros. El dinero va de mercado en mercado buscando en cada momento las mayores ventajas, sin que los beneficios repercutan muchas veces demasiado en el lugar en que se generan.

Frente a ello, el marxismo propondrá el principio "*De cada cual según su capacidad; a cada cual según sus necesidades*", que para algunos condensa lo principal de esta doctrina. Este lema del *Manifiesto comunista* quiere decir que en la sociedad comunista a cada uno se le exigirá según su capacidad y que por otro lado a cada uno se le dará según lo que necesite. Pero, claro, queda por ver si todos están dispuestos a semejante distribución sin que el Estado la imponga por la fuerza, porque es bastante evidente que muchos dan de sí según su capacidad si esperan que los beneficios generados reviertan de modo más o menos directo en ellos mismos y que, de no ser así, es posible que no se tomen la molestia.

El marxismo ha sido una de las ideologías más influyentes en todo el mundo durante el siglo XX. A mediados del cual, más o menos la mitad de la humanidad vivía bajo un régimen político de inspiración marxista. Sin embargo, las cosas han cambiado radicalmente en los últimos años. La Unión Soviética abandonó el comunismo a mediados de los años ochenta con el presidente Mijaíl Gorbachov, al igual que hicieron los países del Este de Europa. China emprendió poco a poco una línea revisionista poco después de la muerte de Mao Zedong en 1976 (como hemos visto) que combina un sistema de economía de mercado dirigida con la dictadura política, y más o menos lo mismo acontece con otros antiguos países comunistas. Los pocos Estados que aún se aferran al comunismo estricto, como Cuba o Corea del Norte, tienen escasa viabilidad como tales a medio y largo plazo como tales.

Por otra parte, el marxismo entendía que la revolución vendría por su propio impulso, como consecuencia de un proceso dialéctico necesario en el que las contradicciones del sistema capitalista llegasen a hacerse insostenibles, pese a lo cual ha atacado a fondo al sistema capitalista en el terreno ideológico y en el de la superestructura. Sin embargo, desde hace un tiempo se han visto con claridad sus insuficiencias teóricas. En primer lugar está su dogmatismo y su pretensión de infalibilidad, que lo convierten en una ideología dogmática y no en una ciencia como pretendía. En segundo lugar, repugna a la sensibilidad moral que una ideología que se considera progresista pisotee la libertad y los derechos humanos. Dice poco en favor de esta ideología que allá donde más o menos se ha tratado de implantar hayan abundado la corrupción y la tiranía. Según el historiador francés Stéphane Courtois y sus colaboradores en la obra *El libro negro del comunismo* (1997), la represión marxista es responsable de cien millones de muertos (sin contar con los muertos a causa del hambre, las guerras de agresión, los exiliados políticos y los presos políticos muertos en la cárcel sin ejecución). En China ha habido cincuenta millones de muertos, en la URSS veinte millones, en Corea del Norte y Vietnam otros quince, en Camboya dos, en Europa del Este también dos, o en el Tíbet un millón trescientos mil. En tercer y último lugar, hoy sabemos que el nivel de complejidad de los hechos sociales es tal que se necesitan teorías mucho más complejas en sociología, economía, antropología etc., para tratar de dar cuenta de la realidad. Sin duda, el marxismo tiene bastante que aportar todavía, pero no es ni mucho menos la última palabra.

SOCIALDEMOCRACIA

Orígenes: a veces se habla del socialismo y el comunismo como si fueran sinónimos, pero no lo son a pesar de tener un origen en parte común. Hay un *socialismo de Estado* más próximo a los planteamientos marxistas y a la experiencia del Este de Europa, pero también una *socialdemocracia* o *socialismo democrático*, que ha surgido del seno de las sociedades democráticas occidentales. Este último es el que más importancia posee en la actualidad y el que estudiaremos aquí.

El socialismo considera que la igualdad entre los seres humanos es fundamental. No rechaza la libertad individual, pero entiende que debe tener límites no solo cuando atenta contra la libertad ajena, sino también cuando atenta contra la igualdad fundamental de los seres humanos. Si el liberalismo anteponía el individuo a la colectividad y el comunismo la colectividad al individuo, podemos decir que el socialismo trata de armonizar ambos términos compatibilizando la igualdad con la libertad, aunque tal vez dando preferencia a aquella sobre esta en caso de que colisionen. El socialismo democrático es un conjunto de doctrinas políticas que rechazan el individualismo y el capitalismo liberales, pero que también rechazan el colectivismo y la dictadura del proletariado comunista.

Lo que ha aportado la socialdemocracia respecto al liberalismo capitalista instalado en las sociedades occidentales, sin ánimo de ser exhaustivos, ha sido fundamentalmente lo siguiente. Una mejora importante en las condiciones de vida de la clase obrera. Gracias sobre todo al movimiento obrero, en el que tanta importancia tuvieron los comunistas, hoy la jornada laboral es de ocho horas diarias en vez de doce o catorce como era común en las fábricas inglesas del siglo XIX. Además, las condiciones de trabajo son más seguras y hay recogidos una serie de derechos de los trabajadores como el derecho a la sindicación, a la huelga o a la indemnización por despido.

También ha aportado un sistema fiscal progresivo y redistributivo que favorezca la igualdad de oportunidades. Por ser progresivo, paga proporcionalmente más quien más gana, y por ser redistributivo, parte de esa recaudación se destina a garantizar una serie de prestaciones sociales en educación, sanidad, sistema de pensiones y otras políticas análogas para todos los ciudadanos. Así se garantiza no solo una serie de derechos políticos (como la libertad de expresión o el voto), sino también sociales.

El Estado del bienestar: a esto es a lo que se le suele llamar el *Estado de bienestar*. Curiosamente se dice que lo implantó por vez primera el canciller Otto von Bismarck en Alemania a partir de 1883, que no era socialista sino de derechas, promoviendo leyes para crear un sistema de seguros de accidentes laborales, enfermedad y jubilación, para debilitar a los socialistas y contrarrestar las ideas marxistas que agitaban a la clase obrera y a las organizaciones sindicales por aquella época. Después, se adoptaron otras medidas semejantes en Austria y Hungría.

En 1911, cuando era primer ministro el liberal Herbert H. Asquith, Gran Bretaña creó un sistema de pensiones no contributivas, aunque no había fondos para pagarlas, e implantó el seguro de enfermedad e invalidez, y más tarde de desempleo. Con posterioridad, este modelo se introdujo en Europa y en Estados Unidos a consecuencia de la Gran Depresión.

Esta presentaba tres grandes problemas socioeconómicos: la deflación monetaria de los precios, la subida del paro y el aumento de la vulnerabilidad de los grupos sociales más desfavorecidos. El presidente Roosevelt, al contrario de lo que había hecho su antecesor, adoptó a partir de 1933 medidas para combatir los tres problemas, y las que abordaban el tercero supusieron la génesis del Estado de bienestar en Norteamérica: concretamente en 1935 creó el subsidio de desempleo y un sistema de pensiones.

Aunque en un principio el pensamiento socialista democrático consideraba insuficiente el Estado de bienestar, desde entonces hace tiempo que lo ha aceptado como una de sus principales banderas.

Desde el punto de vista económico, este modelo recibe su fundamento de las ideas de John M. Keynes (1883-1946), para muchos el mayor economista del siglo XX. Keynes fue un eminente profesor universitario en Cambridge, que trabajó también en el sector empresarial y en la dirección de inversiones de una compañía de seguros, y que fue asesor financiero del Banco de Inglaterra y del propio Gobierno británico.

Keynes, cuya teoría se ha conocido luego con el nombre de **keynesianismo**, propuso una fórmula para salir de la recesión económica de los años treinta, que presentaba la peculiaridad hasta ese momento prácticamente desconocida de combinar de modo estable y no simplemente coyuntural un paro elevado y una infrautilización de la capacidad productiva de las empresas, cosa que según la economía clásica resultaba impensable. Según esta, en una situación así los salarios disminuirían al cabo del tiempo, el empleo terminaría por crecer y lo mismo le ocurriría a la producción económica. Esto era lo que pensaba la Administración del presidente norteamericano Herbert Hoover, pero en los cuatro años de su mandato (1929-1933) la situación económica no mejoró en absoluto.

Para romper ese círculo vicioso, Keynes propuso que lo que había que hacer era fomentar la demanda interna y aumentar el gasto público incluso más allá de los ingresos disponibles, aunque eso supusiera aumentar el endeudamiento público y la inflación. El Estado debe reactivar así la actividad económica mediante la creación de infraestructuras en comunicaciones, educación, sanidad, y más puestos de trabajo. De esta manera —que aplicó el presidente Franklin D. Roosevelt en su largo mandato (1933-1945) y que también se utilizó tras la Segunda Guerra Mundial— la actividad industrial aumentó, se crearon muchos puestos de trabajo y se ofrecieron nuevos servicios públicos para los ciudadanos que mejoraban las condiciones sociales.

Tras la Segunda Guerra Mundial, con la ayuda económica de los Estados Unidos a través de Plan Marshall, Europa Occidental se fue recuperando económica y poco después fue estableciendo sus políticas de bienestar. De este modo, por ejemplo, a finales del pasado siglo el gasto social medio de los países de la UE era del 28% del PIB.

La crítica monetarista: el programa keynesiano funcionó muy bien hasta los años sesenta, pero en la década siguiente, tras la crisis del petróleo del 73, apareció un nuevo problema económico llamado *estanflación*, que consiste en un estancamiento de la economía combinado con una inflación alta. Las economías más importantes del mundo se encontraban en un momento de poca actividad económica y los países de la Organización de Países Exportadores de Petróleo (OPEP) redujeron el suministro del crudo (como protesta frente a la Guerra del Yom Kipur) e hicieron que este multiplicara por cuatro su precio en poco tiempo. Debido a la importancia energética del crudo en todos los ámbitos de la vida económica, se produjo inmediatamente un fuerte movimiento inflacionario, que se sumó al estancamiento que ya había y a eso se le llamó **estanflación**.

El programa keynesiano no es bueno para afrontar este problema porque al admitir el endeudamiento del Estado dispara la inflación y lógicamente eso es grave cuando ya se está en una fase inflacionista. Para tratar de resolver este estado de cosas se llevaron a la práctica las *políticas monetaristas* (neoliberales) de Milton Friedman (1912-2006).

Este economista norteamericano, que algunos consideran el más influyente de la segunda mitad del siglo XX, recuperó las ideas sobre la denominada **ecuación de cambio de Fisher** (1911). Esta establece en su versión más simple que $MV = PT$, donde M es el dinero en circulación, V es la velocidad a la que circula, T es el número de transacciones y P es el nivel de precios. De aquí se desprende que el nivel de los precios P depende del volumen del dinero en circulación M multiplicado por la velocidad a la que circula V dividido por el número de transacciones T:

$$P = \frac{MV}{T}$$

Por lo tanto, y aquí viene la parte práctica de la ecuación, de acuerdo con el **monetarismo,** modificando la oferta del dinero es posible *caeteris paribus* modificar el nivel de los precios. Si se limita la oferta monetaria bajan los precios y por ende la inflación y si se inyecta dinero los precios suben. Esta es la tarea de los bancos centrales: controlar el peligro de la inflación o el de la deflación.

Milton Friedman, que por cierto había propuesto establecer un impuesto negativo sobre la renta, lo que equivale a suministrar una renta a los más desfavorecidos, entendía que los precios siempre reflejaban al cabo de un tiempo los cambios de la oferta monetaria, de manera que, si esta se regula, se pueden estabilizar los precios y controlar la inflación. Sin embargo, uno de los problemas del monetarismo es que establecer qué es el dinero resulta más difícil de lo que a simple vista parece, ya que hay productos que los bancos centrales no pueden regular, como los importes de las tarjetas de crédito o las líneas crediticias que aún no se han utilizado, y que por tanto se escapan a la aplicación de las recetas monetaristas. Por eso no es de extrañar que Milton echara la culpa de que sus recetas no funcionaran a los gobernadores de los bancos centrales.

Friedman, que recibió el premio Nobel de Economía en 1976, defendió la ortodoxia clásica en el ámbito general de la economía y pensaba que la libre competencia y el mercado seguían gobernando la actividad económica y por eso rechazaba la intervención directa de los gobiernos para regular los precios o los salarios. Así serviría el monetarismo para soslayar la penosa asimetría de las políticas keynesianas, pues ya no sería necesario aumentar los impuestos o reducir el gasto público puesto que el Banco Central podía encargarse de todas las políticas monetarias. Dicho esto, hay que recordar, como hace John K. Galbraith en su *Historia de la economía*, que el monetarismo no es socialmente neutral ya que, al combatir la inflación elevando los tipos de interés, resultan favorecidos los que tienen dinero para prestar y perjudicados los que tienen que pedirlo prestado. Por tanto, una política monetaria restrictiva es lo contrario que una política fiscal restrictiva, porque esta, al aumentar los impuestos a los que más tienen, afecta negativamente a los ricos. En cambio las políticas keynesianas favorecen a los más necesitados ya que robustecen el Estado de bienestar.

En la inmensa mayoría de las sociedades democráticas modernas, hoy los logros del Estado del bienestar son irrenunciables y lo que se discute más bien es su tamaño, pues como hemos visto al hablar de los impuestos resulta costoso, y la manera de mantenerlo. A casi todo el mundo le gusta tener un buen sistema público de salud y de educación, pero eso hay que pagarlo. La parte más viable del socialismo actual, el socialismo democrático, se ha fraguado en sociedades inicialmente capitalistas y lo que se da en la práctica es una convergencia de las prácticas políticas de uno y otro signo.

En fin, frente al comunismo (con la salvedad del eurocomunismo), con el que durante una parte importante de la historia el socialismo estuvo ligado, el socialismo ha acabado por adoptar la democracia parlamentaria frente a la llamada *democracia popular* (la primera no es perfecta, desde luego, pero la segunda ni siquiera es democracia) y los derechos humanos. Algunos países que antes del derrumbe del comunismo estaban bajo la férula de Moscú y que pretendían ir más por la vía del socialismo de Estado que por la del comunismo, como Polonia, Hungría o Chequia, tras la caída del Muro de Berlín se orientaron hacia el modelo europeo del Estado del bienestar.

Entre las ventajas del socialismo democrático hay que anotar su preocupación por erradicar las desigualdades sociales y por dar contenido al principio de igualdad de oportunidades. Entre los inconvenientes se pueden señalar el que resta importancia a la iniciativa individual, propende a la burocratización y a la ineficacia económica, y resulta muy gravoso. Cuando se creó en España el sistema general de pensiones, en las postrimerías del franquismo, la *ratio* entre pensionistas y trabajadores era de 1 a 6, es decir, que la pensión de una persona la costeaban seis asalariados (no es cierto que *de facto* cada cual se pague su propia pensión), pero en la actualidad, con el incremento de la esperanza y la calidad de vida por un lado y el descenso de la tasa de natalidad, la ratio es aproximadamente de 1 a 2, por lo que hay un problema estructural muy serio que pocas veces desempeña un papel importante en la agenda política nacional.

ANARQUISMO

El anarquismo ("ausencia de autoridad") fue una corriente influyente durante la segunda mitad del siglo XIX y la primera del siglo XX, hasta la Segunda Guerra Mundial, pero desde entonces ha desaparecido casi por completo como movimiento de masas, aunque algunos grupos contestatarios y alternativos modernos (ecologistas, pacifistas, feministas) poseen cierta inspiración anarquista o libertaria.

El anarquismo es una ideología política que rechaza la idea de Estado, del poder y de la autoridad. Los anarquistas clásicos, como Pierre Joseph Proudhon (1809-1865) y Mijail Bakunin (1814-1876), pensaban que una vez abolida la autoridad en todas sus formas, una vez suprimida cualquier dominación parasitaria sustentada en la desigualdad económica, una vez abolida la propiedad privada (*"La propriété, c'est le vol"*), la sociedad se reestructuraría sobre una nueva base moral. De la naturaleza humana en sí misma emanaría una sociedad sin opresiones una vez se hubiese liberado del yugo y la corrupción de la autoridad.

La autoridad es opresiva porque implica un sometimiento de la voluntad de un individuo a la voluntad de otro, lo cual supone violar la libertad de aquel y el principio de igualdad entre ambos.

La teoría social anarquista puede suscitar simpatías cuando se considera el funcionamiento de la maquinaria estatal, incluso en las sociedades democráticas, pero parece que se basa en unos supuestos *antropológicos* poco sólidos. Los anarquistas creen, a diferencia de Hobbes que pensaba que el hombre es un lobo para el hombre, que los seres humanos somos en principio seres sociables, cooperadores, solidarios y más bien bondadosos, como suponía Rousseau. No cabe duda de que hay mucha gente así por el mundo, e incluso de que muchos más podrían serlo en otro contexto social, pero suponer que la humanidad es de esa manera resulta, por desgracia, una mera hipótesis desiderativa. Además, en una sociedad en la que la mayoría de sus miembros son pacíficos, sociales y cooperadores, la existencia de una minoría que sea todo lo contrario puede tener un efecto negativo muy importante.

Por eso, la mayoría de los anarquistas evitan explicar cómo es posible que siendo los seres humanos buenos por naturaleza resulte que la sociedad es mala. Por lo tanto, que Hobbes esté equivocado no significa que los anarquistas acierten. Por otra parte, incluso aunque los seres humanos fuésemos más o menos como suponen los anarquistas, la sociedad anarquista, basada en la autogestión asamblearia, podría funcionar —con permiso de las nuevas tecnologías— en asociaciones pequeñas, de unos pocos miles de individuos, pero no en sociedades de cientos de miles o de millones de personas. No es de extrañar, pues, que las ideas anarquistas no se hayan llevado a la práctica sino en contextos muy limitados y durante poco tiempo, aunque los propios anarquistas contestarían que eso se debe precisamente a la fuerza del poder.

CONSERVADURISMO

La ideología conservadora surgió como una reacción ante la Revolución francesa y sus excesos, cuando algunos pensadores consideraron que no todo cambio es un progreso. El más importante de estos fue Edmund Burke (1729-1797) con su obra *Reflexiones sobre la Revolución en Francia* (1790). Burke era un político y escritor británico perteneciente al partido *Whig* (ala conservadora del partido liberal), que criticó el comercio de esclavos y la opresión ejercida sobre la India, aunque se opuso a la reforma parlamentaria.

El conservadurismo se opone a las ideologías que preconizan el cambio y considera que las instituciones sociales y políticas del momento, si existen, es por algo, a saber, porque han resistido bien el paso del tiempo y a lo largo de este han aquilatado unos valores dignos de conservarse, valores que pueden resumirse con el nombre de *la tradición*.

El conservadurismo no rechaza todo cambio social y político (no es simple inmovilismo), y de hecho acepta los cambios cuando son graduales, moderados y prudentes para con las tradiciones y están destinados a adaptar y mejorar lo existente en vez de a suprimirlo. Como dijo Burke: "*Un Estado que carece de los medios para cambiar, carece de los medios para su conservación*".

Frente a los que tratan de crear una sociedad a partir de un ideal abstracto, los conservadores recurren al valor de la experiencia acumulado a lo largo de la historia. Frente a los que defienden el cambio por el cambio, los conservadores recuerdan el valor de la tradición.

Por otro lado, para algunos estudiosos, el rasgo más relevante del conservadurismo es que considera radicalmente incompatibles la libertad y la igualdad. Si se fomenta la igualdad es a costa de la libertad y por eso rechaza el igualitarismo.

En una época como la nuestra en la que el cambio ha adquirido una velocidad vertiginosa que muchas veces no nos permite tomar conciencia de lo que sucede sino cuando ya ha ocurrido y posiblemente sea irreparable, en un mundo en que a través de los medios de comunicación se imponen otros modelos culturales, como el *American way of life*, en una sociedad en la que el mercado ha convertido en moda y mercancía casi todo lo que existe, qué duda cabe que las advertencias conservadoras cobran actualidad y relevancia.

Ahora bien, el pasado nunca ha sido una edad dorada, la tradición tampoco ha sido siempre una entidad unitaria, bajo ella se han amparado muchísimas desigualdades e injusticias, y del conservadurismo al inmovilismo y de este al involucionismo solo media una pequeña distancia, distancia que muchos seguidores de esta corriente han recorrido sin inmutarse, como el pensador francés Joseph de Maistre (1753-1821), al que Ortega y Gasset calificaba de archirreaccionario, y que era partidario de instaurar una teocracia gobernada por el Papa y de paso acabar con todos los enemigos de este como los protestantes, los judíos, los republicanos y los librepensadores. Además tampoco es lo mismo ser un lord inglés que un marginado social a la hora de valorar la tradición.

TOTALITARISMO

El totalitarismo no es tanto una ideología política, esto es, una propuesta genérica de gobierno, cuanto un modo de ejercerlo que puede ser adoptado por diversas ideologías. Por ello no debe extrañar que los totalitarismos predominantes del siglo XX, el comunismo y el fascismo, sean ideológicamente opuestos y sin embargo en la práctica se parezcan tanto.

El totalitarismo crea una estructura de poder, apoyada por una elite social y económica, por lo general representada por un líder autoritario, cuya preocupación fundamental consiste en mantener sus privilegios (como ya observó Platón). En el totalitarismo también hay diversos grados según la intensidad y el autoritarismo con el que se ejerza el poder. En el grado más bajo estaría el déspota ilustrado, que desde su autoritarismo tendría cierta preocupación genuina por el pueblo pero que en realidad hoy es una figura de otro tiempo, hasta el dictador tiránico, que hace lo que le da la gana sin importarle gran cosa la población, como les ocurre a los hermanos Castro en Cuba o a Kim Jong-un en Corea del Norte. Estos últimos suelen ser con diferencia los más abundantes, ya que, como decía

Lord Acton, el poder corrompe y el poder absoluto corrompe absolutamente.

Como ya hemos hablado del comunismo, digamos algo del fascismo en tanto que es el otro sistema totalitario más predominante del siglo XX. El fascismo surgió en Europa, sobre todo en Alemania, Italia y luego España, a  finales de los años veinte como reacción contra el comunismo y contra la democracia. Frente a la amenaza de que el comunismo obrero se extendiese e internacionalizase, reaccionaron con una ideología nacionalista que trataba de sustituir la idea del proletario explotado por la del trabajador heroico que con su esfuerzo levantaba y defendía a la patria. Frente a la democracia, por medio de la cual llegó por cierto Adolf Hitler al poder, prescinden del pluripartidismo y se quedan con el partido único, que es suficiente para expresar la voluntad única de la nación, y frente al representante de los ciudadanos elegido por medio de los votos ponen al líder indiscutible de todo el pueblo. De ahí que uno de los lemas nazis más pregonados fuera: *"Ein Volk, ein Reich, ein Führer"* (Un pueblo, un imperio, un caudillo).

Los totalitarismos utilizan sobre todo dos tácticas para mantenerse en el poder. En primer lugar está el uso de la propaganda. Mediante ella tratan de hacer creer a la población que se preocupan por los intereses colectivos. Todo poder utiliza la propaganda, incluso si es democrático, y para ello no hace falta salir de la Comunidad Andaluza, la Comunidad Valenciana o el resto de España, pero el grado de perversión de los totalitarismos es inconmensurable porque dominan todos los medios de comunicación y han suprimido la libertad de expresión. Así, por ejemplo, China trata de justificar su invasión y genocidio del Tíbet diciendo que lo hacían por el bien del pueblo tibetano, que vivía en el atraso social y económico y en la superstición religiosa. La Junta Militar de Birmania, donde hasta hace muy poco solo se publicaba un periódico y solo existía la televisión estatal, se ha dedicado hasta hace unos años a insultar casi a diario a la líder de la oposición, la premio Nobel de la Paz Aung San Suu Kyi, a la que ha mantenido secuestrada en su casa hasta 2010, pese a que ganó por una inmensa mayoría las elecciones de 1990. En este momento el país parece que ha emprendido una vía reformista, controlada por los militares, que ojalá llegue a buen puerto.

En segundo lugar está la represión para acallar o suprimir la disidencia. Mediante el uso de la violencia, los regímenes totalitarios no se recatan de amedrentar, encarcelar, torturar o asesinar a los que se opongan a ella, a los que reclamen la defensa de los derechos humanos, a sus familiares o amigos, e incluso discrecionalmente a cualquier otra persona que les desagrade. El gobierno chino es responsable del asesinato de 90.000 tibetanos entre 1951 y 1959, y de la muerte de 1´2 millones más desde entonces, así como de que muchos más huyeran como refugiados a la India o Nepal para salvar su vida. Ha destruido la mayoría de los templos tibetanos y puede meter en la cárcel y torturar a todo aquel que defienda un Tíbet libre. En Birmania, la Junta asesinó en octubre de 1988 a varios miles de ciudadanos que se manifestaban por las calles de la capital para pedir democracia. Hoy la oposición empieza a salir de la cárcel, del exilio o de la vigilancia policial, y hasta hace poco el país cada vez era más pobre y los militares eran cada vez más ricos.

En fin, aunque las otras ideologías políticas tienen inconvenientes, unas más y otras menos, también cuentan en mayor o menor medida con cosas aprovechables en la mayoría de los casos. Sin embargo, los totalitarismos, las dictaduras, sean del signo que sean, sean de izquierdas o derechas, no tienen nada de aprovechables desde el punto de vista político, salvo para los que detentan el poder, que gracias a ello viven mejor, y por otro lado, *obiter dicta*, para su estudio y conocimiento a fin de procurar que desaparezcan, ya que son un cúmulo de desgracias y humillaciones para quienes las padecen y en general una vergüenza abyecta para la condición humana. Y por esto hemos hablado aquí de ellas.

XV.- LOS DERECHOS HUMANOS

Los derechos humanos son un conjunto de derechos fundamentales que se han ido formulando y promulgando desde la Ilustración hasta hoy y que se  encuentran a medio camino entre el derecho positivo y la filosofía moral. Como dice el profesor Valencia, cuya obra nos ha resultado tan útil, son la tentativa más seria que hay en la actualidad de someter el poder político a criterios morales.

Los derechos humanos tienen un **fundamento moral, político y jurídico**. Es moral porque afirma la dignidad inherente de todos los seres humanos por el hecho de serlo. Es político porque se trata de una tarea que ha de llevarse a la práctica con el esfuerzo de todas las fuerzas políticas democráticas del planeta y es jurídico porque su salvaguarda efectiva tiene que verse recogida como parte del derecho internacional y de todos los Estados miembros de las Naciones Unidas.

Los derechos humanos alcanzan su máximo estatuto legal con la Declaración Universal de Derechos Humanos aprobada por la Asamblea General de las Naciones Unidas de 10 de diciembre de 1948. En la actualidad, como señala el politólogo italiano Norberto Bobbio, el problema clave respecto a los derechos humanos no es cómo justificarlos, sino cómo protegerlos y hacerlos efectivos.

Desde el punto de vista histórico, estos derechos nacen a partir de la idea de la dignidad humana como derechos naturales universales, se desarrollan después como derechos positivos particulares y alcanzan la plenitud como derechos positivos universales.

LA IDEA DE LA DIGNIDAD HUMANA

La idea de que todo ser humano posee una dignidad inherente e inviolable por el hecho de ser humano se ha ido abriendo camino paulatinamente a lo largo de la historia gracias al esfuerzo de muchas personas en medio de inmensas dificultades.

Dentro de la historia de la civilización occidental se pueden señalar cinco grandes hitos. Aquí hablaremos de los cuatro primeros y en el próximo apartado lo haremos del último por darse en nuestro tiempo.

El primer hito es la idea de los antiguos **filósofos estoicos** de que todos los seres humanos somos ciudadanos del mundo. Todos los hombres y mujeres, incluidos los esclavos y los extranjeros, albergan en su interior una chispa del fuego divino. Son, por así decirlo, miembros de una misma familia. En cierto modo estos pensadores griegos anticipan la idea cristiana de la fraternidad universal, que como otras ideas religiosas de Oriente y Occidente también son importantes en esta historia.

El segundo hito es la teoría del **derecho natural** (*ius naturalis*) que va desde la Edad Media hasta el Renacimiento. Aunque con planteamientos muy distintos entre unos autores y otros, lo propio del iusnaturalismo es que considera que hay una serie de derechos y deberes que las personas poseemos en razón de nuestra propia naturaleza humana de los que no se nos puede privar.

El tercer hito lo representa el **pensamiento político ilustrado**. La teoría del contrato social considera que el Estado surge de un acuerdo entre los hombres para vivir mejor. Por lo tanto, las leyes están al servicio de las personas y no las personas al servicio de las leyes.

Dentro del pensamiento político ilustrado (con sus representantes más relevantes, como Locke, Rousseau, Voltaire y Kant), merece la pena destacar las ideas del jurista italiano Cesare Beccaria (1738-1794). Este escribió la obra *De los delitos y las penas* (1764), que fue un gran éxito en su tiempo y que enseguida fue prohibida por la Inquisición. En ella se propone una visión humanizada de los castigos legales e incluso la abolición de la pena de muerte, castigo que entonces ningún sector relevante de la sociedad rechazaba. Además, Beccaria afirmaba que la eficacia disuasoria de las penas no depende de su severidad, sino de su certeza, algo que conviene tener presente cuando a veces se solicita el endurecimiento de las penas para delitos como el terrorismo u otros actos semejantes.

El cuarto hito lo constituyen las diversas **declaraciones sobre los derechos de hombre**, que se formulan a partir de la Ilustración, aunque hay algunos precedentes, como la Carta Magna inglesa de 1215, que entre otras cosas ya recogía el derecho a no ser detenido o arrestado arbitrariamente (*habeas corpus*) y el juicio con jurado.

En esta línea, el primer documento fue la Declaración Universal de los Derechos del Hombre y el Ciudadano de 1789, año de la Revolución francesa, que aspira a instaurar la libertad, igualdad y fraternidad entre los hombres. En 1793 le sigue la segunda Declaración, más radical, que entre otras cosas aspira a una sociedad feliz, a la soberanía popular en vez de nacional, a la abolición de la opresión y a la beneficencia e instrucción públicas.

Otro documento importante fue la Constitución americana, promulgada en 1787 y a la que en 1791 se le añaden diez enmiendas que entre otras cosas consagran la libertad religiosa y de expresión, y establecen determinadas garantías procesales. Desde entonces toda **constitución** de un Estado democrático y de derecho consta de dos grandes partes. Una que establece los derechos, deberes y libertades fundamentales de los ciudadanos, y otra que establece la estructura del Estado.

En el caso de la Constitución española, esa primera parte viene recogida en el Título I, denominado *De los derechos y deberes fundamentales*, que consta de cuarenta y seis artículos que habrán de ser interpretados de conformidad con la Declaración Universal de Derechos Humanos (Constitución, art. 10.2). A su vez, de la segunda parte se ocupa el resto del texto constitucional.

La constitución de un país es su norma fundamental. No solo se trata de un instrumento jurídico, sino de un símbolo y autores como Jürgen Habermas hace de esto la base del nuevo concepto de patriotismo constitucional.

Por último, del quinto hito en la historia de la expresión jurídica de la idea de la dignidad humana nos ocuparemos en el siguiente apartado.

LA FORMACIÓN DE LOS DERECHOS HUMANOS HOY

A lo largo del siglo XX, y en parte también del anterior, han aparecido diversas organizaciones que trataban de mediar en los conflictos internacionales. Las más importantes son la Sociedad de Naciones, creada en 1919 para procurar la paz y la concordia entre los Estados e intentar que no se produjese una situación como la Primera Guerra Mundial, cosa que no logró, y por ello desapareció en 1946.

Y sobre todo la Organización de Naciones Unidas (ONU), fundada en 1945 en la ciudad de San Francisco y con sede en Nueva York. Sus objetivos son mantener la paz y la seguridad internacionales, fomentar la cooperación entre las naciones, sobre todo en los campos económico, social y cultural, y también la solidaridad, en base al principio de autodeterminación y de igualdad entre los pueblos.

El 10 de diciembre de 1948 la Asamblea General de la ONU formuló la Declaración Universal de los Derechos Humanos, que aunque en tratados posteriores se ha desarrollado, ampliado, explicitado y complementado, aquí nos va a servir de referencia fundamental. La Declaración fue aprobada por los 58 Estados miembros de la Asamblea General de la ONU, con 48 votos a favor, ocho abstenciones de la Unión Soviética, los países de Europa del Este, Arabia Saudí y Sudáfrica, y dos abstenciones[19].

A partir de ella —y de los esfuerzos que le antecedieron y que le siguen— hoy se puede hablar de los derechos humanos como una realidad importante, aunque distan de estar implantados universalmente. Para estudiar tales derechos con cierto detenimiento, pueden distinguirse en estas tres generaciones, según su origen, antigüedad y naturaleza.

Primera generación: derechos civiles y políticos. Como ya hemos visto, a partir de la Ilustración, se formulan los derechos civiles (como el derecho a la vida o la libertad, etc.) y políticos (como el derecho a la libertad religiosa o de expresión, el derecho al voto o  el acceso a la función pública), hoy conocidos como derechos de primera generación. En la Declaración Universal de los Derechos Humanos están recogidos desde el artículo primero hasta el artículo vigésimo primero. En la Constitución española, se recogen en los artículos 10, 14-26, 29, 32-34, 54 y 55.

Además de los ya citados, cabe mencionar el derecho a la dignidad, a la seguridad, a no ser sometido a tratos degradantes o crueles, a la presunción de inocencia, a la justicia, a la intimidad, al matrimonio y la familia, a la propiedad privada o a la reunión y asociación. Su cumplimiento es **exigible de manera coactiva**, esto es, están amparados por los tribunales de justicia nacionales y/o internacionales. Su reconocimiento y ejercicio tienen prioridad y por eso se les considera **derechos fundamentales**. Su titularidad y ejercicio son sobre todo individuales, esto es, recaen individualmente sobre cada uno de los seres humanos.

Los derechos civiles y políticos permiten la vida digna en sociedad y marcan la barrera entre la civilización y la barbarie. De ahí que se puedan exigir coactivamente a todo Estado —aunque muchos los violan a su antojo—. Por eso son derechos en sentido estricto, cosa que no ocurre al resto de los derechos humanos, como veremos enseguida.

Segunda generación: derechos sociales, económicos y culturales. Se formulan a comienzos del siglo XX a raíz de las revoluciones obreras, comunistas y nacionalistas de la época. En contraste con los derechos civiles y

---

[19] http://www.un.org/es/documents/udhr/

políticos, los derechos de la segunda generación poseen una titularidad en parte individual y en parte colectiva (como los derechos de la familia), y su puesta en práctica implica la acción material del Estado con la aportación de recursos económicos.

Los principales derechos sociales, económicos y culturales son el derecho a un trabajo digno y en condiciones, a la seguridad social, a la calidad de vida, a la salud, a la educación, y a la cultura, el arte y la ciencia· En la Declaración Universal de los Derechos Humanos se recogen en los artículos 22-27 y en la Constitución española en los artículos 27, 34-44, y 46-52.

La promulgación de derechos sociales, económicos y culturales supone la existencia de un Estado benefactor con obligaciones económicas para los ciudadanos en general y para ciertos grupos en particular. Sin embargo, su cumplimiento no puede ser exigido por vía judicial y por lo tanto, más que de los tribunales, es objeto del ejercicio de la voluntad política del Gobierno y de los recursos económicos disponibles y de cómo los utilice (Declaración, art. 22).

Así, por poner un ejemplo al margen de España, aunque el presidente de un país emergente, como pueda ser Brasil con sus más de 200 millones de habitantes, donde hay un 30% de personas bajo el umbral de la pobreza, pretenda que todos los ciudadanos tengan un trabajo digno, puede que acaso no esté en su mano conseguirlo por diversas razones. Lo que sí está en su mano es evitar la corrupción, la arbitrariedad, la discriminación, etc., cosa que no siempre ha ocurrido.

A nivel internacional, el cumplimiento derechos sociales, económicos y culturales es objeto de los programas de cooperación entre los pueblos de carácter público, dependientes de organismos nacionales o supranacionales como la ONU, o privados, dependientes de ONGs y demás. Sin embargo, en este terreno la colaboración entre los Estados es escasa y, salvo excepciones muy dignas, lo que impera es la ley del mercado. A nivel internacional desde luego no ha llegado todavía nada parecido al *supraestado* del bienestar.

Tercera generación: derechos colectivos y de los pueblos. Surgen al acabar la Segunda Guerra Mundial y comenzar el proceso de descolonización en África y Asia. Tienen que ver con las aspiraciones más o menos compartidas de determinadas poblaciones, pueblos y naciones.

Debido a su natural heterogeneidad y a su notable ambigüedad no existe ningún organismo internacional que los haya codificado. A tal efecto, dependemos de las resoluciones correspondientes de la Asamblea General de la ONU, aunque hay que señalar que estas no tienen un carácter vinculante para los Estados. Así, por ejemplo, la Asamblea General de la ONU acordó dividir el antiguo territorio de Palestina, que estaba bajo mandato británico, en una parte para el Estado de Israel y otra para el Estado de Palestina, pero los israelíes jamás han aceptado el acuerdo y ocupan parte del territorio destinado al pueblo palestino casi como si fuera suyo.

Entre los derechos colectivos y de los pueblos pueden mencionarse el derecho a un orden internacional apto para el ejercicio de los derechos humanos, el derecho a la autodeterminación de los pueblos, el derecho de las minorías étnicas, religiosas o lingüísticas a su idiosincrasia, el derecho de los trabajadores inmigrantes a trabajar en otros países en condiciones dignas y justas, y el derecho al medio ambiente saludable.

Ninguno de estos derechos aparece como tal en la Declaración Universal de Derechos Humanos, excepto el primero (art. 28). En la Constitución española, que tiene treinta años más que dicha Declaración, aparecen recogidos el derecho al medio ambiente adecuado (art. 45) y los derechos de los consumidores (art. 51), que habíamos incluido junto a los derechos de segunda generación por vía del artículo 25.

La problemática medioambiental es parte importante de la última frontera de los derechos de tercera generación. Estos derechos —y en general todos los derechos humanos— no deben entenderse como algo fijo e inmóvil, pues se encuentran en un proceso dinámico de expansión, concreción y explicitación. Es el caso por ejemplo de la Declaración de Derechos del Niño (1989).

De hecho ya hay quienes hablan de **los derechos de cuarta generación**, en los que se incluirían los derechos de la naturaleza, de los animales (como defiende entre otros Jesús Mosterín) o de las generaciones futuras.

PROBLEMAS ACERCA DE LOS DERECHOS HUMANOS

Lo primero que tal vez hay que hacer es contestar a la pregunta de **quién viola los derechos humanos**. La mayoría de los expertos y de los organismos dedicados a su salvaguarda consideran que solo los Estados pueden violar los derechos humanos. La razón es que solo ellos los suscriben y ratifican, se responsabilizan del cumplimiento de la ley y generan responsabilidades jurídicas internacionales propiamente hablando.

Recientemente, hay especialistas que consideran que también deberían incluirse como posibles responsables a otros sujetos distintos de los Estados, como determinados grupos guerrilleros, aunque la mayoría considera que de lo que debe hablarse en estos casos es de infracciones graves de los derechos humanitarios, ya que tales grupos carecen de personalidad jurídica internacional. Por el contrario, cuando un individuo atenta contra la libertad, la vida, la dignidad o cualquier otro derecho fundamental de otra persona, de lo que se trata es de un delito que debe ser sancionado conforme al Código Penal.

Lo segundo que podemos preguntar es **quién protege los derechos humanos**. En primer lugar hay una serie de organismos internacionales que velan por ellos, como la Comisión de Derechos Humanos de la ONU, con sede en Ginebra, o el Alto Comisionado de las Naciones Unidas para los Derechos Humanos, figura creada en 1993 a raíz de la Conferencia de Viena. Por otro lado, la Convención de Roma (1950) es el sistema de protección jurídica internacional más avanzado que ha existido. Obliga a los países de la UE, que son los que han suscrito dicho acuerdo.

En segundo lugar están los Estados democráticos y de derecho, como España, que en sus constituciones se rigen por principios inspirados en los Derechos Humanos. Una cuestión que se plantea a los Estados democráticos y a la comunidad internacional es el denominado **principio de injerencia humanitaria** que afirma que por muy respetable que sea el derecho de soberanía e independencia de los Estados, más respetable son los derechos humanos. Este principio se invoca cuando un país que viola los derechos humanos rechaza la censura internacional alegando que se trata de asuntos internos. Se considera hoy en día que la comunidad internacional puede intervenir por las armas en tales casos cuando se den situaciones objetivas de barbarie que no puedan solucionarse de otro modo (Afganistán, Libia o Siria). Por desgracia, la comunidad internacional no está preparada aún para abordar estos problemas de modo adecuado, sobre todo cuando el país que los viola es grande o poderoso.

En tercer lugar hay que señalar la acción de algunas ONGs, como Amnistía Internacional y Human Rights Watch. Según Valencia, Amnistía Internacional es "*la más importante ONG de derechos humanos en el mundo*". Fue fundada en 1962, recibió el Premio Nobel de la Paz en 1977 y cuenta con más de tres millones de socios en muchísimos países. Se dedica a promover la defensa y protección de los derechos consagrados en la Declaración Universal y, sobre todo, a combatir la pena de muerte y la persecución de los prisioneros de conciencia (aquellos que sin hacer uso ni invocar la violencia son encarcelados por sus convicciones). Sus informes y denuncias se hacen con mucho cuidado y son muy rigurosos y fiables. Encabeza la propuesta de crear un tribunal penal internacional permanente.

XVI.-EL FEMINISMO

LOS MOVIMIENTOS DE EMANCIPACIÓN DE LA MUJER

El feminismo es un movimiento y una ideología social y política que surge como reacción a la discriminación secular de las mujeres en un mundo esencialmente gobernado por hombres. El feminismo trata de responder a la pregunta sobre cuál es la situación en la que se encuentran las mujeres y constata que, a pesar de ser la mitad de la humanidad (o algo más), estas han carecido casi siempre de la presencia y el protagonismo en la vida social, cultural y política que les corresponde, ocupando puestos y tareas inferiores y subordinadas a las de los hombres o limitándose al ámbito doméstico. A partir de este diagnóstico, el movimiento feminista se ocupa de explicar las causas de esa situación para pasar activamente a tratar de eliminar dichas desigualdades e injusticias.

En el siglo XX el feminismo de la primera ola demandaba igualdad civil y política entre mujeres y hombres y el feminismo de la segunda ola se centró en los derechos sexuales y familiares femeninos.

La idea preconcebida sobre el papel de la mujer en la sociedad es que este se encuentra en la familia y que esta —como señaló por ejemplo Talcott Parsons— es un requisito indispensable para la estabilidad social. Para que la familia funcione con eficacia, de acuerdo con este planteamiento, los varones y las mujeres deben desempeñar papeles muy distintos (en concreto las mujeres deben cuidar del hogar y de los hijos) y, si estas diferencias desaparecen, el papel vital de la familia en la estabilidad social se pone en peligro.

El feminismo es un fenómeno consolidado a lo largo del siglo XX en las sociedades occidentales, pero tiene importantes antecedentes que en nuestra cultura se remontan al menos hasta el siglo XVII. Dos ejemplos de obras feministas son la *Declaración de los derechos de la mujer y la ciudadana* (1791) de Olimpia de Gouges, quien afirmaba que *"Les hommes ont tous les avantages... On nous a exclues de tout pouvoir, de tout savoir"* en

L'Homme généreux (1786) y reclamaba el derecho de las mujeres a votar y a desempeñar cargos públicos, y la *Vindicación de los derechos de la mujer* (1792) de Mary Wollstonecraft, que entre otras cosas reclamaba el derecho de la mujer a recibir una formación adecuada.

Merece la pena contar algo de la vida de esta pionera del movimiento feminista. Superó una infancia difícil marcada por un padre derrochador y borracho, se apartó de la educación típica de las niñas de entonces y pronto comenzó a trabajar como dama de compañía de aristócratas y luego como maestra rural, para lo cual tuvo que estudiar y prepararse por su propia cuenta. Defendió la enseñanza obligatoria para niños y niñas hasta los nueve años de edad, en una época en que esa preocupación no tenía mucho predicamento. Tuvo una intensa vida sentimental llegando incluso al intento de suicidio por amor. Se casó con el filósofo anarquista William Godwin con quien tuvo una hija llamada Mary Shelley, que sería la autora del célebre *Frankenstein*, y murió pocos meses después de dar a luz.

Un hito de la historia del feminismo es la Convención de Seneca Falls en Nueva York del año 1848, donde trescientas activistas y espectadores se reunieron en la Primera asamblea por los derechos de la mujer en Estados Unidos, cuya declaración final fue firmada por unas cien mujeres.

Además, las dos obras filosóficas acaso más importantes del siglo XIX sobre este asunto son *El sometimiento de la mujer* (1869) de John Stuart Mill, que estaba inspirada por su mujer, Harriet Taylor, y *El origen de la familia, la propiedad privada y el Estado* (1884) de Friedrich Engels, basada en ideas de Karl Marx. Mill defendió el derecho al voto femenino en los mismos términos que los hombres y Engels afirmaba que las causas de la opresión femenina son históricas y no biológicas.

Por otro lado, entre los acontecimientos históricos más importantes de la lucha por la igualdad de la mujer, cabe destacar la muerte de las obreras que el 8 de marzo de 1908 reclamaban en Nueva York mejoras salariales (que luego ha pasado a conmemorarse con el Día Internacional de la Mujer Trabajadora), la consecución en 1918 del voto femenino en Gran Bretaña para las mujeres mayores de treinta años —tras una larga y dura serie de reivindicaciones políticas, feministas y sufragistas— y el voto femenino en Estados Unidos en 1920. En España, el sufragio femenino se logró en 1931, durante la Segunda República, aunque luego el franquismo lo abolió y se repuso con la vuelta de la democracia.

En la actualidad el movimiento feminista es muy diverso y a veces sería conveniente hablar de feminismos, ya que distintos tipos o grupos de mujeres ponen el énfasis en diversos problemas o circunstancias sociales o personales, pero en general seguiremos el uso más común, que es hablar del feminismo.

SIMONE DE BEAUVOIR Y BETTY FRIEDAN

Durante el siglo XX se han escrito muchísimas obras feministas, y entre las primeras y más importantes podemos mencionar *El segundo sexo* (1957), de la destacada escritora y pensadora francesa Simone de Beauvoir y *La mística de la feminidad* (1959) de la autora norteamericana Betty Friedan.

Simone de Beauvoir (1908-1986) se suele considerar que es la principal representante intelectual del feminismo del siglo XX. También fue una autora que junto a su pareja, el filósofo Jean-Paul Sartre, marcó el decurso de buena parte del mundo intelectual de Francia e incluso de Europa en su tiempo, cuando el movimiento existencialista se encontraba en su apogeo, tras la Segunda Guerra Mundial.

Beauvoir entiende que a través de la historia a las mujeres se les ha negado su plena humanidad, el derecho humano a crear, inventar e ir más allá del plano de la simple supervivencia para encontrarle sentido a la vida mediante proyectos de una significación más amplia. El varón ha modelado la faz de la tierra y en ese proceso la mujer ha sido arquetípicamente *otra*. Se la ha visto en función del hombre, como objeto y no como sujeto. Pero nadie nace mujer —en la línea de los principios de la filosofía existencialista de la época— sino que se convierte en tal y por eso las mujeres pueden cambiar su condición.

Sin embargo, la alternativa de Beauvoir es más compleja de lo que cabría esperar. La mujer moderna ha aceptado los valores masculinos y está orgullosa de pensar, actuar, trabajar e inventar igual que los hombres. Pero Beauvoir se opone a cualquier tipo de feminismo que defienda unos valores y virtudes específicamente femeninos y rechaza cualquier idealización de esos rasgos propiamente femeninos, cosa que le ha valido algunas críticas, porque entiende que la cuestión no es que las mujeres se autoafirmen como mujeres, sino que se conviertan en seres humanos completos. En *El segundo sexo* afirmó que ella, lejos de haber padecido su feminidad, había sumado a partir de los veinte años las ventajas de ambos sexos y era valorada como escritora a la par que como mujer. Además de esto, Simone de Beauvoir escribió muchas obras en las que habló de su vida, desde la infancia hasta la vejez, y por otro lado tuvo una relación de pareja con Jean-Paul Sartre, abierta por ambas partes, que no por eso estuvo exenta de celos y problemas cuando este tenía otras amantes.

Por su parte, Betty Friedan (1921-2006) denunció el mito de la esposa feliz en la Norteamérica blanca y rica de las ciudades de mediados del siglo XX e insistió en que cada mujer debe averiguar qué es lo que de verdad quiere. Llegó por su parte a la conclusión de que ni el marido ni los hijos, ni el hogar ni el sexo, ni ser como otras mujeres, le podían dar un *yo*. Su ogra llega en un momento de la sociedad americana en que las mujeres de familias afluentes ven la necesidad de que sus hijas asistan a la universidad a formarse, pero no de que luego emprendan una carrea profesional, y ahí es donde surge una contradicción lacerante. Friedan fundó la National Organization of Women (NOW) y defendió que los hombres y las mujeres debían tener los mismos derechos y las mismas responsabilidades.

TEORÍAS DE LA DIFERENCIA

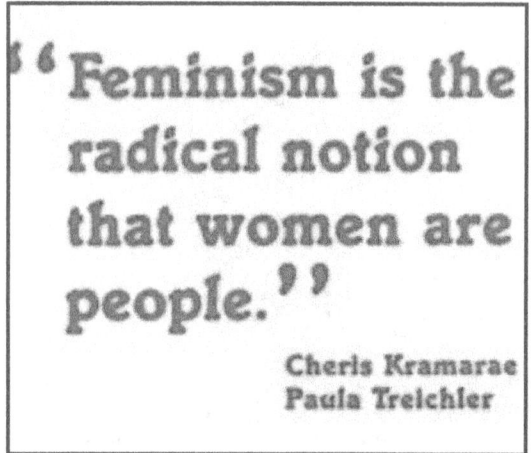

Feminism is the radical notion that women are people.

Cheris Kramarae
Paula Treichler

Se pueden distinguir tres grandes tipos de teorías feministas de radicalidad creciente a la hora de tratar de poner cierto orden en la explicación de este movimiento. Son las teorías de la diferencia, las de la desigualdad y las de la discriminación[20].

Las teorías de la diferencia sostienen que hay diferencias entre hombres y mujeres desde el punto de vista intelectual y emocional. También las hay físicas, pero de esas no trataremos aquí. Las explicaciones de estas diferencias pueden ser psicobiológicas, sociales o bien una mezcla de ambas.

Las **explicaciones psicobiológicas** recurren a diferencias hormonales, cerebrales, de aptitudes y de actitudes, del estilo de por ejemplo del popular

---

[20] Se ha introducido en este contexto hablar de diferencia o desigualdad de género, en vez de hablar de sexos, dando a entender que se trata de diferencias sociales más que puramente biológicas. Sin embargo, creemos que se trata de una traducción apresurada y mala del inglés *gender*, que resulta muy ajena al denominado genio de nuestra lengua, en la que el concepto de género es casi exclusivamente gramatical. La novedad se ha impuesto ya, no me cabe ninguna duda, pero quede constancia de que creemos que se trata de una extravagancia que, como en tantos otros casos semejantes, más que nada parece hecha no solo con desprecio o ignorancia de la lengua, sino con intención de distinguirse utilizando un lenguaje pretencioso.

Además hay toda una *teoría del género*, entre cuyas representantes se puede citar por ejemplo a Judith Barlet, que entienden que el género es una convención social y que, por tanto, está construido socialmente y es relativo, e incluso opcional si se quiere, tesis que tiene más apoyos en la teoría de la crítica literaria que en la ciencia y con la que por cierto discrepamos. De hecho, un repaso a la teoría psicológica más reciente, no a la de hace cincuenta años, da a entender que muchas de las denominadas diferencias de género no son de naturaleza social ni convencional.

"los hombres son de Marte y las mujeres de Venus". La neuropsiquiatra norteamericana Louann Brizendine asegura en *El cerebro femenino* (2007) lo siguiente: *"El cerebro femenino tiene muchas aptitudes únicas: sobresaliente agilidad mental, habilidad para involucrarse profundamente en la amistad, capacidad casi mágica para leer las caras y el tono de voz en cuanto a emociones y estados de ánimo se refiere, destreza para desactivar conflictos [...] Son los talentos con los que ellas han nacido y que los hombres, francamente, no tienen"*. Algunas autoras consideran que lo que hay que hacer con estas diferencias es tomar medidas educativas y sociales que permitan que cada sexo compense mediante el aprendizaje las desventajas biológicas *dadas*.

Las **explicaciones sociales** consideran que al estar la mujer tradicionalmente confinada a los papeles de esposa, madre y ama de casa, esto implica que sus experiencias y expectativas vitales sean muy distintas a las de los varones, y de ahí proceden las diferencias.

Las teóricas de la diferencia reclaman que se reconozcan los modos de ser de las mujeres no como modos distintos de lo *normal*, sino como alternativas viables y válidas a los modos de ser masculinos. Reclaman también que estas diferencias se acepten y se reconozcan en la vida social. Además, consideran que cuando los modos de ser de las mujeres adquieran suficiente protagonismo en el mundo, este será un lugar más humano para todos.

TEORÍAS DE LA DESIGUALDAD

Las teorías de la desigualdad no se limitan a subrayar las diferencias entre los sexos, sino que también apuntan a las desigualdades producidas por la sociedad (no por la naturaleza) que impiden a las mujeres realizarse como puedan hacerlo los hombres. Entre las teorías de la desigualdad más destacadas están el feminismo liberal y el marxista.

El *feminismo liberal* (el más influyente en los Estados Unidos) parte del hecho de que la *división sexual del trabajo* crea una esfera pública, que se supone es propia de los hombres, y una esfera privada, que se le asigna a las mujeres. La esfera privada en la que se desenvuelven las mujeres se ha llegado a describir como "*un círculo vicioso de tareas indispensables, rutinarias, no pagadas e infravaloradas, asociadas con el trabajo doméstico, el cuidado de los niños y la servidumbre emocional, práctica y sexual"*. Por otro lado, se añade en cambio lo siguiente: "*Las verdaderas recompensas de la vida social —el dinero, el poder, el status, la libertad, las oportunidades de realización y autoestima— se encuentran fuera en la esfera pública*"[21].

---

[21] Patricia M. Lengermann y Jill Niebrugge-Brantley en Ritzer (1995a, 353-409).

Según la socióloga feminista norteamericana Jessie Bernard en *El futuro del matrimonio* (1982), el casamiento implica para la mujer una severa pérdida de poder y de independencia, la obligación de proporcionar servicios

domésticos, emocionales y sexuales, y una merma gradual de la joven persona que fue antes de casarse. Por el contrario, el matrimonio proporciona al varón autoridad dentro del hogar y libertad fuera de él. Así, pues, casarse es bueno para los hombres y malo para las mujeres, y solo dejará de ser así cuando las parejas decidan el tipo de matrimonio que se adapta mejor a sus necesidades y a sus personalidades y no se limitan a repetir un modelo preconcebido.

Para las feministas liberales norteamericanas, su país permite más libertad e igualdad que la mayoría de las sociedades, pero estos valores están seriamente limitados por la discriminación racial (racismo) y sexual (sexismo). El **sexismo** impone a las mujeres y a los hombres unos roles rígidos que infravaloran a las mujeres y les niegan el acceso en plan de igualdad a los ideales de estima y libertad individual. Para estas autoras, lo ideal es que cada individuo, sea hombre o mujer, elija el modo de vida que más le convenga y que los demás lo respeten. Este ideal lleva verdaderamente a la práctica los valores de la libertad y la igualdad que tan importantes son en la cultura norteamericana (y en otras).

En este sentido, podemos citar por ejemplo a la destacada periodista televisiva norteamericana Katty Kay, coautora del libro *The Confident Code*, que entiende que el éxito profesional está relacionado tanto con la competencia personal como con la confianza en uno mismo, y este es un factor en el que las mujeres fallan con mucha frecuencia. Hay razones sociales y psicológicas para explicar el hecho. De acuerdo con Kay, las mujeres tienden a ser más seguras como madres, amigas o vecinas que como profesionales, ya que solo llevan unas cuantas décadas integradas en el mundo laboral y aún no hay suficientes modelos directos de mujeres exitosas en dicho ámbito. Las mujeres siguen cobrando menos que los hombres por realizar el mismo trabajo (no hay ningún país del mundo en que cobren igual y la brecha media es del 23%) y tienen menos acceso a los puestos de mayor responsabilidad por lo que hay una especie de *techo de cristal*.

Desde el punto de vista psicológico, Kay señala que las mujeres tienden al perfeccionismo (en el hogar, el trabajo y la vida personal) y eso genera mucha inseguridad y ansiedad porque es muy difícil estar a la *altura* en tantos frentes.

Además, las mujeres poseen una notable tendencia a pasar mucho tiempo dándole vueltas a las cosas y les cuesta mucho asumir riesgos por temor a fallar, pero agrega que solo se puede ser una persona segura de sí misma siendo capaz de abordar tareas difíciles. En palabras de Kay, *"las mujeres somos perspicaces, somos capaces de analizar muy bien situaciones y tenemos inteligencia emocional. Debemos ganar seguridad en nosotras mismas, pero sin dejar de ser como somos. El camino no pasa por comportarnos como los hombres"*[22].

El *feminismo marxista* combina las ideas marxistas sobre la lucha de clases y las ideas feministas sobre la lucha de sexos. El propio Friedrich Engels, cofundador del marxismo junto con Karl Marx, analizó esta situación en *El origen de la familia, la propiedad privada y el Estado* (1884). En esta obra ya se denuncia que la subordinación de las mujeres no es un resultado biológico, sino el producto de determinado orden social, y que la familia es la institución que las somete. Engels creía que la revolución comunista eliminaría las diferencias de clase y, por tanto, también la necesidad de la prostitución y la esclavitud de las mujeres. Como señaló la escritora revolucionaria Inessa Armand (1874-1920), que fue la primera dirigente del Departamento de la Mujer en la Revolución Rusa de 1917, si la liberación de la mujer es impensable sin el comunismo, el comunismo es también impensable sin la liberación de la mujer.

El feminismo marxista actual prosigue por esta línea y afirma que en la sociedad burguesa hay una doble discriminación de clase y de sexo. Las mujeres burguesas se consideran como mercancías atractivas en la sociedad masculina y las mujeres trabajadoras, además de eso, constituyen una mano de obra barata y poco conflictiva.

TEORÍAS DE LA OPRESIÓN SEXUAL

La teoría de la opresión sexual considera que la situación de las mujeres es consecuencia de una serie de relaciones de poder entre los sexos en las que los hombres poseen intereses concretos y fundamentales en controlar, usar, someter y oprimir a las mujeres.

Se trata de la corriente más radical del feminismo y considera que la institución social más represiva de la historia es el *patriarcado*, que desde esta perspectiva es el sistema de dominación del hombre sobre la mujer que comienza en la familia y se extiende al resto de los ámbitos sociales. No solo por ser la primera, sino también porque es la que menos se percibe como tal y la que luego sirve de modelo de las demás formas de discriminación y sometimiento. Así lo ve esta corriente feminista, *"la violación, el abuso sexual, la prostitución forzosa como esclavitud sexual, el abuso de la esposa, el incesto, la vejación sexual de los niños, la histerectomía [extirpación total o parcial del útero] y otras formas excesivamente radicales de cirugía y el sadismo explícito en la pornografía,*

---

[22] *El País Semanal*, 30/11/2014.

guardan relación con las prácticas históricas e interculturales de la quema de brujas, la condena a muerte por adulterio, la persecución de las lesbianas, el infanticidio femenino, la práctica china del vendaje de los pies, los suicidios forzosos de las viudas hindúes, y la salvaje práctica de la extirpación del clítoris"[23].

Es el caso de Lidia Falcón, que es escritora, abogada, periodista y fundadora del Partido Feminista Español en 1977. Falcón no cree que el feminismo esté en contra de los hombres sino que piensa que son estos quienes están en contra de las mujeres. Los hombres son *"los que nos matan, nos apalean, nos violan, abusan sexualmente de nosotras, nos quitan el empleo, ganan el doble que nosotras [...] Ellos son los que nos odian"*. Esta feminista, que por cierto no conoció a su padre debido a los infortunios de la Guerra Civil, entiende que la figura paterna ha sido la gran ausente de la historia de la humanidad: *"Todas lo hemos sufrido de una u otra manera. Quien lo niegue, ¡miente! Maltratadas por el marido, el novio, el hermano, el padre, el empresario, el compañero de trabajo o el desconocido en la calle que nos mete mano en el metro... ¡Todas, y más de una vez!"*[24].

Por lo tanto, los varones crean el patriarcado prevaleciéndose inicialmente de su mayor fuerza física para que las mujeres les sirvan como herramientas complacientes en la cama, el hogar o la vida social. Para acabar con el

patriarcado lo primero que hay que hacer es transformar la conciencia de las mujeres, de manera que reconozcan su verdadera fuerza y valía, y rechacen la ideología patriarcal que las considera débiles, dependientes y subordinadas respecto a los varones. Además, las mujeres también tienen que establecer lazos basados en la **hermandad femenina** para proporcionarse mutuamente apoyo, estima y protección, y a este aspecto le ha dedicado Carmen Arboch parte de su libro *Solas*.

Una representante destacada de este tipo de feminismo es la autora norteamericana Naomi Wolf. En efecto, a principios de los años noventa, Naomi Wolf consiguió fama internacional como representante de la tercera ola del feminismo gracias al éxito de su primer libro, *The Beauty Myth* (1990), en el que argumenta que el concepto de belleza, entendido como un valor normativo, está construido socialmente y que es el patriarcado el que determina el contenido de esa construcción con el objetivo

---

[23] *Loc. cit.*, 385.
[24] Entrevista en el *Magazine El Mundo* de 3 de abril de 2011.

de reproducir su hegemonía. Naomi Wolf ha contado que ella entró en contacto con esta situación no porque tuviera problemas con su propia imagen, sino porque, cuando fue a estudiar a la Universidad de Yale, vio a muchas chicas universitarias extraordinariamente inteligentes y capaces que sin embargo se sentían mal debido a que no estaban satisfechas con su cuerpo y su apariencia, y en definitiva consigo mismas. Esta feminista defiende la tesis de que las mujeres son agredidas por el *mito de la belleza* en cinco áreas: el trabajo, la religión, la sexualidad, la violencia y el hambre. Wolf critica la moda y las industrias de belleza como instrumentos de explotación de la mujer, pero afirma que el mito de la belleza se extiende a otras áreas de la sociedad. Esta autora entiende que las mujeres deberían tener "*la posibilidad de hacer lo que deseen con sus caras y cuerpos sin ser castigadas por una ideología que usa actitudes, la presión económica e, incluso, las sentencias judiciales sobre la apariencia de las mujeres para minarlas psicológica y políticamente*".

Las ideas feministas expuestas hasta ahora se han solido criticar por basarse más (como el feminismo liberal) o menos (caso del feminismo marxista) en un modelo que viene a corresponder con la mujer norteamericana blanca y de clase media, que no en vano es lo que eran la mayoría de las feministas de finales del siglo XX. Ante esto, el denominado *feminismo de la tercera ola* (no se confunda con *la tercera vía*) es sobre todo un movimiento de *mujeres norteamericanas de color* que ha incidido en esto y que no solo combate la discriminación sexual, sino cualquier tipo de discriminación: racial, de clase, imperialista, etc. Critican al feminismo previo que generalice a la condición de todas las mujeres algunas cosas que son propias de determinadas mujeres de cierta clase y raza.

Hay que señalar que al feminismo de la tercera ola también se le ha criticado por dividir el movimiento feminista y porque lo mismo que ellas critican a las feministas blancas de clase media se lo podrían criticar a ellas las **feministas del Tercer Mundo** (o de los países en vías de desarrollo).

NOTAS PROVISIONALES PARA UNA CONCLUSIÓN

El feminismo es un movimiento protagonizado por mujeres, pero al que también se suman muchos hombres, muy vigoroso y diverso que estudia, denuncia, rechaza y combate la discriminación femenina, aspiración que desde luego es loabilísima. Como hemos visto no se trata de un movimiento uniforme, y en él coexisten tendencias de distinto signo y de radicalidad diversa, algunas puede que demasiado moderadas y otras puede que excesivamente radicales. Se pueden criticar en algunos casos, desde luego, pero conviene tener en cuenta lo que dirían los varones si fueran ellos los que se hubiesen visto en las mismas condiciones en las que durante generaciones y generaciones han vivido y aún viven buena parte de las mujeres.

Por eso más que proceder a una evaluación crítica del movimiento, mencionaré algunos casos en los que parece claro que algunas feministas se exceden en su feminismo. Uno está sacado del libro *Adiós a todo eso* (1929), la autobiografía del escritor inglés Robert Graves, que vivió en Mallorca durante buena parte de su vida. Graves conoció a Nancy Nicholson en 1916,

cuando ambos eran muy jóvenes. Por aquel entonces Nancy ya era una feminista. En menos de veinticuatro meses se casaron, cuando él servía en la Primera Guerra Mundial, y luego tuvieron una hija. Sin embargo, el matrimonio se rompió y Graves descubrió quesu mujer era feminista más que nada porque odiaba a los hombres: "*Pero la estupidez y el egoísmo masculinos constituían para ella tal obsesión que comenzó a incluirme en su condena universal al sexo masculino*".

El otro caso está tomado del libro *Destejiendo el arco iris* (2000) del científico inglés Richard Dawkins, aunque lo que vamos a copiar es una cita en la que una filósofa llamada Margarita Levin comenta las ideas de otra estudiosa llamada Sandra Harding, para la cual por lo visto los *Principia* de Newton son un «manual de violación»: "*Gran parte de la literatura académica feminista consiste en alabanzas absolutamente extravagantes de otras feministas. El «brillante análisis» de A se complementa con el «descubrimiento revolucionario» de B y el «valiente empeño» de C. Más desconcertante es la tendencia de muchas feministas a ensalzarse a sí mismas con un evidente mal gusto. Harding termina su libro con la siguiente nota de autoalabanza: «Cuando empezamos a teorizar nuestra experiencia... sabíamos que nuestra tarea sería difícil, aunque apasionante. Pero dudo que ni en nuestros sueños más visionarios llegáramos a imaginar que tendríamos que reinventar la ciencia y la especulación científica para que la experiencia social de las mujeres tuviera sentido»*".

En cualquier caso, el feminismo es uno de los movimientos sociales más importantes del siglo XX. Lo que cabe esperar en el futuro es que afiance sus logros y los extienda a otras sociedades distintas de aquellas en las que ha surgido (Estados Unidos, Europa Occidental, etc.).

En España, donde la transformación de la sociedad ha sido espectacular en este sentido durante las últimas décadas, los problemas concretos más importantes que quedan para la plena igualdad real de hombres y mujeres son probablemente la eliminación de los malos tratos hacia la mujer, el reparto equitativo de las tareas del hogar, la equiparación efectiva de salarios a igual trabajo, y la mayor presencia de la mujer en los puestos de más responsabilidad.

Mencionamos en el primer capítulo de esta obra cómo hay una importante y estrecha relación entre la economía y la sociología, entre la economía y la sociedad, y en algunos capítulos subsiguientes hemos tenido ocasión de volver sobre la misma al hilo de algunas cuestiones específicas como la estructura económica de los diversos tipos de sociedad o el estudio de la globalización. No obstante aquí no solo vamos a

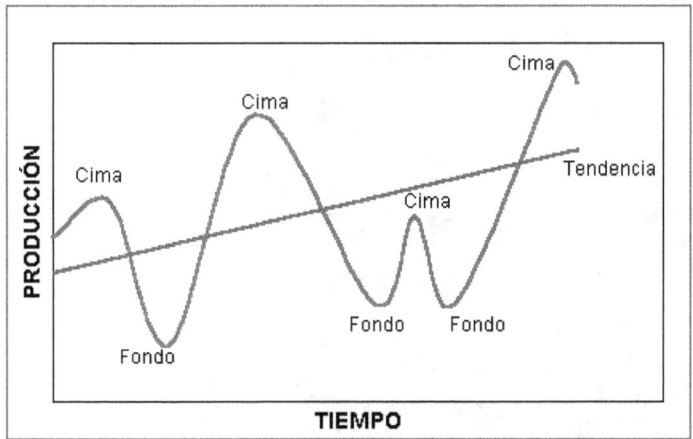

hablar del tema en sentido general, pues es sin lugar a dudas muy relevante e interesante, sino que también vamos a tratar los aspectos más actuales y apremiantes del mismo, que nos van a llevar a estudiar la actual crisis económica que comenzó en 2007 —que pocos habían anticipado (aunque hubo algunas excepciones)— tanto en un plano global, pues global es o ha sido su alcance aunque en unos países ha ocurrido con más gravedad que en otros, como por lo que se refiere a la realidad española, a la que afecta todavía de modo considerable, pues, aunque el punto más bajo ya lo hemos superado, buena parte de sus consecuencias aún perduran.

CICLOS ECONÓMICOS

Las economías nacionales y la propia economía internacional describen a través del tiempo un comportamiento que se conoce con el nombre de **ciclos económicos**, además de otro tipo de cambios más o menos cíclicos que puedan producirse por razones políticas, tecnológicas o de otra índole. A partir de un desarrollo económico teóricamente ideal, que lo cierto es que raramente se da, en el que una economía crece plenamente de acuerdo con su potencial, puede haber momentos en los que dicha economía se encuentre desajustada y se halle por debajo de ese desarrollo potencial —fases recesivas— o bien por encima de él —fases inflacionistas—. Vamos a ver en qué consisten estas y cómo se pueden tratar de corregir mediante las pertinentes políticas macroeconómicas[25].

Las **fases o períodos inflacionistas** son aquellos en los que la economía funciona por encima de sus propias posibilidades. Sin embargo, esto no es bueno porque hay una fuerte demanda agregada (AD: *aggregate demand*) que hace que los precios suban y que se produzca inflación. Con el tiempo la inflación hace que disminuya el poder adquisitivo de los consumidores y de los demás actores económicos ya que los bienes y servicios son más caros.

Las **fases recesivas** son aquellas, en cambio, en que la economía funciona por debajo de su capacidad potencial ya que la oferta agregada (AS: *aggregate supply*) excede lo que requiere la demanda agregada. Esto acaba por conducir a una bajada de precios, caso contrario a la inflación, una disminución de la oferta de bienes y servicios, una disminución de plantillas y por tanto al aumento del desempleo.

Aquí tenemos en acción por tanto lo que son la inflación y el desempleo, que constituyen dos de los grandes problemas de los que se ocupa la macroeconomía. Veremos cómo pueden tratar de resolverse mediante diversas políticas públicas (de gasto, fiscales y monetarias), cuándo estas son útiles y cuándo fallan.

Comencemos por estudiar lo que ocurre con las fases inflacionistas de la economía. Las políticas idóneas para combatirlas son principalmente una combinación de los tres siguientes tipos de medidas macroeconómicas:

1ª) **Aumentar los impuestos** (↑T: *taxes*): esto forma parte de la política fiscal de los gobiernos y detrae ingresos de los diversos actores económicos, del flujo circular de la renta, que por tanto limitan el gasto. El resultado es que los precios se ajustan a la baja y la inflación disminuye.

2ª) **Disminuir el gasto público** (↓G): disminuye la actividad económica global, disminuyen los precios y por tanto la consecuencia es que la inflación también baja.

---

[25] Un vídeo en inglés muy interesante sobre el funcionamiento de la economía fue verse en el siguiente enlace https://www.youtube.com/watch?v=PHe0bXAIuk0

3ª) *Aumentar los tipos de intereses* o *apreciar la moneda* (políticas monetarias) (↑M): los bancos centrales hacen que suban los tipos de intereses, los préstamos son pues más caros, la actividad económica se ralentiza y la inflación disminuye. Si se aprecia el valor de la moneda (retirando parte de la masa monetaria en circulación), la actividad económica se ralentiza y la inflación también disminuye. En las economías modernas, los bancos centrales actúan con independencia del Gobierno como ocurre por ejemplo con la Fed (Reserva Federal) norteamericana, el Banco Central Europeo (BCE), el Banco de Inglaterra o el Banco de Japón.

Consideremos ahora lo que ocurre en las fases recesivas del ciclo económico. Las políticas macroeconómicas que pueden combatirlas son en principio una combinación de las siguientes medidas:

1ª) *Aumentar el gasto público* (↑G): El Gobierno genera directa e indirectamente empleo e inyecta dinero al flujo circular de la renta con lo que la actividad económica general crece y también lo hace el empleo.

2ª) *Bajar los impuestos* (↓T): Esto hace que los agentes económicos tengan más dinero, que aumente el consumo y el gasto, que entre capital en el flujo circular de la renta y por tanto que se genere empleo.

3ª) *Disminuir los tipos de interés y/o devaluar la moneda* (↓M): los bancos centrales hacen que disminuyan los tipos de interés y/o que se deprecie la moneda (inyectando masa monetaria en la economía), lo que permite que los créditos sean más baratos y fáciles, y/o que aumente las exportaciones y en cambio disminuyan las importaciones. Esto reactiva la economía y genera más empleo.

Este modelo *elemental* funciona en muchos casos pero hay situaciones en las que no se puede aplicar porque la situación económica es muy compleja y presenta simultáneamente problemas propios de las fases recesivas y de las fases expansivas o bien porque el Gobierno tiene unos objetivos y el Banco Central tiene otros, que es lo que ocurre muchas veces con el Gobierno español y el BCE.

La primera vez que esto ocurrió de manera importante en la economía moderna fue durante los años setenta del siglo XX, cuando se produjo una situación de estancamiento y deflación (*estanflación*), como ya hemos estudiado.

La política macroeconómica de la época, que seguía las teorías keynesianas, no era capaz de abordar esta nueva situación económica, porque si luchaba contra el problema del desempleo aumentaba la inflación, y si abordaba el problema de la inflación hacía crecer el desempleo.

A partir de ahí surgieron las propuestas monetaristas —que volvían a la economía clásica— de Milton Friedman y la Escuela de Chicago, que trataban de estabilizar el nivel de precios controlando la cantidad de dinero en circulación, como ya hemos estudiado.

Lo que los economistas sugieren en la actualidad, dado que aún nos hallamos en una crisis recesiva (que hasta hace poco ha sido muy profunda), es tratar de combinar diversas políticas mixtas que tengan una parte de política monetaria restrictiva (que suba los tipos de interés o baje el gasto público) y otra de política fiscal expansiva (que baje los impuestos o aumente el gasto público). En una situación de estanflación en la que la inflación aumenta pero el Producto Interior Bruto (PIB) disminuye, las medidas macroeconómicas a seguir consistirían en llevar a cabo una política monetaria restrictiva, que suba los tipos de interés, y una política fiscal expansiva conjuntamente. Mediante la primera se lucha contra la inflación y mediante la segunda se bajan los impuestos y/o se aumenta el gasto público para animar el crecimiento del PIB.

En la llamada Gran Recesión, por utilizar la expresión de Paul Krugman, que comenzó en 2007 y que en algunos países, como España, aún continúa, tampoco valen las fórmulas sencillas debido a la complejidad del panorama. Por un lado tenemos un elevadísimo desempleo, lo que es propio de las fases recesivas del ciclo, pero por otro lado tenemos un endeudamiento muy elevado, tanto público como privado. El Gobierno elaboró una reforma laboral a principios de 2012 que abarataba los costes laborales con la intención de que las empresas pudieran contratar con más facilidad. Las indemnizaciones por despido eran más baratas, los ajustes salariales, los contratos a tiempo parcial y la flexibilidad laboral más fáciles, y así sucesivamente, por lo que el efecto inmediato fue el aumento del paro ya que la situación económica es mala y las empresas generan poca actividad.

Por otro lado, la deuda y los intereses de la deuda pública han hecho que el Gobierno haya subido los impuestos y reducido el gasto público para tratar de pagarlos, pero esas son las mismas medidas que hacen que una economía en fase recesiva se hunda más en esa recesión.

Analicemos cada uno de los cuatro casos. Los dos primeros son ejemplos de políticas complementarias que se refuerzan entre sí y nos resultan conocidos del apartado anterior, y los otras dos son nuevos y constituyen políticas contrapuestas:

1º) *Políticas monetarias y políticas fiscales restrictivas*: Se aumentan los tipos de interés, por lo que el dinero cuesta más y hay menos en circulación. Se suben los impuestos y se disminuye el gasto público por lo que las familias y las empresas pierden liquidez. Esto produce una disminución drástica de la demanda agregada y conduce probablemente al enfriamiento de la economía y a una probable recesión. No obstante, son medidas útiles, como hemos visto, cuando se trata de combatir un período inflacionista.

2º) **Políticas monetarias y fiscales expansivas**: Disminuyen los tipos de interés, por lo que aumenta el dinero en circulación, o se devalúa la moneda por lo que aumentan las importaciones y disminuyen las exportaciones. Se bajan los impuestos y eventualmente se aumenta el gasto público, por lo que aumenta el dinero de las familias y las empresas y crece la actividad económica y el empleo. Esto conduce a un importante aumento de la demanda agregada y también genera inflación o una fase inflacionaria. Se trata de políticas útiles cuando hay que reactivar la actividad económica para sacarla de una fase recesiva.

3º) **Políticas monetarias restrictivas y políticas fiscales expansivas**: Suben los tipos de interés por lo que resulta más difícil pedir préstamos y la actividad económica disminuye. Los impuestos bajan y el gasto público puede subir (o viceversa). Por tanto, las familias y las empresas disponen de más dinero. El aumento del gasto público supone que hay más actividad económica y más trabajo.

En función de cuál de estos factores tenga más efecto, el resultado será de una contracción o una expansión moderadas. Esta situación se llama *crowding out* o *efecto de desplazamiento* porque la inversión privada (I) está siendo desplazada por la inversión pública ($\uparrow$G$\downarrow$I).

4º) **Políticas monetarias expansivas y políticas fiscales restrictivas**: Bajan los tipos de interés y/o se deprecia la moneda. Aumenta el dinero en circulación y la actividad económica, suben las exportaciones y bajan las importaciones. Suben los impuestos y eventualmente baja el gasto público, porque el Gobierno puede que necesite dinero. Las familias y las empresas disponen de menos liquidez, la actividad económica disminuye y el empleo también decrece.

En función de cuál de estos factores tenga más efecto se producirá una expansión o una contracción suaves. Esta situación se llama *crowding in* o *efecto de ingreso* porque la inversión privada está aumentando dentro del flujo circular de la renta en comparación con la inversión pública ($\uparrow$I$\downarrow$G).

Este es el caso de la economía española actual en donde hallamos que el Gobierno sigue una política fiscal restrictiva de aumento de los impuestos y recorte de los gastos, para hacer frente a la deuda, y donde el BCE intenta por fin reactivar la economía de la Eurozona, superando la renuencia de Alemania, con unos tipos de interés bajos y un programa de **facilitación cuantitativa** que trata de inyectar cantidades importantes de dinero en circulación (como ya hecho la Reserva Federal).

Resultados de las políticas fiscales y monetarias mixtas		
	Política fiscal expansiva	**Política fiscal restrictiva**
Política monetaria restrictiva	**Políticas contrapuestas** Resultado: expansión o contracción suaves. Efecto de desplazamiento (*crowding out*): $\uparrow G \downarrow I$	**Políticas complementarias de refuerzo** Resultado: disminución pronunciada de la AD y probable recesión.
Política monetaria expansiva	**Políticas complementarias de refuerzo** Resultado: Aumento pronunciado de la AD y probable inflación o fase inflacionaria.	**Políticas contrapuestas** Resultado: expansión o contracción suave. Efecto de ingreso (*crowding in*): $\uparrow I \downarrow G$

LA CRISIS ECONÓMICA ACTUAL

Desde mediados de 2007 hemos estado y en algunos casos aún estamos en crisis, tanto en España como en la mayoría del resto de los países de Europa e incluso del mundo, y en buena medida así seguimos en nuestro país sin que sepamos muy bien hasta cuándo. En el primer trimestre de 2013 el paro alcanzó en España la cifra récord de 6.202.700 desempleados de acuerdo con la EPA (Encuesta de Población Activa)[26] y desde entonces experimentamos una apreciable mejoría de las cifras, que en 2014 ha supuesto un descenso del paro registrado de unos 477.000 y una cifra de 5.457.000 desempleados (23′7%), y en 2015 de 678.200 y 4.779.500 (20′9%) respectivamente.

Trataremos de explicar en qué consiste esta crisis —que muchos economistas consideran como la más grave y severa desde la Gran Depresión— y por qué se ha producido, pues solo así comprenderemos cómo podremos salir. En el caso de España, los principales desequilibrios que agudizan el impacto de la crisis sobre nuestra economía son el endeudamiento en general y el endeudamiento público en particular, así como el elevado desempleo.

Desde los años noventa del siglo pasado, pero sobre todo desde el año 2000, el crecimiento económico se basaba en un consumo tanto de bienes económicos como en inversiones pagadas a crédito. Así se seguía y ampliaba un largo ciclo económico que comenzó a forjarse tras la Segunda Guerra Mundial y con el que salió de la Gran Depresión, que comenzó en 1929 con el *crack* de la Bolsa de Nueva York.

---

[26] Se trata de una investigación cuya finalidad principal es obtener datos de la fuerza de trabajo y de sus diversas categorías (ocupados, parados), así como de la población ajena al mercado laboral (inactivos). La muestra inicial es de unas 65.000 familias al trimestre que equivalen aproximadamente a 180.000 personas.

Mientras hubo capacidad de endeudamiento y el crédito podía crecer de manera continua, el modelo funcionó. Pero cuando se agotó la capacidad de endeudamiento de las personas, las familias, las empresas, los bancos y los propios Estados, el sistema se estancó y estalló la crisis. La concesión de créditos disminuyó, los impagos y la morosidad crecieron, el consumo se contrajo, el paro subió y el gasto público bajó.

En el caso de España, el país creció durante la década anterior al principio de la crisis a una tasa media anual del 3'5%, el desempleo había caído hasta el 8%, había superávit y la deuda pública no superaba el 36%, y a pesar del aumento de la población el diferencial con la renta media de la UE había disminuido. Sin embargo este cuadro no podía ocultar los graves desequilibrios económicos del sistema, como el excesivo endeudamiento privado, el desmesurado peso del sector de la construcción dentro del PIB y el exceso de préstamos hipotecarios.

A finales de 2010, el conjunto de la deuda en nuestro país era de unos 4'2 billones de euros, es decir, de cuatro veces el monto del PIB. La deuda pública representaba el 66'5% del PIB (mientras que en 2007 era del 36'5%); la de las empresas, del 139%; la de las entidades financieras, del 106%; y el resto, el 85%, de los particulares y las familias. Además, la mitad de toda esta deuda se debía a entidades extranjeras (deuda externa).

La deuda del Estado español ha superó a mediados de 2014 el billón de euros, a pesar del esfuerzo realizado en los últimos años por contener el gasto público, que ha repercutido en los servicios públicos, y aún sigue en esas cifras. Los pagos que tanto acucian nuestra economía, y que están permanentemente en los medios de comunicación, corresponden a los intereses de dicha deuda. Para pagar no ya el capital de la deuda, sino sus intereses hay que pedir créditos en los mercados internacionales, que están dispuestos a concederlos a cambio de unos tipos de interés que cambian de día en día y que se expresan a través del concepto de prima de riesgo (también llamado *riesgo país*).

Desde el punto de vista teórico la prima de riego es un concepto propio de las matemáticas financieras que expresa la cantidad mínima de dinero que hace que el rendimiento esperado de un activo con riesgo A exceda el rendimiento conocido de un activo libre de riesgo B, o el rendimiento esperado de un activo menos arriesgado, induciendo así a un individuo a mantener o adquirir el activo A en vez B. En definitiva, la fórmula de la prima de riesgo (PR) es $PR = V(e) - ES$, donde $V(e)$ es el valor esperado de una ganancia incierta y ES representa su equivalente seguro.

La **prima de riesgo** que utilizamos en la información económica expresa en números enteros la cuantía de los intereses que hay que pagar de más por los créditos suscritos en el mercado a diez años por referencia a los que tiene que pagar Alemania, que se toma como la economía de referencia de la Unión Europea por su tamaño, solidez y seguridad. Así, si decimos que la prima de riego es de 500 puntos básicos, esto significa que los intereses de nuestra deuda en el mercado a diez años son un 5% más altos que los intereses de Alemania, que también son cambiantes. Si esta paga, digamos, el 1′25% de interés, entonces nosotros pagamos el 6′25%. En España la prima de riesgo ha llegado a estar a 631 puntos básicos a mediados de 2012 y actualmente (a mediados de 2016) se encuentra alrededor de los 160 puntos.

¿Por qué pagamos más intereses que Alemania por nuestra deuda, pero menos que Grecia? Pues, sin descartar la existencia de movimientos especulativos generados por los grandes inversores internacionales que juegan a maximizar sus ganancias, porque está en entredicho la fortaleza relativa de nuestra economía (PIB, productividad, paro, deuda, etc.), que es la base sobre al que se apoya nuestra capacidad para devolver los préstamos, la cual es mayor que la de Grecia (un país ya intervenido), pero menor que la de Alemania, cuya economía es más sólida y mayor que la nuestra (dos veces y media concretamente).

La intervención de un país por parte de la Unión Europea significa que esta, a cambio de la inyección de capital en forma de créditos blandos destinados a dicho país para que haga frente a sus préstamos, le marca un plan de austeridad económica para que aumente sus ingresos a través de la subida de impuestos y reduzca los gastos a través del despido de empleados públicos, la disminución de salarios de funcionarios y la reducción de prestaciones sociales, como la educación, la sanidad y las pensiones públicas. La primera consecuencia es un empobrecimiento de la población.

ANTECEDENTES HISTÓRICOS DE LA CRISIS

Tras la Segunda Guerra Mundial, los Estados Unidos de América implementaron unas políticas keynesianas de reactivación de la economía a través de un ambicioso programa, promovido por el presidente Flanklin D. Roosevelt y conocido como el *New Deal*, de inversiones públicas en infraestructuras, políticas educativas y sanitarias, etc., que generaran trabajo y dinamizaran la economía, y que ampliaran algunas medidas políticas que ya se habían adoptado a partir de 1934.

Además, los Estados Unidos, que tras la Segunda Guerra Mundial representaban algo más de un tercio del PIB mundial, también ayudaron a muchos países europeos a través del Plan Marshall a superar la posguerra. De esta manera cooperaba con sus aliados, contenía la influencia del comunismo y reactivaba la economía mundial, cosa que era imprescindible para abrir el mercado de su producción industrial fuera de sus fronteras.

Gracias a una producción creciente de bienes de todo tipo y al aumento del consumo durante al menos veinticinco años, la población activa aumentó y subieron los salarios. Sin embargo, la economía norteamericana y la de otros países se dedicaron a emitir una masa monetaria muy superior a la cantidad los fondos necesarios para funcionar. El resultado (recordemos la ecuación de Fisher) fue la aparición de una tendencia inflacionista que se iba trasladando a los precios y los salarios.

A partir de las dos crisis de los años comprendidos entre 1973 y 1979, que fueron espoleadas por el gran aumento de los precios del petróleo, y que por eso a veces se conocen como las **crisis del petróleo**, bien cuyo precio se multiplicó por cinco, se puede decir que nada fue igual. La lucha contra la inflación, la desregulación económica, la minimización del papel de Estado pasaron a un primer plano de la agenda política y económica. Aumentó la productividad, pero también lo hizo el desempleo. Era lo que sugerían los defensores del monetarismo o neoliberalismo económico, como por ejemplo el economista norteamericano Milton Friedman.

Así aumentó la disparidad de rentas, pero también se agudizó la pobreza. Lo monetario pasó a situarse por encima de lo productivo y la economía financiera comenzó a prevalecer sobre la economía real. Como ya hemos dicho, a finales del siglo pasado menos del 5% de los intercambios monetarios correspondía a la cobertura del comercio de mercancías o servicios y el resto era operaciones financieras, como las que tienen lugar en la Bolsa.

CAUSAS DE LA CRISIS

Desde finales del siglo pasado, acompañados por unos tipos de interés con tendencia a la baja, los precios de las viviendas comenzaron a dispararse en los Estados Unidos y también en otros países, como España. Las hipotecas crecieron en número y en importe, y aumentaron asimismo las **hipotecas *sub prime***, es decir, las hipotecas de alto riesgo, concedidas a personas sin ingresos, sin trabajo estable y sin propiedades. Se suponía que el propio aumento anual del precio de la vivienda servía como garantía de la hipoteca, ya que, si la persona que había suscrito el crédito no podía pagarlo, siempre quedaba el recurso de quedarse con su casa y volver a venderla a mayor precio a poco que pasara un tiempo.

Por su parte, los bancos necesitaban más dinero para seguir concediendo más hipotecas y pedían créditos a otras entidades financieras, tanto nacionales como internacionales, endeudándose a su vez. Para cumplir con las normas internacionales al respecto, **las normas de Basilea II**[27], los bancos comenzaron a crear otros productos financieros (como las *titularizaciones*) y otras entidades (como los fondos o *trusts*) que disponían de dinero para prestárselo mediante créditos concedidos por otros bancos, colocándolos a través de bancos de inversiones en fondos de inversiones, sociedades de capital riesgo, sociedades financieras y otras entidades semejantes.

Lo que se consiguió fue crear una compleja red de artificios financieros que eludían las normas bancarias internacionales y que seguían concediendo créditos opacando las evaluaciones negativas de las agencias de calificación o *rating*, que sirven precisamente para evaluar el riesgo de financiar o conceder un crédito a tales entidades o productos.

---

[27] Las normas de Basilea II, establecidas en 2004, establecen que el capital de los bancos no debe bajar del valor de un porcentaje de su activo, cosa que es fácil de incumplir cuando conceden muchos créditos y piden prestado a otros bancos, para asegurar la protección de las entidades frente a los riesgos financieros y operativos.

Como decía John K. Galbraith, los ingeniosos instrumentos monetarios o financieros o son inocuos o son fraudes al público y con frecuencia a sus propios impulsores.

De acuerdo con el profesor Kenneth Rogoff, de la Universidad de Harvard, los legisladores y los reguladores no han corregido los defectos del sistema financiero que han llevado al mundo al borde de una segunda Gran Depresión, pues carecen de la valentía política y de la convicción necesarias para establecer un sistema más claro y sencillo. La legislación bancaria se ha hecho tan complicada con el paso del tiempo que muchos de los métodos estadísticos que establece para evaluar los riegos y la solvencia resultan confusos y complicados. La ley norteamericana de 1933 que regulaba la actividad bancaria, la ley Glass-Steagall, tenía treinta y siete páginas y duró setenta años. En cambio, la ley de reforma de Wall Street de 2010, la Dodd-Frank, tiene más de ochocientas páginas y precisa de cientos de documentos complementarios.

Conforme las entidades se han hecho más sofisticadas, los reguladores han adoptado normas más complejas, iniciando así una carrera que las agencias gubernamentales, sin suficiente financiación, no tienen posibilidades de ganar. Los funcionarios capaces de entender unos mercados de derivados en permanente transformación cada vez son menos. A los ayudantes de la Administración con un año de experiencia en materia de derivados se les ofrecen en el sector privado salarios cinco veces superiores.

De vuelta a la realidad concreta de la burbuja inmobiliaria, los pisos no podían subir indefinidamente muy por encima del aumento de los salarios y seguir vendiéndose igual ni en Estados Unidos ni aquí, así que llegó un día en que mucha gente empezó a dejar de pagar sus hipotecas y los precios de la vivienda comenzaron a bajar. Cuando se desató la crisis de las *hipotecas basura* (*sub prime*) a partir de 2007, ese montaje inmobiliario, bancario y financiero, acabó por derrumbarse como un castillo de naipes. Los bancos no tenían dinero, por lo que no podían conceder créditos, tenían que quedarse con casas a medio pagar que no querían y que estaban perdiendo su valor y además, como no sabían la cantidad de productos basura que tenían unos y otros, no se fiaban ni se prestaban dinero entre sí, no fuera a ser que no pudieran cobrarlo después. En este sentido se calcula que en Estados Unidos hay tres billones de dólares en efectivo en circulación y cincuenta billones en créditos.

En efecto, en agosto de 2007 saltó la señal de alarma al congelar el importante banco BNP Paribas tres de sus fondos de inversión por no poder pagar sus reembolsos y hundirse su cotización en Bolsa. En septiembre de 2008 quebraba debido a la crisis Lehman Brothers, uno de los cuatro grandes bancos de inversiones de Norteamérica, con un pasivo de más de 600.000 millones de dólares, en lo que suponía la mayor quiebra de la historia en su género.

La Fed (Federal Reserve System), que viene a ser como el Banco Central de los Estados Unidos de América, obligó a los bancos de inversión Goldman Sachs y Morgan Stanley a convertirse en bancos comerciales para someterlos a un control, que entonces no tenía sobre ellos e impedir otro episodio como el de Lehman Brothers.

A mediados de 2010 los principales países del escenario económico internacional se dieron plenamente cuenta de que no era posible volver al modelo económico anterior de producción creciente de bienes de todo tipo y aumento constante del consumo. El cambio de postura lo marcó en Europa la decisión de la Unión Europea de intervenir Grecia para que no cayera en la bancarrota.

Hay economistas que consideran que la deuda total, tanto pública como privada, parece imposible de pagar y que existe un número considerable de entidades financieras repletas de deudas de incierto cobro y de activos de dudosa rentabilidad. El problema es la deuda. Hoy en día ninguna economía puede pagar todo lo que debe, pocas empresas pueden hacerlo y lo mismo ocurre con muchas familias e individuos. Lo que posibilitó este proceso fue la organización del sistema financiero que se creó, de la que ya hemos hablado. Las entidades financieras atraían fondos y los vendían a quienes los querían, fondos cuyo origen adoptó múltiples formas, algunas tan complejas que se ha dicho que es dudoso que las entendieran incluso quienes los comercializaban.

Como dice el profesor Niño-Becerra en su obra *Más allá del crash* (2012), "*presumiblemente, el nuevo modelo hacia el que vamos será, en casi todo, el reverso del que hasta ahora hemos utilizado: se asumirá que la oferta de* commodities *no es ilimitada (...); el consumo, mayoritariamente, estará acotado a las cantidades precisas de aquello que sea necesario; el endeudamiento, como un recurso más, será reservado a las inversiones que se supongan precisas; la oferta monetaria, al margen de que sus formas sean simplificadas, pasará a estar perfectamente adaptada a las necesidades económicas*".

LA SALIDA DE LA CRISIS

Establecer cómo salir de la crisis es mucho más complicado que diagnosticar sus causas. Básicamente se observan dos tendencias en este sentido: una que se centra en la austeridad y la lucha contra el déficit público y otra que se centra en la reactivación económica y en la lucha contra el paro, a pesar de que eso genere más déficit.

En efecto, por un lado hay quienes piensan, como el Gobierno alemán dentro de la Unión Europea, que es necesaria la austeridad y la lucha contra el déficit, y ciertamente parece claro que no se puede volver a la situación de hace unos años. Alegan que la inflación es un mal estructural de la economía e instan a las economías intervenidas y a las que han estado al borde de la intervención, como España e Italia, a que lo primero que deben hacer es sanear sus cuentas públicas para que los mercados confíen en ellos, disminuya la prima de riego y obtengan créditos a intereses más bajos.

Sin embargo, hay economistas que consideran que esta política puede asfixiar a las economías más débiles de la Eurozona y, por extensión, a esta y al resto de la economía mundial. Es el caso, entre otros, de Paul Krugman y Joseph Stiglitz, que tienen una amplia presencia en los medios de comunicación.

El profesor norteamericano Joseph Stiglitz, premio Nobel de Economía de 2001, afirma que a largo plazo las reformas mejorarán la productividad y  tendrán efecto, pero que de entrada esas medidas debilitan aún más la demanda agregada y agravan la crisis. Stiglitz es un economista de tendencia neokeynesiana que entiende que no fue el déficit el que causó la recesión económica sino esta la que causó el déficit. Stiglitz entiende que la austeridad por sí sola es insuficiente para salir de la crisis y que la razón por la que las empresas despiden a la gente no es la rigidez del mercado de trabajo sino porque no hay demanda que satisfaga esa oferta.

Paul Krugman, que recibió el Nobel de Economía en 2008, considera que, cuando el paro es similar al de la Gran Depresión y los que conservan su empleo viven cada vez peor, la austeridad ha ido demasiado lejos y entiende que imponer más de lo mismo no sirve de nada. Este economista piensa que el problema de España es consecuencia de la enorme burbuja inmobiliaria que provocó un periodo de auge económico e inflación que hizo que nuestra industria se volviera poco competitiva respecto a la del resto de Europa. No cree que los problemas se debieran a que el Gobierno socialista fuera derrochador y los grandes déficits aparecieron cuando la economía se fue abajo y arrastró consigo los ingresos, pero no piensa que la deuda española fuera especialmente elevada (no lo es al menos en términos absolutos en comparación con la de los Estados Unidos que es de más de 17 billones de euros).

Krugman critica a la "secta de la austeridad", a los "decanos de la deflación", por suponer que el peligro procede de los déficits presupuestarios y no del paro a gran escala, y entiende que las autoridades alemanas describen la crisis del euro como si fuera un cuento con moraleja, como la historia de unos países que han vivido por todo lo alto y han tenido que encontrase luego con un inevitable ajuste de cuentas. Evidentemente, las explicaciones económicas dan paso a las sociales en este punto pues esto nos trae a memoria la teoría weberiana sobre los orígenes del capitalismo y sus raíces dentro de la ética protestante, que ya hemos estudiado.

Los políticos alemanes no estaban dispuestos a aprobar un préstamo de emergencia esencial para España y otros países con problemas si antes no se castigaba a los prestatarios. Si Alemania quiere salvar el euro, debería permitir que Banco Central Europeo —que ha dado muestras inequívocas de estar dispuesto— haga lo necesario para rescatar a los países endeudados y de hecho a principios de 2015 el BCE emprendió un ambicioso plan de facilitación cuantitativa para adquirir deuda de los estados por importe de un billón de euros en tres años, que es lo mismo que decir que va a inyectar esa cantidad que tiene por objeto reactivar la economía de la Eurozona.

En este sentido el economista alemán Hans-Werner Sinn, que da clases en la Universidad de Múnich, es director del Ifo Institut für Wirtschaftsforschung y que pasa por ser uno de los adalides de esta corriente, entiende que aplicar las recetas keynesianas para solucionar los problemas estructurales del sur de Europa es como intentar curar una pierna rota con un medicamento para el corazón y considera que en Europa hay dos modelos en juego. Uno es el ***modelo de la responsabilidad*** de acuerdo con el cual cada Estado se responsabiliza de su propia deuda ante sus acreedores y soporta las consecuencias de una posible suspensión de pagos. El otro es ***modelo de la mutualización*** que  consiste en corresponsabilizarse de la deuda de un país que pertenezca a la Eurozona.

Sinn, que piensa que la crisis en España podría durar hasta 2023, y otros economistas alemanes son partidarios del modelo de la responsabilidad ya que así los prestatarios les demandarán intereses más altos a dichos países y restringirán los importes de los créditos que les conceden, lo que suponen medidas disciplinarias que se ajustan al mercado y fomentarán la austeridad. En cambio es contrario al modelo de mutualización puesto que eso implica diluir las responsabilidades, estimular el endeudamiento y alejarse de las políticas de contención de gastos.

Es lo que ocurre con el caso de Grecia dentro de la Unión Europea y es lo que sucede a veces con el debate del gasto de las comunidades autónomas en nuestro país, sin ir más lejos, para que veamos que no se trata de ideas exclusivas de los alemanes.

EL MERCADO LABORAL ESPAÑOL

Nuestro mercado laboral es estructuralmente de muy reducida movilidad y de carácter muy cíclico. En su escasa movilidad influye el hecho de que históricamente predomine un trabajo de bajo valor añadido, con un sector industrial más bien pequeño —que solo representa en torno al 15% del PIB frente al más del 20% de otros países de nuestro entorno—, y que además se halla muy vinculado al lugar habitual de residencia de los trabajadores, que por lo general no son demasiado partidarios de cambiar de localidad de residencia por motivos laborales. Esto se debe a que los vínculos sociales y familiares son muy importantes, lo que por otro lado hace que a pesar de la crisis que padecemos y que la altísima tasa de paro, la gente pueda salir a delante con ayuda de la familia.

En el carácter cíclico del mercado laboral, influye el peso que tiene en el PIB nacional el turismo, que es especialmente importante en verano, e incluso la construcción, que en buena parte depende del turismo, por lo cual la parte en la que más ha crecido esta en las últimas décadas es en las zonas costeras, como la Comunidad Valencia, Andalucía o Cataluña.

Además, nuestro modelo productivo es estructuralmente pobre, pues posee una elevada dependencia energética, una productividad baja por unidad de factor productivo utilizado, una composición del PIB demasiado basada en bienes y servicios de bajo o medio valor, un escaso grado de innovación y un papel muy importante de los factores políticos. Hay economistas, como Santiago Niño-Becerra que consideran que se trata de

un modelo anticuado, que parece más propio de una economía en vías de desarrollo que desarrollada, y que no está preparado para abordar los cambios a los que tendrá que hacer frente el país para salir de la crisis sistémica en la que se encuentra el mundo.

La reforma laboral emprendida por este Gobierno popular a principios de 2012, que tuvo tanta contestación social, y por el socialista en 2010, facilita el despido, permite que las empresas y los trabajadores no tengan que establecer convenios colectivos, y vincula las subidas salariales, no al incremento del IPC, sino a la productividad. Con esto se espera aproximar nuestro modelo de mercado de trabajo al de otros países de la Eurozona, reducir los costes laborales, y aumentar la productividad, lo cual es necesario para tener una mayor competitividad, pero de entrada tiene el efecto —como hemos podido comprobar— de precarizar el empleo y aumentar el paro, ya que en nuestro país la oferta de trabajo es muy superior a la demanda.

En síntesis, España tiene una elevada tasa de paro porque el modelo productivo ha variado muy poco en las últimas décadas: la producción aporta poco valor añadido, la capitalización es escasa, depende mucho del crédito y está muy orientado al mercado interior. El problema que tiene un modelo productivo así es que el país necesita crecer a una tasa del 2% para generar empleo, tasa que durante mucho tiempo hemos estado muy lejos de alcanzar, aunque en 2015 alcanzó el 3'2%.

EL DESEMPLEO

El **desempleo** o **paro** es la situación en la cual una persona que se halla en disposición de trabajar y desea hacerlo, no encuentra trabajo o se queda sin el que ya tenía. En la actualidad se trata del problema más grave que afecta a la sociedad española, que desde la crisis económica de 2007 observa cómo el número de parados aumenta año tras año hasta llegar en 2013 a más de los seis millones (6'28 millones en marzo), situarse en a principios de 2015 en los 5'5 millones, lo cual es una cifra brutal que representa que casi una cuarta parte de la población activa no trabaja, y los 4'7

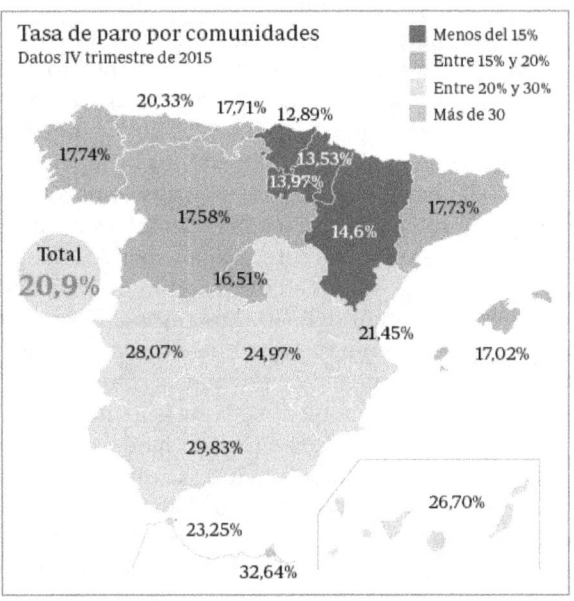

millones a comienzos de 2016: incluso en mayo de ese año el *paro registrado* (que es sensiblemente menor que el que calcula la EPA) bajó de los cuatro millones, cosa que no hacía desde agosto de 2010. En los años que llevamos de crisis el número de desempleados ha llegado a aumentar nada menos que en casi cuatro millones. También hay que contemplar que las rentas de las personas con empleo han llegado a caer en la fase más aguda en un promedio que puede cifrarse en el 25%.

Además, otros factores han agravado y aún agravan esta situación. Entre estos cabe señalar el aumento del número de *parados de larga duración*, que por primera vez en la historia supone más de la mitad del total de los desempleados. Se trata de quienes al rebasar los dos años sin empleo han dejado de cobrar el subsidio de desempleo y por tanto han dejado de disponer de recursos propios.

Por último señalemos que hay más de un millón y medio hogares con todos sus miembros en paro (ha llegado a haber 1'7 millones), ha llegado a haber setecientos treinta mil hogares donde no entraba ningún ingreso y se da un paro juvenil —que en 2007 era del 18%— de casi el cincuenta por ciento de este sector de la población (llegando a ser del 55% en 2015), es decir, de jóvenes comprendidos entre los dieciséis y los veintinueve años que desean trabajar, aunque en el caso de que se posean estudios superiores la proporción cae a la mitad de esta cifra.

Las **causas del desempleo** actual en España son varias. Por una parte hay que recordar la incidencia de la crisis mundial que comenzó en 2007 procedente de los Estados Unidos de América, de la que ya hemos hablado.

A ello hay que añadirle los problemas específicos de la Unión Europea, en la que diversos países como Grecia, Irlanda y Portugal han tenido que ser financieramente intervenidos para ser rescatados de la quiebra, situación al borde de la cual también puede decirse que ha estado España entre 2010 y 2012 debido a su gran deuda pública, que es el dinero que el Estado debe, y que se cifra en más de un billón de euros, y al alto precio al que coloca esta debido a la relativa desconfianza de los inversores que nos prestan el dinero y puede que también a los ataques especulativos de quienes juegan a aprovecharse de las situaciones revueltas para aumentar los beneficios.

Junto a ello hay otros factores internos como son el estallido de la burbuja inmobiliaria, la rigidez del mercado de trabajo y el endeudamiento privado y el del sistema financiero. Durante mucho tiempo buena parte de la economía española se sostenía sobre la construcción inmobiliaria, que representaba en torno al diez por ciento del PIB. Los pisos subían anualmente alrededor del diez por ciento (o más) y siempre encontraban compradores ya que el crédito era barato y fácil de obtener y las ganancias parecían seguras.

Hasta que llegó un momento en que la gente no ha podido endeudarse más y ha dejado de comprar pisos e incluso ha dejado de pagar los que ya habían adquirido y aún tenía hipotecados. Se ha dejado por tanto de construir viviendas, llegando a haber un *stock* de cerca de un millón de viviendas deshabitadas a lo largo del país, se han perdido muchos puestos de trabajo del sector y además las cajas de ahorros (y algunos bancos) se han visto afectadas porque ha aumentado el índice de morosidad, es decir, el porcentaje de personas que no pueden pagar sus créditos a estas y también porque muchas cajas han seguido unas líneas de actuación poco profesionales. Es el caso, por ejemplo, de Bankia, Nova Caixa Galicia o la antigua CAM, hoy Sabadell, algunos de cuyos directivos, tras llevar a las entidades a una situación financiera insostenible y cobrar indemnizaciones millonarias, están de juicios. Mientras tanto el Gobierno ha tenido que pedir ayuda a la Unión Europea con un crédito de 66.000 millones de euros para ayudar a sanear a entidades financieras en apuros como estas.

Esto ha creado en conjunto un círculo vicioso y un malestar social en el que la depresión económica va en aumento y el paro no deja de crecer, y este es el estado en el que desafortunadamente nos encontramos. Por esa razón, aún seguimos dentro de la crisis económica, aunque no somos los únicos, cuando otros países han salido de la misma hace un tiempo.

Por otro lado, la mentalidad empresarial o emprendedora está poco desarrollada, la productividad laboral es baja y las exportaciones no son comparables a las de otros países de nuestro entorno, como Alemania o Francia, aunque es cierto que últimamente han crecido considerablemente.

Desde el punto de vista personal, el paro es una de las peores desgracias que le pueden ocurrir a alguien. Primero, porque pierde su medio de vida más obvio y directo. Segundo, porque también hace que se devalúe su *status* social. Tercero, porque pierde parte de sus relaciones sociales. Y cuarto porque merma una de las principales fuentes de identidad personal.

AYUDAS A LOS DESEMPLEADOS

Se hallan en **situación legal de desempleo** toda persona que queriendo y pudiendo trabajar, busca empleo y no lo encuentra. Si ha trabajado antes, en función de sus circunstancias y del tiempo, tiene derecho a percibir una prestación contributiva o subsidio por desempleo, y de eso es de lo que vamos a hablar en este apartado. Los detalles pueden cambiar de acuerdo con los cambios políticos, pero la imagen general es más estable.

Para percibir la **prestación contributiva por desempleo** por haber trabajado un año o más se precisa cumplir los siguientes requisitos: 1º) Estar afiliado y en situación de alta (o asimilada) en la Seguridad Social en un régimen que contemple la contingencia por desempleo. 2º) Encontrarse en situación legal de desempleo. 3º) Acreditar la disponibilidad para buscar activamente empleo y para aceptar una colocación adecuada. 4º) Tener cotizado por desempleo un período mínimo de trescientos sesenta días dentro de los seis años anteriores a la situación legal de desempleo. 5º) No haber cumplido la edad ordinaria que se exige para la pensión de jubilación. 6º) No realizar una actividad por cuenta propia o trabajo por cuenta ajena a tiempo completo. 7º) No estar incluido en alguna de las causas de incompatibilidad.

Hay que tener en cuenta que, si se interrumpe el cobro de una prestación contributiva para trabajar ese último periodo de un año o más, se podrá elegir entre reanudar la prestación que se suspendió o cobrar la nueva que se ha generado, y que, si para trabajar el último periodo de un año o más, se interrumpe el cobro de un subsidio por desempleo, se debe solicitar la nueva prestación por desempleo generada.

La duración de la prestación contributiva por desempleo es de entre cuatro meses (por un mínimo de un año trabajado) y veinticuatro meses (por un total de seis años trabajados), en proporción al periodo total cotizado por desempleo en un régimen de la Seguridad Social en los seis últimos años que no se haya sido computado anteriormente para el reconocimiento de prestaciones económicas por desempleo.

La cuantía es del 70% de la base reguladora mensual durante los seis primeros meses de percepción de la prestación y de un 60% de la base reguladora mensual. En ningún caso el importe será inferior al 80% ni superior al 250% del Indicador Público de Renta de Efectos Múltiples (IPREM). El IPREM es un índice empleado como referencia para la concesión de ayudas, becas, subvenciones o el subsidio de desempleo entre otros. Este índice nació en el año 2004 para sustituir al Salario Mínimo Interprofesional como referencia para estas ayudas) y es de 532,51 € mensuales desde el año 2010 (lleva seis años congelado).

Por otra parte, cuando no se ha trabajado un año, contamos con el **subsidio por desempleo** al no tener el periodo mínimo de cotización para optar a una prestación contributiva. Los requisitos principales son los siguientes: 1º) Estar sin trabajo y en situación legal de desempleo. 2º) Inscribirse como demandante de empleo en el plazo de 15 días desde la situación legal de desempleo. 3º) Tener cotizados, en un régimen de la Seguridad Social que contemple la contingencia de desempleo, al menos tres meses si tiene responsabilidades familiares, o seis meses si no la tiene, y no tener cubierto el período mínimo de cotización de trescientos sesenta días para tener derecho a una prestación contributiva. 4º) Carecer de rentas, de cualquier naturaleza, superiores al 75 % del salario mínimo interprofesional, excluidas las pagas extraordinarias.

Hay que tener en cuenta que si la persona trabajadora interrumpió el cobro de una prestación contributiva para trabajar este último periodo de menos de trescientos sesenta días, debe solicitar la reanudación de dicha prestación. Además, si interrumpió un subsidio por desempleo para trabajar menos de doce meses tendrá que reanudar dicho subsidio, pero, si no es la primera vez que suspende el subsidio, posee además varios periodos trabajados y entre todos suman trescientos sesenta días o más, debe solicitar una nueva prestación contributiva por desempleo.

La duración del subsidio por desempleo está en función del número de meses cotizados y de si se tienen o no responsabilidades familiares. En el caso de que la persona trabajadora tenga responsabilidades familiares: 1º) Tres, cuatro o cinco meses, si se han cotizado tres, cuatro o cinco respectivamente. 2º) Veintiún meses, si se han cotizado seis o más meses (en este supuesto, el derecho se reconocerá por seis meses, prorrogables por períodos iguales hasta su duración final). En el caso de que la persona trabajadora no tenga responsabilidades familiares, seis meses si se han cotizado seis o más meses. La duración del subsidio, en el caso de personas trabajadoras fijas discontinuas, será equivalente al número de meses cotizados por desempleo en el año anterior a la solicitud.

Las cotizaciones que sirvieron para el reconocimiento de este subsidio no podrán ser tenidas en cuenta, en una situación legal de desempleo posterior, para el reconocimiento de un nuevo derecho a prestación de nivel contributivo o asistencial. La cuantía mensual del subsidio por desempleo es igual al 80% del Indicador Público de Renta de Efectos Múltiples (IPREM), es decir, 426 euros/mes.

A las personas trabajadoras fijas discontinuas mayores de 55 años se les cotiza también por jubilación. Si son menores de cincuenta y cinco años y el beneficiario ha acreditado un periodo de ocupación cotizada de ciento ochenta o más días, la entidad gestora ingresará las cotizaciones a la Seguridad Social correspondientes a la contingencia de jubilación durante un periodo de sesenta días. Para determinar la cotización a la Seguridad Social se tomará como base el tope mínimo de cotización vigente en cada momento.

La persona beneficiaria de subsidio por desempleo tiene derecho a acciones específicas de formación, perfeccionamiento, orientación, reconversión, inserción profesional y aquellas otras que tengan por objeto el fomento del empleo estable.

El subsidio de desempleo por agotamiento de la prestación contributiva lo podrán percibir las personas que se encuentren en alguna de las situaciones siguientes: 1º) Personas trabajadoras que han agotado la prestación contributiva y tienen responsabilidades familiares. 2º) Personas trabajadoras que han agotado la prestación contributiva, no poseen responsabilidades familiares y tienen 45 años o más.

Para solicitar las prestaciones o el subsidio por desempleo es obligatorio estar inscrito como demandante de empleo en la oficina de empleo que corresponda por domicilio y presentar la solicitud, dentro del plazo de quince días hábiles siguientes a la situación legal de desempleo[28].

LA CORRUPCIÓN

Por si este complicado panorama socioeconómico no fuera suficientemente amenazador, podemos añadir que la corrupción es uno de los problemas más amenazadores de la situación española actual, y como tal es percibido por los ciudadanos en los últimos años, junto al desempleo y la crisis económica. El DRAE la define (en una de sus acepciones) así: "En las organizaciones, especialmente en las públicas, práctica consistente en la utilización de las funciones y medios de aquellas en provecho,

---

[28] Para más información puede verse
http://www.sepe.es/contenido/prestaciones/index.html.
http://www.citapreviainem.es/guia-2014-de-ayudas-para-parados/

económico o de otra índole, de sus gestores". Los casos de corrupción se suceden en las noticias de los medios de comunicación de manera vertiginosa: caso Gürtel, Malaya, de los ERES en Andalucía, Matas, Fabra, Palau, Urdangarín, Bárcenas, Díaz Ferrán, Pujol, Rato, Bankia, Púnica, y así sucesivamente.

Además del efecto negativo que tiene al detraer recursos del erario público, en una cantidad difícil de cuantificar pero que podría estar entre el 5% y el 10% del PIB, posee el efecto demoledor de hacer pensar a la ciudadanía que los dirigentes políticos van en busca de sus propios intereses privados y esto es algo que sienta especialmente mal cuando hay tanta gente que lo está pasando francamente muy mal. La corrupción puede ser tanto pública como privada, y lo normal es que si hay corrupción pública también haya corrupción privada. Comenzaremos por la primera, que es la que crea más alarma social, y luego pasaremos a la otra.

La corrupción pública puede definirse como el uso indebido del cargo o la función pública para obtener un beneficio personal o privado. La corrupción es muy común en los países en vías de desarrollo y emergentes, y mucho más escasa en los países que poseen una larga tradición democrática, una alternancia política efectiva y un sistema judicial eficiente.

Sin embargo, España no cumple bien ninguno de estos tres requisitos, de acuerdo con especialistas en el tema como Guillermo de la Dehesa, y por eso no es de extrañar que en 2007, a principios de la crisis, se situase en el puesto 25º a nivel mundial del Índice de Percepción de Corrupción[29] y, en cambio, en el año 2015, que es el último del que disponemos información, había bajado hasta el puesto 36º.

La democracia española tiene poco más de cuarenta años, lo cual es poco si lo comparamos con algunos países de nuestro entorno sociopolítico, como Inglaterra, Francia, Estados Unidos, Suecia o Noruega, que tienen más de doscientos años.

En España además hay poca alternancia política a todos los niveles de la administración del Estado, desde el central hasta el municipal, pasando por el autonómico. Sin llegar a los extremos de países como México, que han sido gobernados desde 1929 por políticos del Partido Revolucionario Institucional (PRI) excepto en dos ocasiones, en nuestro país desde 1982 en el poder central se han sucedido el PSOE y el PP, y a nivel autonómico ha habido aún mucha menos alternancia. En Andalucía, que es la comunidad autónoma más poblada, siempre ha gobernado el PSOE (en coalición con IU en esta legislatura), en Cataluña casi siempre ha gobernado CiU, en la Comunidad Valenciana el PP llevaba veinte años y así sucesivamente, y eso que a decir verdad no lo han hecho demasiado bien (si se me permite el juicio de valor). En tales circunstancias es muy probable que, *caeteris paribus*, aumente la sensación de impunidad y la corrupción.

En abril de 2013 el Consejo Superior del Poder Judicial informó que había 798 juzgados investigando 1661 delitos de corrupción, como el cohecho, la prevaricación y la malversación de fondos, hasta sumar 2173 causas (no se

[29] http://www.transparency.org/research/cpi/cpi_2007/0/

incluyen en estos datos los que ya se han elevado al Tribunal Supremo), de las cuales 302 son macroprocesos[30].

Aquí tenemos un recuadro de cómo se reparten estas por las comunidades autónomas más significativas:

Comunidad		Causas	Población (millones)	Causas/población
Andalucía		656	8'4	77'7
Valencia		280	5'1	54'9
Cataluña		215	7'6	28'3
Madrid		181	6'5	27'8
Canarias		191	2'1	90'9
Galicia		110	2'7	40'7

Estas son las seis comunidades que han experimentado un mayor auge de la construcción, que es donde se ha generado mucho dinero en este país y también mucha corrupción, al recalificar terrenos, cobrar comisiones ilegales y otros chanchullos. Dentro de la Unión Europea, el caso español constituye una singularidad por ser los ayuntamientos los que tengan competencias para recalificar terrenos, pues en los países de nuestro entorno son los gobiernos centrales o en todo caso los regionales los que poseen esa potestad.

Muchos casos de corrupción de financiación ilegal de los partidos políticos se hubieran evitado si hubiese habido una legislación lo bastante estricta al respecto, lo que no ha ocurrido hasta la aprobación de la correspondiente ley a finales de 2012, que por cierto tiene el kafkiano nombre de Ley Orgánica 5/2012, de 22 de octubre, de reforma de la Ley Orgánica 8/2007, de 4 de julio, sobre financiación de los partidos políticos.

Asimismo hay otros casos de corrupción pendientes de años anteriores que afectan a los agentes sociales, en especial a algunos sindicatos y algunas organizaciones patronales (CCOO, UGT, CIG, CEOE y CEPYME) por no haber utilizado parte de los fondos

---

[30] Para actualizar, http://www.poderjudicial.es/cgpj/es/Temas/Estadistica-Judicial/

procedentes del Fondo Social Europeo y del Instituto Nacional de Empleo (INEM) para los fines previstos. A pesar de que los sindicatos y la patronal reciben casi 400 millones de euros anuales cada uno, sus cuentas aún no han solido ser examinadas por un auditor externo independiente, lo que constituye un caso insólito en la Unión Europea. La CEOE comenzó a auditar sus cuentas parcialmente a partir de 2011 y los dos grandes sindicatos comenzaron a ser auditados en 2014, obligados por la Ley de Transparencia. Además, estas organizaciones son de las más abultadas en su género de la UE ya que son nacionales, regionales, provinciales, y además sectoriales. En nuestro país hay 31 organizaciones sindicales, y en 2013 CCOO y UGT tenían respectivamente 413 y 453 sedes. La CEOE tiene 38 sedes en toda España además de 138 sedes sectoriales.

Por su parte, la corrupción privada es el otro lado de la moneda, pues si unos piden otros pagan, y se pude desglosar en tres grandes apartados: la evasión fiscal, la economía sumergida y las actividades ilegales. La **evasión fiscal** consiste en pagar menos a Hacienda de los impuestos que a uno le corresponden, lo cual hace que el Estado recaude menos y que los servicios que

presta o bien sean menores o bien tengan que costearse con una sobrecarga de la presión fiscal de los que sí pagan. En España hacen la declaración de la renta, el IRPF, casi veinte millones de contribuyentes. Sin embargo hay datos que llaman la atención, como que poco más de medio millón de contribuyentes declaran ingresos superiores a 60.000 euros, solo sesenta mil contribuyentes declaran más de 150.000 euros y poco más de cuatro mil declaran más de 600.000 euros. Estos datos indican que pagan los impuestos correspondientes los que están sometidos a una nómina sujeta a retención o declarada por parte de la empresa, bien sean del sector público o privado, y los pensionistas. El resto, en algunos casos declaran lo que deben y en otros sencillamente no lo hacen y ahí reside buena parte del fraude fiscal. Según las estimaciones de organismos como el Sindicato de Técnicos del Ministerio de Hacienda y la Universitat Rovira i Virgili, en 2012 la evasión fiscal ascendía a 253.000 millones de euros, lo que supone algo más del 25% del PIB.

La *amnistía* o regularización fiscal de 2012 (tras las de 1984 y 1991) recaudó 2.500 millones de 32.000 declarantes aplicando un gravamen especial de solo el 10% (que al final se quedó en el 3%). Poco después, la Ley Orgánica 7/2012 de 27 de diciembre elevaba la pena máxima a seis años y la prescripción a los diez años, obligando a declarar y regularizar toda la deuda tributaria. Asimismo, la Ley 7/2012 obligaba a declarar los bienes y derechos en el extranjero con graves sanciones y desde entonces la Agencia Tributaria ha aflorado unos 100.000 millones de euros de 31.824 contribuyentes.

En segundo lugar se halla la **economía sumergida**, que es el conjunto de actividades que aun siendo productivas y lícitas no declaran al fisco los correspondientes impuestos directos o indirectos, la seguridad social y otros conceptos afines. Esta actividad económica es parcialmente detectable a través de las estadísticas del PIB por persona empleada, ya que consume energía y productos intermedios que aquellas pueden detectar y que corresponden a una actividad mayor que la declarada. Los estudios sobre la cuantía de la economía sumergida en España la sitúan entre el 19% y el 28% del PIB, porcentajes que son superiores a los de otros grandes países europeos como Francia (11%) o Alemania (13'7%) y al de la propia UE (18'9%). Esto explica en parte que en 2012, cuando se subió el IVA a un tipo general del 21%, la recaudación por este concepto no llegase al 5%, frente al 7% promedio de la UE, y que la recaudación de los impuestos indirectos supusiese el 10'1% del PIB frente al 13'6% promedio de la UE. La encuesta del Eurobarómetro de 2014 estimaba que el trabajo negro podía ascender en España al 33% de todos los trabajadores y también indicaba que la carga fiscal sobre los trabajadores con salarios más altos es sensiblemente superior a los de Estados Unidos y Japón[31].

En tercer lugar hay que señalar que también existe una amplia **actividad delictiva**, que lógicamente está sumergida y opera totalmente al margen de la ley, como el blanqueo de capitales, el narcotráfico, la trata de blancas, etc. Esta economía funciona con billetes de alta denominación, en especial de 500 euros, que compiten con ventaja con el dólar, ya que se han retirado de circulación los billetes norteamericanos superiores a los 100 dólares, y con la libra esterlina, cuyos billetes son de 50 libras máximo. En 2007, en plena burbuja inmobiliaria, circulaban por España el 36% de todos los billetes de 200 y 500 euros de la UE, cuando el PIB español supone solo el 11'9% del total. Ahora bien estos billetes (85 millones de billetes de 500 euros y 47 millones de billetes de 200) no se retiran del mercado porque suponen una fuente de ingresos importantes para todos los Estados de la zona euro debido a los beneficios que supone la diferencia que hay entre lo que valen y lo que cuesta producirlos (en el caso del billete de 500 este coste es de setenta céntimos).

Volvamos al principio. En un país con una tasa de paro superior al 20% de la población (con permiso de la economía sumergida) y que ha llegado a estar al 25%, en el que el 34% de los trabajadores (unos 5'7 millones) no supera los 650 euros mensuales, en catorce pagas semanales, la corrupción en general y la política en particular tienen un efecto disolvente y desmoralizador extraordinario. La clase política ha solido mirar para otro lado, a ser posible al partido contrario y no al propio, y está por ver aún algún caso de corrupción sonado que haya sido descubierto por la propia formación. Por eso no es de extrañar que haya surgido una fuerza política como Podemos, tras la estela del movimiento del 15-M, muy respaldada por las cadenas de televisión y con un

---

[31] http://www.ceoe.es/resources/image/eurobarometro_reformas_2014.pdf

programa en el que de momento lo único claro es su crítica a la manera de hacer política vigente. Podemos consiguió unos resultados muy notables en las elecciones al Parlamento Europeo de 2014 y en las elecciones generales de finales de 2015 (aunque estas no sirvieron para nada), y desde entonces no hace más que subir en las encuestas, por lo que parece llamado a ser un actor político muy importante en las próximas convocatorias a las urnas y en los próximos años, que ya veremos en qué se sustancia.

EL PLANTEAMIENTO DE LA CUESTIÓN

El nacionalismo es la ideología que posee como objetivo principal la defensa de su propia nación o patria, que defiende su valor y aspira a aumentar su reconocimiento e importancia. Le vamos a dedicar un capítulo aparte no porque sea una ideología especialmente relevante en el mundo o porque esté en la vanguardia del campo de las ideas sociales y políticas, que ni lo es ni lo está, sino porque la actualidad manda.

En la sociedad española, el problema estructural más grave que tenemos es el de las tendencias separatistas del País Vasco y Cataluña. En este capítulo no solo vamos a exponer en qué consiste el nacionalismo, sino que también vamos a tomar partido, en un problema muy serio que afecta a España, a favor de la concordia entre los ciudadanos y los pueblos y en contra de los nacionalismos que buscan la secesión.

Cuando se creó el Estado de las Autonomías, a partir de la Constitución de 1978, en buena parte se hizo para satisfacer las aspiraciones de autogobierno de las denominadas **comunidades históricas**, que eran esas dos más Galicia, y que se denominan así porque durante la Segunda República tuvieron durante algún tiempo, aunque muy breve, Estatutos de Autonomía propios, lo cual se ve que parece bastar para calificarlas de *históricas* (*sic*). Luego se fueron añadiendo el resto de las autonomías durante la Transición y en los últimos años las dos primeras han intensificado su ofensiva gobernadas por partidos nacionalistas. Sin embargo, los sectores nacionalistas del País Vasco, Cataluña, e incluso otros sitios, aunque con menor fuerza, nunca se han contentado con poseer un nivel de autogobierno comparable al de otras autonomías.

En 2003 se le ocurrió a José Luis Rodríguez Zapatero, que poco después sería presidente del Gobierno, afirmar en un mitin en Barcelona que apoyaría la reforma del Estatuto que aprobara el Parlament catalán (cosa que no estaba en la agenda política del momento). Esto espoleó las ambiciones del Gobierno catalán, lo que con el paso del tiempo dio lugar a la aprobación del nuevo Estatut en el Parlament catalán, una vez que Zapatero era presidente, que sería luego enmendado en el Parlamento nacional, hecho que no gustaría a los nacionalistas catalanes, y declarado inconstitucional en lo referente una serie de artículos por el Tribunal Constitucional, lo que acabó por agudizar el desencuentro con el nacionalismo, circunstancia que se pudo visualizar en la manifestación de julio de 2010 en contra de la sentencia o en las palabras del expresidente catalán Jordi Puyol que aseguraba que ya no cabía en España y, por lo que hemos sabido luego, se ve que tampoco cabía buena parte de su fortuna y la de su familia. La *Diada* de 2012, convenientemente alentada por la

Generalitat, convocó en las calles de Barcelona a 1'5 millones de personas según los Mossos d'Escuadra y a 600.000 de acuerdo con la Policía Nacional, y a partir de ahí el entonces presidente, Artur Mas, quiso ver que el tiempo de la separación había llegado y convocó elecciones autonómicas para dirigir el tránsito hacia la independencia, aunque su formación sufrió un severo varapalo, pues pasó de 62 diputados a 50, que fue prácticamente el mismo número que ganó Esquerra Republicana de Catalunya. Después convocó un *referéndum* o *proceso participativo* de autodeterminación para el 9 de noviembre 2014, que el Tribunal Constitucional declaró inconstitucional provisionalmente antes de celebrarse y de manera definitiva después (el 25 de febrero de 2015) pero con el que Mas y la Generalitat siguieron adelante considerándolo como una especie de consulta no vinculante. Estaban convocados 6'3 millones de votantes, parece ser que acudieron unos 2'2 millones y de estos el 80% dijo que sí a la independencia. El 27 de septiembre de 2015 hubo de nuevo elecciones. Desde entonces gobierna la coalición Junts pels Sí, que agrupa a Esquerra Republicana y Convergència y que obtuvo 62 diputados, apoyados *in extremis* por la Candidatura d'Unitat Popular (CUP), que siguen con su programa de proclamar la independencia en dieciocho meses.

El sentimiento nacionalista ha ido creciendo con el paso del tiempo debido, entre otras razones, al tipo de enseñanza que se ha impartiendo en las escuelas vascas y catalanas durante más de treinta años, cada vez más incontestado. En el mismo se fomentaban sistemáticamente los rasgos diferenciadores, aunque fueran pequeños o incluso ficticios, y se rechazaban los comunes, aunque fueran importantes y reales. El caso más evidente es el de la lengua. Pese a tratarse de una comunidad con dos lenguas, en Cataluña se ha impuesto la enseñanza de la lengua vernácula como lengua vehicular y el castellano ha quedado reducido a impartirse como si se tratara del inglés o del francés, o sea, de una lengua extranjera, que es lo que los nacionalistas consideran que es en el fondo.

Además, los políticos nacionalistas se han encargado de cultivar un rimero de agravios, reales o imaginarios, que se remontan en algunos casos a la Guerra de Sucesión de principios del siglo XVIII —cifrando en su final, en el año 1714, la pérdida de su supuesta *independencia*— o incluso a los tiempos de Martín el Humano (1396-1410). Tales agravios se habrían venido a sustanciar en la marginación de su lengua y su cultura, por un lado, y en la descompensación de la balanza fiscal, es decir, entre lo que aportan financieramente al Estado y lo que reciben de él. Sin embargo, como ya hemos señalado, jamás han estado tan cuidadas la enseñanza de la lengua, la historia y la cultura en el País Vasco y en Cataluña, ni tan marginada la enseñanza de la lengua y la cultura españolas, y jamás han estado tan subvencionada la cultura vasca y catalana, tanto si se trata de obras de mérito, que quizás lo merezcan, como si se trata de obras de escaso valor, que lo único por lo que se distinguen es por exaltar lo vasco o lo catalán (esa *catalanitat* de la que tanto le gustaba hablar a la ex consejera de Educación de CiU Irene Rigau).

Mientras tanto, en la sociedad catalana hay una especie de ley del silencio en los medios oficiales y una sorda hostilidad hacia quienes se atreven a discrepar de los planteamientos nacionalistas.

Un problema que agria las relaciones entre ciertas comunidades autónomas y el resto de España es la diferencia, real o percibida, entre lo que aportan a Hacienda y lo que entienden que reciben, que en algunos casos se ha sustanciado en Cataluña en el lema grueso y tendencioso de que "*Espanya ens roba*" (España nos roba).

La diferencia entre lo que ingresan Cataluña o incluso el País Vasco (que posee un régimen foral propio) a Hacienda y lo que reciben, que se entiende que siente mal en algunos sectores por ser prácticamente estructural, máxime en tiempos de crisis, es más o menos la misma que hay respecto de otras comunidades también ricas como las Islas Baleares o Madrid o, en otro orden de cosas, la misma que media entre los Estados de Nueva York o Nueva Jersey y el resto de los Estados Unidos de América. Convendría recordar que los impuestos se aplican a las personas físicas o a las empresas, no a los territorios o a las comunidades. En el País Vasco y en Cataluña, en Extremadura o en Andalucía, lo mismo que en Nueva York o en Alabama, pagan más quienes más ganan y reciben proporcionalmente más quienes tienen menos.

Ese es uno de los principios básicos de la redistribución de la renta en los que se basa el Estado de Bienestar, el Estado social y democrático de Derecho que define nuestra Constitución (art 1), aunque está visto que esta les importa poco a los nacionalistas. Por un razonamiento análogo al suyo, cualquiera que estuviera por encima de la renta nacional media y que pagase más impuestos que la mayoría, podría objetar que su balanza fiscal es negativa y proponer pagar menos, trasladar su residencia fiscal a otro sitio o dedicarse a evadir capitales a Suiza, como hacen algunos políticos catalanes (y no catalanes). En otro orden de cosas, lo mismo podría haber dicho la Unión Europea con los fondos estructurales que le ha suministrado a España durante un cuarto de siglo y que han cambiado buena parte de la faz del país[32].

---

[32] Por cierto, hay muchos nacionalistas que sueñan con pasar directamente de la independencia a Europa y convendría que recordaran el artículo 49 del Tratado de la Unión Europea, que dice así: "Cualquier Estado europeo que respete los valores mencionados en el artículo 2 y se comprometa a promoverlos podrá solicitar el ingreso como miembro en la Unión. Se informará de esta solicitud al Parlamento Europeo y a los Parlamentos nacionales. El Estado solicitante dirigirá su solicitud al Consejo, que **se pronunciará por unanimidad después de haber consultado a la Comisión** y previa aprobación del Parlamento Europeo, el cual se pronunciará por mayoría de los miembros que lo componen. Se tendrán en cuenta los criterios de elegibilidad acordados por el Consejo Europeo".

"Las condiciones de admisión y las adaptaciones que esta admisión supone en lo relativo a los Tratados sobre los que se funda la Unión serán objeto de un acuerdo entre los Estados miembros y el Estado solicitante. **Dicho acuerdo se someterá a la ratificación de todos los Estados contratantes, de conformidad con sus respectivas normas constitucionales**". (Subrayado nuestro).

El resto de los ciudadanos del Estado, en cambio, nunca hemos visto demasiada lealtad constitucional por parte de las fuerzas nacionalistas, que jamás se han puesto un tope a sus demandas, salvo ahora cuando reclaman abiertamente el derecho a establecer su autoindependencia, posibilidad sin duda efectiva y real, a qué negarlo, que pretenden llevar a cabo por encima de la Constitución y en contra de la ley si es necesario.

Hablemos del saldo fiscal de Cataluña del año 2010, que en cierto modo sirve de base para el estudio de este asunto. Aparece en el documento titulado *Resultats de la balança fiscal de Catalunya amb el sector públic central any 2010*, realizado en 2013 y que puede verse en la correspondiente página *web* de la Generalitat[33]. Pero antes de comenzar con los números, por si alguien no es demasiado aficionado a estos, observemos cómo la Generalitat denomina al Estado español un tanto desdeñosamente el "*sector públic central*".

El cálculo de la Generalitat es que los catalanes aportan al Estado (español) o bien 11.258 o bien 16.543 millones de euros más de los que han empleado en Cataluña, dependiendo del tipo de metodología empleada para realizar la contabilidad[34]. Teniendo en cuenta que el PIB de Cataluña era en 2010 de 194.996 millones de euros (M€)[35], estas cifras representan el 5´8% y el 8´5% respectivamente. El primer saldo corresponde, como nos cuenta el profesor Antoni Zabalza, que es especialista en estos temas, al *flujo de beneficios*, que es correcto, y el segundo al *flujo monetario*, que es incorrecto, pues no tiene en cuenta los servicios administrativos, de defensa, diplomáticos, y demás, que el Estado presta en Cataluña. Por tanto, lo adecuado es trabajar con el flujo de beneficios, que es de 11.258 M€ para analizar las cifras sobre la supuesta discriminación económica que tanto encalabrina a los nacionalistas catalanes.

En 2010, el Estado recaudó en Cataluña 50.093 M€, de acuerdo con los datos del informe de la Generalitat a través de los impuestos y de otros conceptos como la Seguridad Social, que pagamos todos. El informe cifra en 49.319 M€ el valor de los servicios prestados por el Estado en Cataluña en partidas como pensiones, infraestructuras, entes públicos, defensa, intereses de la deuda o transferencias del sistema de financiación autonómico.

El *saldo fiscal* catalán es la diferencia entre el importe del flujo monetario y el importe de los servicios prestados, que en 2010 equivale a 50.093 – 49.319 = 774 M€. Esto supone el 0´4% de su PIB. Esta es la realidad del saldo fiscal catalán. Por eso extraña lo que hace el informe acto seguido, que es pasar de 50.093 M€ a la cifra de 60.577 de ingresos detraídos de Cataluña[36], sumando así del ala la nada despreciable cantidad de 10.484 M€, cosa que el informe no explica y que no se entiende, de acuerdo con Antoni Zabalza, que lo toma por un concepto contable estrictamente falso.

---

[33]http://www20.gencat.cat/docs/economia/70_Economia_SP_Financament/arxius/05%2021%20Balan%C3%A7a%20fiscal%202010c%20(llarg).pdf
[34] Datos de las paginas 52 (cuadro 4.3) y 51 (cuadro 4.2) respectivamente.
[35] www.datosmacro.com/pib-ccaa
[36] Cuadro 4.3 de la página 52. Esta cantidad no aparece en ningún otro lugar del informe.

La Generatitat entiende que esos 10.484 M€ añadidos, aunque no sean un pago efectivo al Estado, constituyen una deuda que los catalanes contrajeron, al igual que otras comunidades autónomas, para hacer frente al déficit del Estado en 2010. El profesor Zabalza considera educadamente que es difícil saber por qué la Generalitat evita hablar de forma tan contumaz del verdadero saldo fiscal, pero la respuesta parece clara y constituye un ejemplo de eso que a veces se denomina *ingeniería financiera*.

Si abrimos un poco el arco, con los datos de que disponemos, ya que antes no se publicaban las balanzas fiscales para no suscitar polémicas, tenemos que el saldo fiscal de Cataluña en los cinco años en que está calculado son los siguientes:

	2006	2007	2008	2009	2010
Saldo fiscal/PIB	8%	8'3%	3'2%	-2'1%	0'4%
Ingresos/servicios	4'5%	4'8%	-0'3%	-5'6%	-3'1%

En años de bonanza económica, como 2006 y 2007, el saldo fiscal de Cataluña es elevado debido a que los ingresos impositivos aumentan y los gastos asociados a la prestación por subsidio de desempleo disminuyen. En tiempos de crisis, como desde 2008 en adelante, debido a la caída de los ingresos y el aumento de las prestaciones por desempleo, el saldo fiscal catalán disminuye e incluso se hace negativo.

La media del saldo fiscal de los cinco años es de 3'56% del PIB, que equivale a 6.9419 M€ al año (tomando como base 2010), lo que, teniendo en cuenta que la población de la Comunidad es de 7.539.618, sale a unos 920 euros por persona al año. Si recordamos que la renta per cápita en Cataluña era de 27.248 euros (en 2012) y que la del conjunto de España era de 22.700, lo que implica que la primera es un 20% mayor que la segunda, seguramente podamos poner los datos del saldo fiscal en perspectiva[37].

A partir de la de 2010, durante un tiempo las balanzas fiscales dejaron de realizarse y publicarse por las mismas razones por las que no se habían hecho antes de 2006: por prestarse con facilidad a desatar las quejas sobre los agravios comparativos, como el de los nacionalistas catalanes. No obstante, en julio de 2014, una comisión de expertos dirigida por el profesor Ángel de la Fuente y designada por el Ministerio de Hacienda realizó un informe sobre la situación de las balanzas fiscales de

---

[37] www.datosmacro.com/

todas las autonomías mediante el ***método de carga-beneficio*** (que es semejante al método del flujo de beneficios en vez de al método del flujo monetario) de acuerdo con el cual la comunidad que posee más déficit en su balanza fiscal es Madrid, con 16.723 M€. Le seguía Cataluña con 8.445 M€ y Valencia con 2.018 M€. En cambio, las que más reciben son Andalucía, que también es la más poblada, con 7.421 M€, Canarias (4.045 M€.) y Castilla y León (3.929 M€.).

Si los datos los ofrecemos teniendo en cuenta el factor población, el déficit fiscal per cápita mayor se encuentra de nuevo en Madrid (2.575 €/h), Baleares (1.329 €/h) y Cataluña (1.119 €/h). En cambio, el superávit fiscal mayor se encuentra, aparte de en Ceuta y Melilla (donde llega a los 4.312 €/h), en Extremadura (2.697 €/h), Canarias (1.910 €/h) y Asturias (1544 €/h). En este caso Andalucía queda con 880 €/h.

LA LENGUA DESDE UN PUNTO DE VISTA NACIONALISTA

Una gran parte de las quejas nacionalistas se centran en la afirmación de que su cultura en general y su lengua en particular están discriminadas. Aquí vamos a considerar la cuestión de la lengua, que al fin y al cabo es una parte

muy importante de la cultura. Para ello vamos a exponer las ideas del lingüista catalán Jesús Tuson y las vamos a comparar con las del filósofo Jesús Mosterín, que ha trabajado y vivido la mayor parte de su vida en Barcelona.

Tuson cuestiona en *Una imatge no val més que mil paraules* (2001) la idea que a veces se puede oír de que sería mejor dedicar las horas de catalán al estudio del inglés. Considera que la conservación de las lenguas pasa por tres vías fundamentales —la transmisión familiar, su presencia en el entorno y la existencia de la lengua en la escuela—, y que la inmensa mayoría de la gente vive, trabaja y se jubila en una tierra concreta y propia, que en este caso no es un país angloparlante. Según él, el inglés (o la informática) se puede aprender en cualquier academia e incluso con fascículos y por correspondencia, afirmación extraña en boca de un lingüista.

También rechaza en otro capítulo del libro la idea de que las lenguas con más hablantes son las más útiles: *"Comunicar-te amb tres-cents, sis-cents, nou-cents milions persones? Quina monstruositat dialogística!"*. El argumento es muy pobre porque lo que ofrecen tales cifras son posibilidades y, se mire como se mire, trescientas posibilidades son *caeteris paribus* más que tres. Poco después agrega que no es más útil la lengua con más hablantes, "*sinó la que et pot resoldre els problemes de cada dia*", es decir, la de la aldea o el barrio.

Este lingüista entiende que hay veces en las que la lengua más hablada puede llegar a ser la lengua de otro territorio, cosa que le parece que en ningún caso es inocente (¿será culpable?) ni natural (¿a pesar de que ha ocurrido un sinfín de veces a través de la historia?). Cuando en un país conviven dos lenguas, es porque se ha producido "*un veritable daltabaix*", un auténtico descalabro. Este descalabro es máximo si se trata de una prohibición pura, dura y secular, y habla así de la *lengua silenciada*.

En una obra posterior, *Patrimoni natural* (2004), Tuson estudia las estrategias del plurilingüismo. Admite que dos lenguas son más que una, siempre y cuando el dominio de ambas lenguas se fundamente en la libertad de elección y no en la imposición, y entiende que es necesario denunciar el bilingüismo obligatorio ("*bilingüisme obligatori*") y mantener como derecho básico ("*dret bàsic*") que toda la buena gente que quiera vivir en su tierra como monolingüe pueda hacerlo sin imposición de *lenguas foráneas*. También entiende que es necesario plantear el complejo problema de *la cohesión lingüística del territorio*. El de un espacio en el que además de su lengua propia y secular, hace acto de presencia (*sic*) otra lengua como consecuencia de ciertas incidencias históricas diversas, unas naturales y otras provocadas por poderes centralizadores y asimilacionistas (*sic*).

La cohesión con dos lenguas es posible en el reino de la utopía (*sic*), cuando ambas se encuentran en un territorio al mismo nivel funcional; pero a este lingüista no le parece que sea esa la cuestión que considera, y entiende que la historia y la práctica cotidiana ofrecen numerosos ejemplos de desequilibrio cuando una es la oficial de un Estado todopoderoso (*sic*) y va camino de dejar la otra, la histórica y la aún actual, en una situación de profunda debilidad. Ante esta realidad es necesario hacer efectivo el derecho a la lengua propia del territorio ("*el dret a la llengua propia del territorio*") y convertirla en *el factor básico de cohesión*, sin interferencias ni imposiciones extrañas a la voluntad de un pueblo ("*imposicions alienes a la voluntat d'un poble*"). Y concluye así: "*Restituir el dret a posseir la lengua de la terra és el problema pendent*".

Como se ve, el panorama dibujado por Tuson está lleno de términos cargados y hasta perversos como "*la nostra diferència específica*", "*monolingüe militant*", "*bilinguisme obligatori*", "*lingüicidi*" "*greues commparatius*", "*poders centralitzadors i assimilacionistes*", "*estat totpoderos*", "*el dret a la llengua propia del territori*", "*la voluntat d'un poble*", "*depredadors*" y "*simplificadors*", lo mismo que en algunas novelas catalanas —como por ejemplo *Pa negre* de Emili Texeidor, que al menos es buena— que tratan de la época de la Guerra Civil, en las que, cuando algún personaje habla en español, o es un guardia civil o un fascista.

En *Quinze lliçons sobre el llenguatge* (2011), obra que por cierto disfrutó de una beca del Ministerio de Cultura español, Tuson analiza la política destructiva que tiene por objeto llevar a cabo una *limpieza lingüística* (*sic*) y considera que, al margen de los parámetros de lo que pueda ser un régimen dictatorial, el método más efectivo es convencer a la población del prestigio de una determinada lengua frente a la inutilidad de otra insistiendo en tres argumentos: hay lenguas internacionales y lenguas que no lo son; hay lenguas de cultura y otras que lo son menos; y hay lenguas más habladas que otras.

Sobre el hecho de que hay lenguas internacionales, el comentario que hace Tuson es que en la gran mayoría de los casos una lengua muy extendida es el resultado de algún tipo de colonialismo cruel o de dominio económico, político y tecnológico. Olvida que eso no siempre es así, pues hay otros procesos de extensión, como la difusión cultural, y tampoco tiene en cuenta que eso vale también para lenguas con muchos menos hablantes, salvando las proporciones. Tampoco se le ocurre suponer que es posible que la libertad individual desempeñe algún papel a la hora de hablar una lengua. Por otro lado, con independencia de cómo se haya podido llegar a la situación actual, también convendría tener en cuenta la realidad que esto supone y no limitarse a incriminar sus orígenes dando por sentado Castilla y Cataluña son entidades adiabáticas y que las gentes están ancladas al territorio.

Sobre el argumento de que hay lenguas de cultura y lenguas que no lo son tanto, Tuson alega que todas las lenguas son de cultura. Esto es cierto por definición al hablar del término cultura en sentido antropológico o social, pero no es eso a lo que se refiere el tema, sino al hecho de que hay lenguas en las que se ha creado un mayor acervo científico, literario, artístico o humanístico que en otras. Esto tiene que ver con el número de hablantes, aunque no siempre es así. De hecho, por recordar un caso célebre, los antiguos griegos, que quizás no llegaran a sumar un millón y medio de habitantes, contaban con Homero, Esquilo, Sófocles y Eurípides, con Heródoto y Tucídides, con Aristóteles y Platón, con Aristarco y Arquímedes, entre otros grandes autores. Por esa razón hay en pleno siglo XXI un número considerable de gente que se dedica con verdadera pasión a los estudios clásicos en muchos países de los cinco continentes.

Por otro lado, si nos vamos a las postrimerías de la Edad Media, esta fue la edad dorada de la literatura catalana (que por cierto es principalmente valenciana). Hay quienes piensan que la unión entre las coronas de Castilla y Aragón supuso el principio de la decadencia posterior de dicha literatura, pero los fenómenos culturales son más complejos de lo que algunos piensan y también conviene recordar a tal efecto que la edad dorada de la literatura italiana también coincidió con esa época (Dante, Petrarca y Boccaccio) y que sin embargo Italia se desenvolvió históricamente como un país independiente, grande e importante dentro de Europa hasta nuestros propios días sin que haya llegado a igualar tal nivel.

Sobre el argumento, en fin, de que hay lenguas más habladas que otras, Tuson reconoce que es cierto, pero que las lenguas multimillonarias son un caso *insólito* (termino con connotaciones neutras o neutras-negativas) en vez de *excepcional* (término con connotaciones neutras o neutras-positivas), y repite los argumentos sobre su innoble procedencia, que lo cierto es que a esta altura están ya un poco trillados.

En definitiva, los nacionalistas catalanes consideran que su lengua está maltratada, discriminada y hasta "oprimida", como señala por ejemplo el profesor Joan Martí, y han convencido a muchos que no son nacionalistas de eso es así. Para ellos, la regla básica sobre la que debería basarse cualquier *planificación lingüística* es la sustitución del *principio de personalidad* por el *principio de territorialidad*: "*Una sola comunitat, una sola llengua*" (75). Esto lo traducimos al alemán ("*Nur eine Gemeinschaft, nur eine Sprache*"), con permiso, y queda como un verdadero lema no del nacionalismo, sino del nacionalsocialismo.

Entiende este filólogo que no hay que temer reconocer la necesidad de que el castellano abandone los terrenos que ha ocupado prepotente y abusivamente (77), y no tiene reparo en agregar que la normalización lingüística "*requereix una discriminació*": "*La diferenciació estableria per la llei hauria d'implicar la impossibilitat de viure a Catalunya sense l'ús actiu del català*" (78).

Además, para que se enteren en otros países de nuestro entorno, por si acaso no lo tienen muy claro, Joan Martí afirma que "*l'espanyol, el francès i l'italià són llengües que actúen com a neutralizadors del català als seus territoris*" (87), así que a ver qué opinan estos en el caso de que el nacionalismo catalán, cuya aspiración es constituir los míticos Països Catalans, plantee de nuevo el tema de su entrada en la Unión Europea (que era la segunda pregunta del "referéndum" del 9 de noviembre de 2015).

LA LENGUA DESDE UN PUNTO ANACIONALISTA

Este apartado se podía titular la cuestión de la lengua desde el punto de vista no nacionalista, para compensar con el anterior, pero creo que tanta ecuanimidad y equidistancia distorsionaría la realidad así que lo dejaremos en *anacionalista*.

Jesús Mosterín ha sido profesor de filosofía en la Universidad de Barcelona durante varias décadas y se ha caracterizado por su independencia a la hora de expresar sus ideas, con las que muchas veces hemos estado de acuerdo y otras no, como suele ser lo habitual. En su obra *La cultura de la libertad* (2008), Mosterín argumenta que la libertad del uso de una lengua (y de educar a los hijos en la lengua que uno estime conveniente) es una parte de la libertad de elección y como tal no requiere ni admite limitación alguna. Se trata de una libertad fundamental y de un derecho humano universal. La lengua es un atributo de la persona (*principio de personalidad*) y no de un grupo social y, no digamos, de un territorio (*principio de territorialidad*).

Mosterín entiende que muchos políticos nacionalistas siguen aferrados a la idea absurda de que la lengua es un asunto del Estado y no del individuo. Los totalitarios lingüísticos parten del error categorial de atribuir una lengua a una entidad social abstracta como la presunta nación. Toman como premisa suplementaria que la nación está unida a cierto territorio y acaban por considerar "anormal" que la población de este territorio no incorpore los contenidos lingüísticos de la nación. Por lo tanto, la situación "anormal" ha de ser "normalizada". En

este contexto, la *normalización lingüística* es un eufemismo que lo que significa es la imposición de la lengua de los nacionalistas. Y concluye que "*este tipo de política, además de ser deleznable, carece de viabilidad*". Todos los nuevos desarrollos tecnológicos (de los que apenas se habla en las obras de Tuson o Terricabras) anuncian un mundo abierto y sin fronteras.

Solo los ciudadanos individuales tienen lengua o lenguas. Los nacionalistas contraponen a este principio de personalidad, que reconoce que las personas son los sujetos de derecho, el principio de territorialidad, como hemos visto, que en el caso que nos ocupa acaba por reconocer que los territorios tienen derechos. El primero opera en cuanto al tema de las lenguas en países como Singapur, Finlandia o Bruselas (pero no Bélgica), y el segundo en Turquía, Quebec y Cataluña.

He aquí algunas conclusiones bastante evidentes que propone Mosterín y que los nacionalistas obvian:

1ª) La libertad de lengua no es la libertad que tiene la lengua de elegir sus hablantes sino la libertad que tienen los hablantes de elegir su lengua.

2ª) La libertad de lengua no es la libertad que tiene un territorio o un país de elegir la lengua de sus hablantes, sino la libertad de estos de elegir la lengua que quieran.

3ª) Los derechos lingüísticos no son los derechos de las lenguas sobre los ciudadanos, sino los derechos de los ciudadanos sobre las lenguas.

4º) Los derechos lingüísticos no son derechos de la lengua o los territorios sobre sus habitantes, sino los derechos de los habitantes de territorios o países a usar la lengua que prefieran.

Nos cuenta Mosterín que en Cataluña aproximadamente la mitad de la población tiene el castellano o español como lengua materna, y la otra mitad el catalán. Durante la dictadura de Franco la política lingüística oficial tendía a limitar el uso del catalán o imponía a los niños catalanoparlantes la inmersión lingüística en castellano. Los maestros de la institución progresista Rosa Sensat criticaban esta inmersión aduciendo con razón la conveniencia de educar a los alumnos en su lengua materna para facilitar el aprendizaje escolar.

Al llegar la democracia hubo un par de años de relativa libertad de lengua. Sin embargo, una vez que los nacionalistas se instalaron en el poder, reivindicaron y obtuvieron las competencias exclusivas en materia de educación y cultura, y las emplearon para imponer una política lingüística totalitaria y parecida a la de Franco, solo que de signo contrario. Ahora es a los niños de lengua materna castellana a los que les toca pasar por el aro de la inmersión lingüística en una lengua —la catalana— distinta de su lengua materna desde el principio de su escolarización. Además, el Gobierno catalán interviene constantemente en la vida cultural, tratando por todos los medios de fomentar el uso del catalán y de frenar el uso del castellano. A esta *"política franquista al revés"* la llaman *"normalización lingüística"*, como si la libertad fuera algo anormal. Como siempre, su justificación ideológica se basa en el error de suponer que *"la patria, en este caso Cataluña, tiene lengua y derechos, en especial, el derecho de imponer su lengua propia a los habitantes de su territorio, con independencia de sus deseos"*.

Por su parte, el profesor Félix Ovejero, de la Universidad de Barcelona, recuerda después que, de acuerdo con los datos de la propia Generatitat de Catalunya, el 55% de los catalanes tiene el castellano como lengua materna y el 31´6% tiene el catalán, y entiende que nadie propone que el catalán deje de ser lengua vehicular. En Finlandia, que cuenta con los mejores resultados escolares de Europa, se imparte enseñanza en dos lenguas oficiales —el muy mayoritario el finés y el minoritario sueco— y no parece que esto divida al país: los padres eligen la lengua en que quieren que se vehicule la educación de sus hijos y aprende complementariamente la obra lengua. Algo semejante ocurre en Quebec y en realidad *"la anomalía planetaria es Cataluña"*.

LA FILOSOFÍA DEL NACIONALISMO

Josep-Maria Terricabras ha sido catedrático de filosofía de la Universidad de Girona, desde 2014 es diputado en el Parlamento europeo por Esquerra Republicana de Catalunya y posee entre otros un libro, titulado *Raons i tòpics. Catalanisme i anticatalanisme* (2001), que nos puede servir como modelo de lo que sería la filosofía del nacionalismo catalán. Terricabras, que considera que una gran mayoría de catalanes han desconectado mentalmente de España, constataba ya por aquel entonces una *enorme agresividad anticatalanista (sic)* en algunos sectores, que solo se encuentra en España, y que según él se basa en los tópicos de siempre, en un localismo propio de una *mentalidad provinciana y cerrada (sic)*, y que en definitiva es una sarta de disparates.

Comencemos por la siguiente cita de Mario Vargas Llosa que aporta Terricabras —*"El nacionalismo es una ideología que levanta fronteras, excluye al otro y menosprecia lo ajeno"*— y su correspondiente comentario. Según Terricabras la frase es "espectacularmente falsa" y queda desmentida por la experiencia y el sentido común, pues no es cierto que todo nacionalismo sea

automáticamente excluyente ni que los nacionalistas sean nacionalistas nada más que por odio a los otros y no por interés hacia su país (119). Es ridículo pensar, como hace Vargas Llosa, que el nacionalismo *siempre* es malo (121).

Por más que leo y releo la frase no encuentro dónde dice el eminente Nobel peruano que el nacionalismo *siempre* sea malo: simplemente lo deja sin cuantificar, sobreentendiéndose que lo es con frecuencia, a menudo o generalmente, y punto. Ni tampoco veo dónde dice que los nacionalistas *odien* a los demás (¿se refiere al menosprecio por lo ajeno?) o que sea una ideología *automáticamente* excluyente (¿será por levantar fronteras?). Es más, Terricabras saca la cita de contexto y no da la referencia, amén de tener la costumbre de comenzar numerosos capítulos del libro con citas de este tenor, que no se toma la molestia de decir de dónde proceden, a partir de las cuales hila una buena parte de sus reflexiones. Pero si en todos los casos procede igual, mucho me temo que echa por la borda buena parte de su rigor intelectual[38].

De acuerdo con Terricabras, los catalanes saben que son una nación por la experiencia que han acumulado durante años y siglos aquellos que han querido la nación, la han amado y la han preparado (33), por poseer una conciencia histórica común y una lengua y una cultura propias. Además, señala que los catalanes que no poseen una *posición nacionalista activa* adoptan automáticamente, por pasiva, una visión nacionalista española (39), lo cual es sencillamente falso y, dado lo cargada negativamente que está la idea de

---

[38] Me he tomado la molestia de buscarlo y se refiere a un artículo que yo había leído en su momento e incluso utilizado en clase titulado "Libre elección", *El País*, 2 de enero de 1994. Concretamente a un párrafo en el que el autor está tratando de establecer una distinción entre patriotismo y nacionalismo, que reproduzco para que quede claro el contexto: *"Es mentiroso confundir el patriotismo con el nacionalismo; aquél, a condición de no ser obligatorio, es un sentimiento solidario y afirmativo de lo propio y lo próximo; éste, una ideología que levanta fronteras, excluye al* otro *y menosprecia lo ajeno. Se es patriota a favor del prójimo y se es nacionalista contra los demás, pero la línea demarcatoria entre ambos se desvanece con facilidad en tiempos de crisis, en los que este último suele devorar y alimentarse de aquél. Cuando estas fronteras se eclipsan, la violencia termina por irrumpir, tarde o temprano"*.

nacionalismo español, perversa en una sociedad muy fracturada donde hay gente con miedo a decir lo que piensa.

Por si fuera poco, el nacionalismo es el mito de los que critican el mito nacionalista (55), por lo cual los más nacionalistas son los que no son nacionalistas y los nacionalistas son los menos nacionalistas, análisis en verdad *marxiano*, pero de los hermanos Marx y no del autor de *El capital*.

Para Terricabras, lo mismo que en la enseñanza hay un currículo oculto (*sic*), también hay por lo que respecta al nacionalismo uno que no es obvio, como sí lo es el catalanista, sino oculto, como el españolista, y ese es el peor. Hay un nacionalismo logrado y hay un nacionalismo incompleto o no logrado. Pero como en la hilarante obra *Knock* del dramaturgo francés Jules Romains, en la que todos estaban enfermos según el pintoresco protagonista, incluso los que estaban sanos como una manzana, para Terricabras todos somos nacionalistas, hasta los que no nos teníamos por sospechosos[39].

Sin embargo la tesis de Terricabras es profundamente falsa. De hecho, tras el franquismo el patriotismo español quedó muy capitidisminuido. Los sectores de izquierda no querían ni oír hablar de él, los de centro estaban en otras cosas e incluso dentro de la derecha había que irse hasta posiciones bastante extremas para encontrar defensores. Esto es así en los partidos políticos, pero también entre los intelectuales y la propia ciudadanía. Grandes intelectuales afines a las posiciones de izquierdas, como por ejemplo Fernando Savater, Antonio Muñoz Molina o incluso Arturo Pérez Reverte, han acabado por reconocer con los años que ahí hubo mucha dejación. Un ejemplo actual de esa desidia es que para hablar de la imagen y la influencia exterior de España, que tanta falta hace, se hable de *la marca España*, como si fuera un producto comercial. Sin embargo, los nacionalistas siempre han ido a piñón fijo, en la misma línea, a izquierdas y derechas, desde al menos la Transición.

Para el filósofo catalán, la *decisión nacional* es siempre previa en el caso de los Estados a cualquier otra decisión porque la nación no es lo que la constitución dice sino aquello que define la propia constitución. La constitución refleja la nación, constituida previamente por un gesto de autodeterminación que es el origen de cualquier acto posterior de soberanía. Los ciudadanos que son demócratas solo pueden serlo porque, cuando se redacta una constitución democrática, ya lo hacen en el ejercicio de la soberanía nacional (114). El poder, el poder constituido, tiende por todos los medios a su alcance a desacreditar el nacionalismo emergente, como el catalanismo, alegando que no se preocupa de las cosas que realmente le interesan a la gente y en cambio se enzarza en controversias nacionales inacabables.

Esta manera de entender el origen del Estado es premoderna y antiilustrada, y encuentra su fundamento en los movimientos románticos alemanes de principios del siglo XIX —Hegel, Fichte, Schelling y otros—

---

[39] Y hablando de franceses y de rigor filosófico, para el autor catalán Francia ha practicado históricamente un nacionalismo esencialista y no precisamente ejemplar.

239

sobre el espíritu de los pueblos, que generaron unas ideas que cien años después serían aprovechadas por otros nacionalistas, los nacionalsocialistas alemanes, para acabar con la democracia y justificar la ideología y la política fascistas.

Por el solo hecho de no querer aceptar calladamente una realidad nacional que no es la nuestra, señala Terricabras, hemos de asumir el riego paradójico de que se nos tilde de *hipernacionalistas refractarios* cuando lo único que quisiéramos es poder vivir como ciudadanos normales en el propio país. Pero exactamente lo mismo podríamos decirle quienes abogamos por la unidad y la concordia entre los españoles y queremos hacerlo con la mano tendida y el respeto a las diferencias.

En fin, señalemos además que al profesor Terricabras no parece importarle demasiado que ese *anticatalanismo* tan feroz que observa pueda ser en buena medida consecuencia de determinados comportamientos, actitudes y discursos nacionalistas. Es sintomático que para este autor, el tema se sustancie, de una parte, en un catalanismo cargado de razones y un anticatalanismo cargado de tópicos, de ahí el título y el subtítulo del libro, que reparte las cargas de esa manera tan gruesa sencillamente por la perspectiva que adopta.

CON UN POCO DE PERSPECTIVA

Antaño solía decirse que el nacionalismo se curaba viajando, pero está claro que no es así y las cosas son mucho más complejas, como hemos visto. Sin embargo, es paradójico que una manera de ver la realidad más bien decimonónica tenga tanto predicamento en ciertos sectores de nuestro país en pleno siglo XXI. Desde el punto de vista filosófico, el nacionalismo es una forma de etnocentrismo, así que conviene volver a detenerse a explicar en qué consiste este, cosa que haremos con ayuda de *La cultura humana* de Jesús Mosterín. Hasta hace doscientos años la mayoría de las personas vivían sin demasiado contacto con otros grupos culturales y étnicos, y solían dar por buenos sus propios valores, normas y singularidades culturales. Cuando les llegaba información de otras culturas muchas veces era de manera imprecisa, incompleta y deformada. Al usar su propio patrón cultural para evaluar otras culturas daban por sentado que su propia cultura era el modelo por antonomasia, y de ahí a minusvalorar e incluso burlarse de otras culturas no hay mucha distancia. Con frecuencia caían en la autocomplacencia y lo erróneo, y suponían que lo grotesco y lo negativo abundaba en las demás culturas pero no en la propia: *"esta actitud constituye el etnocentrismo, que ha sido habitual en la mayor parte de los grupos y pueblos"*.

Los antiguos griegos y los antiguos chinos eran muy etnocéntricos, pues pensaban que eran el centro del mundo. Las grandes potencias europeas justificaban el colonialismo decimonónico alegando que llevaban la civilización a los pueblos atrasados e incultos de otros continentes.

Un ejemplo típico de etnocentrismo, aunque no exclusivo, es precisamente el nacionalismo. El horizonte de las preocupaciones nacionalistas no suele rebasar los límites de su nación, por la que manifiestan un entusiasmo incansable al par que muestran una intolerancia considerable hacia todo aquello que no cuadre con los rasgos que consideran específicos de la misma: "*Los nacionalistas tienen el ideal de la homogeneidad cultural de la población que vive en lo que ellos consideran su territorio patrio, y tratan de eliminar la diversidad étnica, lingüística y religiosa, por las buenas o por las malas, por la educación, la asimilación, la expulsión o incluso a veces el genocidio*" (*op. cit.,* 152).

El etnocentrismo, al igual que la xenofobia, a veces responde a prejuicios espontáneos, pero a menudo es alentado y provocado por los más privilegiados del grupo o nación al que pertenecen, que temen perder sus privilegios en una sociedad más abierta y que encuentran en esa pasión un terreno abonado para erigir supuestas amenazas anteriores frente a las cuales reforzar su propia postura. El etnocentrismo (y el nacionalismo) hace imposible el análisis sereno y racional de las cosas, pues da por sentado dogmática y acríticamente que se encuentra en una postura de superioridad al suponer que su propia cultura es la mejor.

En una versión previa de este capítulo no existía este apartado, que ahora deseo incluir ya que los anteriores se desenvuelven en un plano creo que lo suficiente aséptico y teórico como para intentar hacerle el honor a la objetividad académica. Sin embargo, una buena parte del juego independentista no va por esos derroteros, sino por otros más prosaicos, y omitirlos no sería hacerle justicia a dicho fenómeno social. Pues molestan cosas como por ejemplo que el diputado Gabriel Rufián (ERC) dedicara su primera intervención en el Congreso de los Diputados a despreciar con el tono (chulesco y de perdonavidas) y el contenido (mísero) al Parlamento y de paso al conjunto de los españoles. O que se subvencione a institutos e investigadores que dedican el tiempo a establecer la catalanidad de Cervantes, Colón o Teresa de Ávila. O que cinco tipos apaleen en plena calle a dos chicas que llevan un puesto para conseguir colocar una pantalla en la calle para ver los partidos de la selección española de fútbol en la Eurocopa de Francia 2016.

LECTURA DE ÚLTIMAS TARDES CON TERESA

Hace muchos años vi la película *Últimas tardes con Teresa* basada en la novela homónima de Juan Marsé. Tal como la recuerdo, era la historia de un chulo de barrio y de una niña mona y bien, que interpretaba Maribel Martín. La cinta no me llamó lo bastante la atención como para animarme a leer la novela, máxime cuando creía saber la trama, y de esa manera dejé pasar el tiempo antes de acercarme a una obra que es una de las grandes referencias literarias de la posguerra (entendida en sentido amplio, tal como de hecho lo fue). La traemos a colación aquí porque hay veces que la literatura cuenta mejor las cosas que los estudios científicos.

El juicio sobre la misma es acertado. ¿Qué es lo que hace de esta obra algo tan especial como para colocarse entre las grandes novelas españolas del siglo XX? Es lo bien escrita que está, desde luego, pero sobre todo la inteligencia y honestidad con la que su autor se aproxima al tema. Una chica entusiasta de familia bien, que acaba de descubrir en la universidad barcelonesa de mediados de los años cincuenta el discurso político de izquierdas, ve en el novio de la criada de su familia, una chica de su edad llamada Maruja, a un joven y apuesto obrero que le parece un auténtico ejemplo de la vanguardia de la lucha de clases. Se enamora de él porque cree que encarna sus sueños cuando un estúpido accidente hace que Maruja entre en coma y finalmente acabe por morir. La crítica de Marsé a esos jóvenes de la alta burguesía que juegan a hacer la revolución desde la universidad es demoledora.

En cambio, ¿qué es más bien ese supuesto modelo del proletariado? Manolo Reyes el Pijoaparte es un pobre charnego de origen malagueño que se escapó de su tierra cuando su madre, viuda, se juntó con otro hombre y cuando se dio cuenta de que allí no tenía porvenir[40]. Lió el petate y se fue en busca de un hermano que vivía en el barrio del Carmelo de Barcelona. Entonces era un cerro de chabolas de inmigrantes del sur de España, en donde por cierto en 2005 unas obras de tunelación del metro pusieron en peligro de hundimiento ochenta y cuatro edificios sin que la clase política catalana se inmutase.

El Pijoaparte no tiene oficio ni ganas de trabajar. Va tirando como puede a base de robar motos y dar tirones. Es guapo y con buena planta, gracias a lo cual ha logrado cierta fama como ligón en los *ambientes* más populares de la periferia urbana. Abriga ciertos aires de grandeza, puede que acordes con su tipo pero no con su condición social ni la pasta de la que está hecho, e incluso fantasea con la posibilidad de tener orígenes nobles ya que su madre era criada en el palacio de un marqués de Ronda.

Cuando conoce a Teresa, no solo ve a una chica más guapa y fina que las que suele tratar, sino que nota que ella siente por él una extraña e incomprensible admiración. No se explica por qué pero le sigue el juego y se deja querer. De pronto se da cuenta de que tal vez sea esa la oportunidad que le tiene guarda la vida para entrar en ese gran mundo que piensa que le pertenece. Un buen piso en la ciudad, un buen chalet en la costa, un automóvil

---

[40] La palabra charnego viene del catalán *xarnego* que significa perro, en concreto lebrel, acepción que por cierto no aparece en el *Diccionari de la llengua catalana* del Institut d'Estudis Catalans.

rutilante como el descapotable americano que conduce Teresa, un buen sueldo y una posición social entre la burguesía catalana. Por eso él no la trata como a las demás chicas con las que ha salido y en todo momento la respeta.

Pero el sueño es demasiado bonito e inverosímil como para convertirse en realidad. Teresa descubre que Manolo no es ningún líder obrero y él se da cuenta de que nadie parece tomarse en serio que puedan ser novios. Ella concierta una cita con una pareja amiga para plantearle la posibilidad de que le ayuden a Manolo a encontrar un trabajo acorde con sus ambiciones. Sin embargo, aquellos planes, fraguados en una cena de parejas, no llegan a ningún lugar. Cuando los padres de Teresa se dan cuenta de lo que ocurre, se la llevan a la finca de la playa. El verano está a punto de acabar y con él también terminan las últimas tardes con Teresa, en las que ambos tenían la ciudad para ellos solos y podían soñar que era posible enlazar sus sueños y sus vidas a pesar de sus procedencias tan distares.

Manolo no puede aguantar la separación y roba una moto para viajar a la villa de la familia Serrat, como había hecho tantas veces, primero para ver a Maruja y luego a Teresa. Sin embargo esta vez la policía lo detiene. Al final de la novela nos enteramos de que al Pijoaparte le han caído dos años de cárcel. Cuando sale recorre los lugares por los que había ido con Teresa. En uno se encuentra con un amigo de ella, uno de aquellos esforzados líderes de la universidad, que le cuenta que había sabido lo suyo por ella, que se lo dijo sin poder evitar la risa. Teresa lo había pasado mal, pero al final había rehecho su vida y concluido sus estudios. La obra acaba con esa conversación, cuando el Pijoaparte sale de allí con la conciencia de que eso fue lo que dio de sí su gran oportunidad y de que el futuro es tan dudoso como lo fue siempre.

Estos que llevan gobernando Cataluña desde la época de la Transición son los herederos de los jóvenes burgueses que describía Juan Marsé en *Últimas tardes con Teresa*, en la que en clave social podemos ver el visceral rechazo de la burguesía catalana a aceptar en su seno a los charnegos que habían ido a Cataluña a ganarse la vida y que tanto han contribuido a su crecimiento.

XIX.- BIBLIOGRAFÍA Y OTROS RECURSOS

Abadía, L.: *La crisis ninja y otros misterios*, Espasa, Madrid 2010.

Allard, G.: *Understandig Economic Policymaking*,
   https://www.coursera.org/course/econpolicy, 2014

Allen, R.C.: *Historia económica mundial*, Alianza, Madrid 2013.

Aranguren, J. L: *La comunicación humana*, Tecnos, Madrid 1986.

Arendt, H.: *Eichmann y el Holocausto*, Taurus, Madrid 2012.

Bauman, Z.: *Le coût humain de la mondialisation*, Hachette, Paris 2000.

Beccaria, C.: *De los delitos y las penas*, ALB, Madrid 1995 (orig. 1764).

Benedict, R.: *El hombre y la cultura, Edhasa*, Barcelona 1971 (orig. 1934).

Ben Jelloun, T.: *Le racisme expliqué à ma fille*, Seuil, Paris 1999.

Berger, P. y Th. Luckmann: *La construcción social de la realidad*, Amorrortu, Buenos Aires 1983.

Brizendine, L.: *El cerebro femenino*, RBA, Barcelona 2007.

Bobbio, N.: *Derecha e izquierda. Razones y significado de una distinción*, Taurus, Madrid 1995.

Carr, E. H.: *¿Qué es la historia?*, Seix Barral, Barcelona 1981 (orig. 1962).

Castaneda, C.: *The Teachings of Don Juan*, Penguin, Harmondsworth 1968.

Comín, F.: *Historia económica mundial*, Alianza, Madrid 2011.

Comte, A.: *Discours sur l'esprit positif*, Vrin, Paris 1974.

Copans, J.: *Introduction à l'ethnologie et à l'anthropologie*, Nathan, Paris 1996.

Cot, J.-P. y J. P. Mounier: *Sociología política*, Blume, Barcelona 1978.

Courtois, S. et al.: *El libro negro del comunismo*, Planeta-Espasa, Madrid 1998.

Dalio, R.: "Why Countries Succeed and Fail Economically"[41].

Dasgupta, P.: *Economics*, Oxford U.P. 2007.

Dehesa, G. de la: "Causas de la corrupción pública", *El País*, 10/9/2014.

—"La corrupción privada en España", *El País*, 21/10/2014.

Delibes de Castro, M.: *Vida. La naturaleza en peligro*, Temas de Hoy, Madrid, 2001.

Diamond, J.: *Guns, Germs, and Steel*, Norton, New York 1999.

Diez, D. et al.: *OpenIntro Statistics*, Createspace, USA 2012.

Durkheim, E.: *Las reglas del método sociológico*, Morata, Madrid 1978 (orig. 1895).

—*Educación y sociología*, Península, Barcelona 1985 (orig. 1922).

Duverger, M.: *Sociología de la política*, Ariel, Barcelona 1975.

Elson, J.: "History, the Sequel", *Time* nº 45, noviembre de 1994.

Escohotado, A.: *El espíritu de la comedia*, Anagrama, Barcelona 1991.

—*Caos y orden*, Espasa, Madrid 1999.

Estefanía, J.: *La nueva economía*, Debate, Madrid 1996.

Finkielkraut, A.: *La derrota del pensamiento*, Anagrama, Madrid 1987.

---

[41]http://www.bwater.com/Uploads/FileManager/research/deleveraging/why-countries-succeed-and-fail-economically--ray-dalio-bridgewater.pdf

Fleury, L.: *Max Weber*, PUF, Paris 2001.

Frazer, J. G.: *La rama dorada. Magia y religión*, FCE, México 1981 (orig. 1922).

Friedland, A. J.: *Introduction to Environmental Science*, https://www.edx.org/course/introduction-environmental-science-dartmouthx-dart-envs-01-x, 2015

Galbraith, J. K.: *Historia de la economía*, Ariel, Barcelona 1989.

García Ferrando, M.: *Socioestadística*, Alianza, Madrid 2004 (1985).

Geertz, C.: *The Interpretation of Cultures*, Basic Books, New York 1973.

Gerhard, U.: *Frauenwebegung und Feminismus*, C. H. Beck, München 2009.

Giddens, A.: *Más allá de la izquierda y la derecha*, Cátedra, Madrid 1996.

—*Sociology*, Polity Press, Cambridge 2009.

—*La tercera vía*, Taurus, Madrid 1999.

Giner, S. y R. Scartezzini (eds.): *Universalidad y diferencia*, AU, Madrid 1996.

Giner, S.: *Sociología*, Península, Barcelona 2010.

Giner, S. *et al*.: *Diccionario de sociología*, Alianza, Madrid 1998.

Gombrich, E. H.: *Historia del arte*, Alianza, Madrid 1984.

Goodwin, B.: *El uso de las ideas políticas*, Península, Barcelona 1988.

Gould, S. J.: "La evolución de la vida en la Tierra", Investigación y Ciencia, 219, 1994, 54-61.

—*The Mismeasure of Man*, Norton, New York 1996.

Goytisolo, J.: "El caldo de cultivo del fanatismo", *El País*, 26/X/2014.

Graaf, R. de: *Introduction to Communication Science*, https://www.coursera.org/course/commscience, 2014.

Guillén. M.: *Analyzing Global Trends for Business and Society*, https://class.coursera.org/globaltrends-001/, 2014.

Habermas, J.: *Teoría de la acción comunicativa*, Taurus, Madrid 1987.

—*La necesidad de revisión de la izquierda*, Tecnos, Madrid [2]1996.

Hadjicostandi, J.: *Introduction to Sociology*, https://www.edx.org/course/introduction-sociology-utpermianbasinx-soci101x (2015)

Halet, K. *et al*.: "Endangered Languages", *Language*, **68**, (1992), 1-42.

Harris, M.: *El desarrollo de la teoría antropológica*, Siglo XXI, Madrid [10]1993.

—*Nuestra especie*, Alianza, Madrid 1991.

—*Introducción a la antropología general*, Alianza, Madrid 1992.

Heerikhuizen, B. van: *Classical Sociological Theory*, https://www.coursera.org/learn/classical-sociological-theory (2016).

Hoberman, J.: *Age of Globalization*, https://courses.edx.org/courses/UTAustinX/, 2013

Ignatius, A.: "Inside de Google Empire", *Time*, 20 de febrero de 2006.

Jaume, L. (ed.): *Les Déclarations des Droits de l'Homme*, Flammarion, Paris 1989.

Kandori, M: *Welcome to Game Theory*, https://class.coursera.org/welcomegametheory-001, 2015.

Kottak, C. Ph.: *Antropología*, McGraw-Hill, Madrid 2000.

Krugman, P.: "La locura de la austeridad europea", *El País*, 30/9/2012.

—"El secreto de nuestra falta de éxito", *El País*, 28/10/2012.

—"Demasiado responsables", *El País*, 25/1/2015.

Krugman, P. *et al.*: *Fundamentos de economía*, Editorial Reverte, Barcelona 2013.

Laborda, X.: *De retòrica*, Barcanova, Barcelona 1993.

Latorre, A.: *Introducción al derecho*, Ariel, Barcelona 1987.

Lévi-Strauss, C.: *Race et histoire*, Folio, Paris 1987 (orig. 1952).

Lewontin, R. C., S. Rose y L. J. Kamin: *No está en los genes*, Grijalbo, Barcelona 1996.

Linden, E.: "Lost Tribes, Lost Knowledge", *Time* 1991, nº 38, 23/IX.

Lipsey, R. G.: *Introducción a la economía positiva*, Vicens Universidad, Barcelona 1988.

López Calera, N. M.: *Filosofía del derecho*, Comares, Granada 1985.

—*Yo, el Estado*, Trotta, Madrid 1992.

—*Introducción a los derechos humanos*, Comares, Granada 2000.

Lucas Marín, A. (cord.): *Estructura social*, Person, Madrid 2010.

Lyotard, J.-F.: *La condición postmoderna*, Cátedra, Madrid 1984.

Maalouf, A.: *Les identités meurtrières*, Grasset, Paris 1998.

Macionis, J. J. y K. Plummer: *Sociología*, Prentice-Hall, Madrid 2011.

Marcuse, H.: *El hombre unidimensional*, Orbis, Madrid 1984 (orig. 1964).

Marina, J. A. y M. de Válgoma: *La lucha por la dignidad*, Anagrama, Barcelona 2000.

Martí i Castell, J.: *L´ús social de la llengua catalane*, Barcanova, Barcelona 1992.

Mayntz, R., K. Holm y P. Hübner: *Introducción a los métodos de la sociología empírica*, Alianza, Madrid 2010.

McAllister; J. F. O.: "A new Kind of Elite", *Time*, 26 de junio de 2006.

Meadows, D. H. *et al.*: *Más allá de los límites del crecimiento*, El País/Aguilar, Madrid 1992.

Mernissi, F.: *Rêves de femmes*, Éditions Le Fennec, Casablanca 1997.

Mills, C. W.: *La imaginación sociológica*, FCE, 1999 (1959).

Mosterín, J.: *Filosofía de la cultura*, Alianza, Madrid 1993.

—*La cultura de la libertad*, Espasa, Madrid 2008.

—*La cultura humana*, Espasa, Madrid 2009.

—*El islam*, Alianza, Madrid 2012.

Morales Navarro, J. y L. V. Abad Márquez: *Introducción a la sociología*, Tecnos, Madrid 2008.

Myers, D. G.: *Psicología*, Editorial Médica Panamericana, Madrid 2011.

Navarro, P.: *The Power of Macroeconomics*, 2013.
  https://www.coursera.org/course/ucimacroeconomics

Niño-Becerra, S.: *Más allá del crash*, Debolsillo, Barcelona 2012.

Nisbert, R.: *El conservadurismo*, ALB, Madrid 1995.

Ortega y Gasset, J.: *Obras selectas*, Espasa, Madrid 2000.

Ovejero, F.: "Un poco de aire ante la inmersión", *El País*, 20/XII/2012.

—"La historia contra la termodinámica", *El País*, 5/I/2015.

—"¿Entendernos con los nacionalistas?", *El País*, 6/XI/2015.

Piketty, Th.: *Le capital au XXIᵉ siècle*, Seuil, Paris 2013.

Pinker, S.: *The Blank Slate*, Penguin, New York 2003.

—*The Better Angels of our Nature*, Penguin, New York 2012.

Polanyi, K.: *La gran transformación*, La Piqueta, Madrid 1991 (orig. 1944).
Poundstone, W.: *El dilema del prisionero*, Alianza Madrid 1995.
Quine, W. O. van: *From a Logical Point of View*, Harvard U. P., Cambridge 1993.
Quittner, J.: "Back to de Real World", *Time* nº 15, abril de 1995.
Ramonet, I.: *Géopolitique du chaos*, Gallimard, Paris 2002.
Raphael, D. D.: *Problemas de filosofía política*, AT, Madrid 1983.
Ritzer, G.: *Teoría sociológica clásica*, McGraw-Hill, Madrid 1995.
—*Teoría sociológica contemporánea*, McGraw-Hill, Madrid 1995.
Rogoff, K.: "Hay que frenar la carrera de armas financieras", *El País*, 23/9/2012.
Sachs, J.: *The Age of Sustainable Development*, 2014.
   https://www.coursera.org/course/susdev
Sampedro, J. L: *El mercado y la globalización*, Destino, Barcelona 2002.
Sandel, M.: *Justice*, Penguin, New York 2009.
Sartori, G.: *La sociedad multiétnica*, Taurus, Madrid 2001.
Savater, F.: *Política para Amador*, Ariel, Barcelona 1993.
—*Diccionario filosófico*, Planeta, Barcelona 1995.
—*El valor de educar*, Ariel, Barcelona 1997.
Sennett, R.: *The Corrosion of Character*, Norton, New York 1998.
Shaefer, R.: *Sociología*, McGraw Hill, Madrid 2011.
Steger, M.: *Globalization*, Oxford U.P. 2013.
Sinn, H.-W.: "Europe's Next Moral Hazard", 2014
—"Europe's Brush with Debt", 2014
—"Economics and Its Critics", 2015
   vide http://www.project-syndicate.org
Stiglitz, J.: *El malestar de la globalización*, Taurus, Madrid 2002.
Tahiri, J. y L. P. Arechederra: "Entrevista a Joseph Stiglitz", *ABC*, 16/9/2012.
Tapinos, G.: *La démographie*, Le Libre de Poche, Paris 1996.
Taylor, Ch.: *Multiculturalisme*, Flammarion, Paris 2001 (orig. 1992).
Taylor, J. B.: *Principles of Economics*,
   http://online.stanford.edu/course/principles-economics-Summer-2014.
Terricabras, J.-M.: *Raons i topics. Catalanisme i anticatalanisme*, La Campana, Barcelona 2001.
—"Desconnexió i dependencia", *El Punt Avui*, 15/XII/2015.
Tuson, J.: *Mal de llengües*, Editorial Empúries, Barcelona 1988.
—*Una imatge no val més que mil paraules*, Empúries, Barcelona.
—*Patrimoni natural*, Editorial Empúries, Barcelona 2004.
—*Quinze lliçons sobre el llenguatge*, Ara, Barcelona 2011.
Valencia Villa, H.: *Los derechos humanos*, Acento, Madrid 1997.
Vargas Llosa, M.: "El derecho a decidir", *El País*, 22/9/2013.
Vázquez-Cognet, J.: *Microeconomics Principles*,
   https://www.coursera.org/course/microecon, 2013.
Verdú, V.: *El planeta americano*, Anagrama, Barcelona 1996.
—*El estilo del mundo*, Anagrama, Barcelona 2003.
VVAA: *De la economía a la ecología*, Trotta, Madrid 1995.
Wallerstein, I.: *The Modern World-System*, Academic Press, New York 1974 y 1980.

Walters, M.: *Feminism*, Oxford University Press, 2005.

Weber, M.: *La ética protestante y el espíritu del capitalismo*, Península, Barcelona. 1998 (1905).

—*El científico y el político*, Alianza, Madrid 1987 (orig 1920).

—*Economía y sociedad*, FCE, México [8]1987 (orig. 1922).

—*Conceptos sociológicos fundamentales*, Alianza, Madrid 2006.

Whitaker, L. G.: *Introduction to Sociology*, 2016
https://www.edx.org/course/introduction-sociology-asux-soc101x

Wilson, E. O.: *Consilience*, Abacus, London 1998.

Winch, P.: *Comprender una sociedad primitiva*, Paidós/UAB, Barcelona 1994.

Wittgenstein, L.: *Observaciones a La rama dorada de Frazer*, Tecnos, Madrid 1992 (orig. 1931).

Wollstonecraft, M.: *A Vindication of the Rights of Woman*, Könemann, Köln 1998.

Zabalza, A.: "Malentendidos del salo fiscal catalán", *El País*, 19/11/2012.

—"La imaginación al poder", *El País*, 4/6/2013.

Zupan. M.: *The Power of Markets*, 2014.
https://www.coursera.org/course/powerofmarkets

www.ingramcontent.com/pod-product-compliance
Lightning Source LLC
Chambersburg PA
CBHW070636290526
45790CB00001B/112